현충원 역사산책

현충원 역사산책

국립서울현충원에서 만나는 한국 근현대사

차례

펴내는 말 …8

프롤로그 한국 근현대사와 국립서울현충원 …13

한국 근현대사와 국립서울현충원/ 국군묘지로 출발한 국립서울현충원/ 헌법정신과 현충시설의 불일치?/ 순국선열을 기리기 위한 해방 직후의 노력/ 이승만이 독립유공자를 모시는 일에 관심을 두지 않은 이유는?/ 4·19 직후에도 독립유공자 표창이 있었다?/ '독립운동에 기반한 나라' 대한민국/ 죽은 사람마저 차별하는 현충원?

탐방 1 독립운동가 길 …35

해방 20년 만에 조성된 독립유공자 묘역/ 이인영과 신돌석의 묘는 있는데, 전봉준의 묘는 왜 없을까/ 독립유공자에게 수여하는 건국훈장·건국포장·대통령표창/ 의병, '대한제국'을 지키고자 일어선 사람들/ 반외세 반봉건 투쟁의 동학농민군과 현충원/ 독립유공자 묘역에 가짜 독립운동가 묘가 있다?/ 현충원에서 만나는 영화 〈암살〉과 〈밀정〉, 〈박열〉의 주인공들/ 대한의 독립을 위해 '씨를 뿌린 사람들'/ 홍범도 장군, 의병장에서 사회주의계 독립운동가로/ 윤준희·임국정·한상호, '15만원 탈취 사건'의 주인공들/ '신출귀몰' 이수흥, 혈혈단신으로 일제 식민지배를 뒤흔들다/ '신출귀몰' 서원준, 평안도·황해도 일대를 뒤흔든 제2의 이수흥/ 스코필드, 독립유공자 묘역에 안장되어 있는 푸른 눈의 외국인/ 해방 후 48년이 지나서야 조성된 임시정부요인 묘역/ "이름도 남기지 못하고 돌아가신 분들 결코 잊지 않겠습니다."/ 국가유공자 제2묘역의 독립운동가들/ 장군 제1묘역에 안장된 독립운동가들/ 국가유공자 제1묘역에 안장된 독립운동가들/ 충혼당의

독립유공자들/ 부부위패판에서 만나는 독립운동가들/ 현충탑 위패봉안관의 독립운동가들

탐방 2 친일파 길 …115

국립서울현충원의 '친일파 길'을 걷는 의미는?/ 해방 이후 진행된 친일청산을 위한 노력/ 국립현충원 내 친일반민족행위자 안장 현황/ 부부위패판의 친일파 김홍준과 김호량/ 국가유공자 제1묘역의 친일파들 백낙준·엄민영·황종률·김정렬/ 장군 제1묘역의 김백일과 신응균/ 국가원수 묘역의 박정희 전 대통령/ 장군 제3묘역의 이종찬과 정일권/ 장군 제2묘역의 이응준과 신태영, 임충식/ 국가유공자 제2묘역의 안익태와 조진만/ 독립운동가 묘역의 친일파들(김홍량·이종욱·윤익선·임용길)/ 일송정의 추억, 가곡 〈선구자〉의 조두남과 윤해영/ 현충원 친일파 묘 정리 없이 친일청산 없다!

탐방 3 여성 길 …157

애국은 남성만의 전유물인가/ '신여성'의 선구자 김란사, 여성 해방의 새 장을 열다/ 국가유공자 제3묘역의 여성들/ 2021년 봄, 독립유공자 묘역에 불기 시작한 변화의 바람/ 안경신·김마리아·유관순 등 무후선열제단의 여성 독립운동가들/ 이렇게 바뀌는 데 56년이 걸렸다/ '홍일점 의병' 양방매/ 비극적 죽음으로 삶을 마감한 임수명/ 임시정부요인의 뒷바라지 도맡았던 오건해/ 우여곡절 끝에 현재의 모습으로 바뀐 오광선·정정산의 묘와 묘비/ 조선혁명군과 한국광복군의 여전사 오광심/ 민족해방운동에서 여성의 역할을 강조한 여성 독립운동가들/ 대를 이어 독립운동에 나선 신순호/ 3대에 걸친 독립운동가 집안의 한국광복군 오희영/ 임시정부 요인 묘역에는 왜 여성 독립운동가가 없을까?/ 국가유공자 제2묘역의 김마리아/ 외규장각 「의궤」 반환의 주역, '직지 대모' 박병선/ 국가유공자 제1묘역의 이태영, 한국 최초의 여성 법조인/ 이승만 전 대통령 묘에 합장되어 있는 프란체스카 여사/ 김대중 전 대통령의 묘에 합장되어 있는 이희호 여사/ 박정희 전 대통령과 나란히 안장되어 있는 육영수 여사

탐방 4 4·3길 …217

"4·30이 머우꽈?"/ 제주 4·3 사건과 베트남전쟁은 어떤 관련이 있을까?/ 경찰묘역, 제주 4·3 사건의 의인 문형순의 묘는 어디에?/ 무기력했던 초대 국무총리 이범석/ 안재홍(미군정 민정장관) vs 조병옥(미군정 경무부장)/ 제주 4·3 사건에 대해 '가혹한 탄압'을 지시한 이승만/ 서북청년회를 이끌고 제주 4·3 사건에 개입한 경찰간부/ 장군 제1묘역의 김익열, 제주 4·3의 의인/ 장군 제1묘역의 문용채와 최석용, 김정호와 채병덕/ 박진경 대령(11연대 연대장), 그는 왜 부하의 손에 살해되었을까?/ 장병묘역의 김명, '산사람들'로 위장한 특수부대 부대장

탐방 5 5월 길 …255

국립서울현충원 '5월 길'/ 5·18 계엄군의 묘, 40년 만에 '전사'에서 '순직'으로!/ 12·12 쿠데타군에 맞서 싸우다 '전사'한 김오랑 중령/ 전두환, 노태우, 정호용 등 신군부 세력의 베트남전 참전 경험/ 12·12 쿠데타 군에 맞서 싸우다 '전사'한 또 한 명의 군인/ 5·18 민주화 운동 당시 순직 경찰관의 묘/ '민주·인권 경찰'은 그 시대를 어떻게 살았는가/ 12·12 군사 반란을 저지하고자 했던 정병주 특전사 사령관의 묘/ 광주의 진실을 밝히기 위해 헌신한 전직 대통령

탐방 6 대통령 길 …277

'대통령길'을 걸으며 한국 현대사를 되짚어본다/ 대한민국 헌법에서 규정하고 있는 대통령의 위상과 역할은?/ 이승만 전 대통령(초대~3대)의 묘/ 이승만은 스스로 자신의 묏자리를 정했다?/ 시비에 새긴 〈헌시〉와 시대 인식/ 김대중 전 대통령(15대)의 묘/ 박정희 전 대통령(5대~9대)의 묘/ 박정희에 대한 평가는 지금도 진행 중/ 김영삼 전 대통령(14대)의 묘/ 죽어서도 차별?

탐방 7 평화 통일 길 …303

분단과 전쟁으로 이어진 우리의 아픈 현대사/ 서울현충원의 '평화·통일 길'/ 학도의용군 무명용사탑과 소년병의 '부치지 못한 편지'/ 현충문 폭파 사건/ '육탄10용사' 현충비 앞에서 겪는

복잡한 심경/ 현충원에 안장된 '실미도 사건'의 피해자들/ 독립유공자 묘역에서 평화와 통일의 희망을 발견하다/ 남과 북에서 동시에 잊힌 독립운동가 장재성/ 북에는 진묘, 남에는 허묘… 조선혁명군 총사령 양세봉 장군의 묘/ 임정요인 묘역의 손정도·박신일 부부와 두 아들(손원일, 손원태)/ 국가유공자 제2묘역의 주시경과 그 제자들/ 6·15 남북공동선언의 주역, 김대중 전 대통령의 묘/ '전쟁 영웅'이 아닌 '평화 영웅'이 부각되는 시대를 기다리며

부록 전국 국립묘지 현황 및 참고문헌 …**335**

펴내는 말

오늘도 현충원을 걸으며

　국립서울현충원은 한국 근현대사가 응축되어 있는 공간입니다. 이 곳에는 1890년대 일제에 맞서 싸우다 전사한 의병에서 시작하여 2000년대 이후 의로운 일을 하다 사망한 이들까지 다양한 인물들이 잠들어 있습니다. 이후 국립대전현충원이 새로 생겼지만, 이 기간 한국 근현대사의 주요 인물들이 대부분 국립서울현충원에 안장되어 있다고 봐도 무방합니다. 또한 국립서울현충원은 대한민국의 표상 중 한 곳이기도 합니다. 해외여행을 할 때 그 나라가 어떤 나라인지 아는 방법 중 하나는 그 나라의 국립묘지를 방문해보는 것입니다. 마찬가지로 외국인이 대한민국을 방문할 때 대한민국을 잘 이해하기 위해 방문해볼만한 곳이 바로 국립서울현충원입니다.
　제가 국립서울현충원이 있는 동작구에 살기 시작한 것은 1989년입니다. 그럼에도 한동안 국립서울현충원에 대해 별 관심을 두지 않았습니다. 국립서울현충원을 상투적인 반공·군사주의의 상징으로, 그리고 대선을 앞둔 유력 대선주자들이 의례적으로 방문하는 곳 정도로 인식하고 있었기 때문입니다. 그러던 제가 국립서울현충원에 관심을 갖게 된 계기는 2005년 방북 과정에서 평양 신미리에 있는 북한의 '애국열사릉'을 방문하면서였습니다. 제가 묵고 있던 고려호텔 객실에서는 북의 '혁명열사릉'을 소개하는 홍보영상물도 자주 등장했습니다. 직접 방문한 '애국열사릉'과 영상물로 본 '혁명열사릉'을 통해 북의 정체성과 지향점을 어느 정도 알 수 있었고, 비로소 내가 살고 있는 남쪽의 국립현충원에는 누가 안장되어 있는지 궁금해지기 시작했습니다.

비슷한 시기 북한의 김기남이 국립서울현충원을 참배하는 일도 있었습니다. 여기에 2010년 김대중 전 대통령이 서거하면서 국립서울현충원에 안장되었고, 반공주의에 경도되어 있는 이들의 저항에 따른 크고 작은 충돌이 여러 차례 벌어졌습니다. 이제 국립서울현충원은 더 이상 반공·권위주의의 상징으로만 이해하고 넘어갈 수 있는 공간이 아니라는 것이 분명해졌습니다. 그래서 시작한 것이 국립서울현충원을 공부하는 일이었고, 국립서울현충원을 지역 사람들과 함께 탐방하는 일이었습니다. 이 과정에서 국립서울현충원도 우리 사회 변화의 흐름을 반영하여 비록 더디지만 함께 변화·발전해왔다는 사실도 알게 되었습니다.

탐방 과정도 우여곡절이 많았습니다. 처음에는 국립서울현충원을 한 번에 다 둘러보는 방식으로 탐방을 했습니다. 그런데 둘러볼 공간이 너무 넓고, 할 이야기도 너무 많았습니다. 고민 끝에 주제별 탐방길을 만들기 시작했습니다. '독립운동가 길'로 시작한 주제별 탐방 코스는 하나하나 늘어나면서 '친일파 길', '대통령 길', '5월 길', '평화·통일 길'이 차례 차례 생겨났습니다. 그러다가 '4·3길'도 나왔고, 마지막으로 '여성 길'이 완성되었습니다. 독자들은 길 이름만 들어도 어떤 주제의 길인지 쉽게 이해할 수 있을 것입니다.

'독립운동가 길'에서는 국립묘지에 안장되어 있는 독립운동가 한 분 한분의 희생과 헌신을 이해하는 것도 물론 중요합니다. 거기에 우리가 왜 해방과 대한민국 정부수립으로 이어지는 과정에서 독립운동가들을 모시는 국립묘지를 곧바로 조성하지 못했는지, 그리고 뒤늦게 '끼워넣기'식으로 독립운동가들을 국립묘지에 안장하기 시작했는지 고민하면서 걸으면 더욱 좋습니다.

'친일파 길'은 해방 이후 제헌헌법에서부터 '독립운동에 기반한 나라'임을 천명한 대한민국의 국립묘지에 왜 친일 인물들이 이렇게 많이 묻혀 있는지, 그늘진 한국 현대사를 되짚어보면서 걸으면 그 해법까지 함께 고민해 볼 수 있어 좋습니다.

'대통령 길'은 말 그대로 한국 현대사를 전직 대통령의 행적을 통해 개괄해볼 수 있는 탐방 코스입니다. 거기에 묘소의 크기나 형태가 시대의 흐름에 따라 어떻게 변화해왔는지도 보면서 걸으면 더 좋습니다.

'5월 길'은 6·25 한국전쟁 이래 한국 현대사에서 가장 큰 아픔이 서려 있는 탐방 코스입니다. 이 길에 있는 5·18 계엄군의 묘는 지난 2020년 12월, 40년 만에 '전사'에서 '순직'으로 바뀐 묘비가 새로 들어서는 큰 변화도 있었습니다. '5월 길'은 시민운동을 통해 역사왜곡을 바로잡은 사례로 주목받고 있는 탐방 코스이기도 합니다.

'평화·통일 길'은 국립서울현충원이 한반도의 평화와 통일이라는 우리 민족 최대의 지상과제에 어떻게 기여할 수 있겠는가 하는 고민 속에서 나온 탐방 코스입니다. 국립서울현충원이 이제 냉전 사고에서 벗어나 평화와 통일을 지향하는 공간이 될 수 있을지 이 길을 걸으면서 함께 그 답을 찾아보았으면 합니다.

일곱 개의 탐방 길을 만드는 과정에서 사람들이 제일 궁금해 했던 코스가 '4·3길'과 '여성 길'이었습니다. "서울현충원에 제주 4·3과 관련된 인물들도 안장되어 있나요?", "여성 길은 뭔가요?" 등등의 질문이 쏟아져 나왔습니다.

국립서울현충원이 한국 근현대사가 응축되어 있는 공간이라면 제주 4·3 사건의 역사가 담겨 있지 않을 리 없습니다. 요즘 제주 4·3 사건의 역사 현장을 둘러보는 제주 탐방객들의 다크 투어가 점점 늘어나고 있습니다. 국립서울현충원의 '4·3길'은 제주에 갔다 온 사람들, 제주에 가지 못하는 사람들 누구나 걸으며 제주 4·3 사건의 아픈 역사를 되돌아볼 수 있는 코스입니다.

'여성 길'은 일곱 개의 탐방 코스 중 제일 늦게 탄생한 코스입니다. '여성 길'을 걸으면서 "애국은 남성들만의 전유물인가?"라는 의문에 빠지기도 하고, 대한민국이 그동안 얼마나 남성 중심으로 운영되어온 사회인지에 대해 깊이 성찰하는 기회도 제공합니다. 최근 성평등의 관점이 반영되어 '획기적으로 바뀐' 독립유공자 묘역의 묘비를 살펴보는 것도 흥미를 더할 것입니다.

일곱 개 길에 대한 이상의 소개는 개발한 순서대로 입니다만, 책에 실린 순서는 다릅니다. 가장 늦게 개발한 '여성길'을 제일 마지막에 소개하기보다는, 국립서울현충원이 궁극적으로 지향할 '평화·통일길'을 마지막에 배치한 탓입니다. 모쪼록 이 책이 국립서울현충원을 '상투적인 의례 공간'에서 '살아 숨 쉬는 역사 공간'으로 거듭나게 하는 데 조금이나마 기여했으면 하는 바람입니다. 나아가 이 책이 국립서울현충원을 좀 더 친숙하게 접근하는 데 조금이나마 도움이 되고, 우리의 시대 과제를 밀착하여 고민하고 실천하는 마중물 역할을 할 수 있다면 더 이상 바랄 게 없겠습니다.

끝으로 이 책이 나오기까지 애써주신 분들께 감사의 마음을 전하고 싶습니다. 《현충원 역사 산책》은 그동안 제가 인터넷 언론 〈오마이뉴스〉에 연재한 글 등을 다듬고 보완하고 빠진 부분을 새로 채워 넣는 방식으로 완성했지만, 저와 함께 국립서울현충원 탐방을 함께 하면서 이러저러한 조언을 해 주신 분들의 도움이 없었다면 나올 수 없었을 것입니다. 이분들께 고맙다는 말씀을 꼭 전하고 싶습니다. 아울러 제 거친 글을 다듬어 깔끔한 한 권의 책으로 나올 수 있게 해주신 섬앤섬 관계자 여러분께도 감사의 말씀 전합니다.

2022. 5. 18
국립서울현충원에서
김학규

프롤로그

한국 근현대사와 국립서울현충원

"한 나라가 어떤 나라인지 알려면 그 나라의 국립묘지에 가보라"

외국의 국가원수나 주요 인사가 국빈으로 대한민국을 방문하면 반드시 들르는 곳 가운데 한 곳이 국립서울현충원이다. 이는 국립서울현충원이 대한민국이 어떤 나라인지 외국인들에게 보여주는 상징적인 공간이라는 것을 의미한다. 그도 그럴 것이 국립서울현충원은 민주공화국 대한민국의 탄생을 주도한 독립운동가들을 모신 독립유공자 묘역, 분단과 전쟁으로 이어진 우리의 아픈 현대사 속에서 돌아가신 군인과 군무원을 모신 군인·군무원 묘역[1], 4명의 전직 대통령이 안장된 국가원수 묘역, 정치·경제·사회·문화 등 다방면에서 국가에 헌신한 이들을 모시는 국가유공자 묘역, 대한민국의 치안을 담당하던 이들이 안장된 경찰 묘역 등이 조성되어 있어 그야말로 한국 근현대사를 응축해 놓은 공간이라고 할 수 있다.

국립묘지는 근대국가의 산물이다. 하상복(목포대 교수)은 국립묘지의 전형을 프랑스형과 미국형으로 분류했다.[2]

---

1 국립현충원의 군인·군무원 묘역은 장군 묘역과 장교 묘역, 사병 묘역으로 구분되어 있었는데, 지금은 장교 묘역과 사병 묘역을 통합하여 장군 묘역과 장병 묘역으로 구분하고 있다.
2 하상복, 『죽은 자의 정치학』(모티브북, 2014)

프랑스의 대표적 국립묘지인 팡테옹^{Panthéon}은 프랑스 혁명을 통해 탄생한 근대 프랑스가 프랑스 혁명의 지도자 미라보$^{Mirabeau(1749-1791)}$를 비롯하여 볼테르$^{Voltaire(1694-1778)}$, 루소$^{Rousseau(1712-1778)}$, 마라$^{Jean-Paul\ Marat(1743-1793)}$ 등을 안장하면서 '자유 프랑스가 시작된 이후 위대한 사람들의 유골이 안치되는 장소'로 자리잡은 곳이다. 반면, 미국의 알링턴 국립묘지$^{Arlington\ National\ Cemetery}$는 미국이 영국과 독립전쟁을 거쳐 탄생한 나라였음에도 독립전쟁 과정에서 희생된 인물을 안장한 묘지가 아니라, 1860년대 남북전쟁 과정에서 전사한 북군을 안장하기 위해 조성한 묘지로서 연방·군사주의를 상징한다.

그렇다면 대한민국 최초의 국립묘지인 국립서울현충원은 어떤 유형의 국립묘지라고 해야 할까?

국군묘지로 출발한 국립서울현충원

현 국립서울현충원은 국군묘지로 출발하였다. 이는 1945년 8월 15일 해방의 감격을 채 누리기도 전에 닥쳐온 분단과 전쟁이라는 우리의 아픈 현대사와도 어느 정도 관련이 있다. 특히 3년간 지속된 6·25 한국전쟁으로 최소 14만 명 이상의 한국군이 전사하자 이들을 수용할 묘지의 조성은 시급했다. 국군묘지는 1952년부터 본격적으로 부지를 물색했다. 정전협정이 체결된 직후인 1953년 9월 30일 이승만 당시 대통령으로부터 지금의 자리를 묘지 부지로 '재가' 받으면서 1954년부터 3개년 계획으로 조성하기 시작했다. 그 결과 1954년 10월 30일에는 무명용사탑과 무명용사문이 완공되었고, 1955년 4월 22일에는 '제4회 3군 전몰장병 합동추도식'이 동작동 국군묘지에서 거

1958년 국군묘지로 조성되던 시기의 동작동 모습

행되었다. 1955년 7월 15일에는 국군묘지관리소도 창설되었다. 그 사이 1954년 12월 16일에는 태고사(현 조계사)에 임시로 안치되어 있던 서울 출신 영현 135위 중 90위가 동작동 국군묘지로 처음 옮겨졌고, 1955년 6월 1일부터는 남한 각지에 가매장된 국군 전사자의 유해를 발굴하여 국군묘지에 이장하는 사업이 시작되었다.[3] 이어 1956년 9월 10일부터는 각 군軍별로 보관 중이던 유해의 국군묘지 이장도 진행되었다.[4]

3　〈경향신문〉,「서울출신 영현 봉송식, 16일 태고사에서 엄수」(1954. 12. 17); 〈경향신문〉,「가매장한 군인묘 국군묘지로 이장」(1955. 5. 7)
4　〈조선일보〉,「10일부터 이장」(1956. 9. 9)

이승만 정부 시절 동작동 국군묘지는 국립묘지가 아니어서 그랬는지 법률적 뒷받침 없이 1956년 대통령령으로 제정된 「군묘지령」에 근거해 운영했다. 이 「군묘지령」 제2조에 안장자 자격을 규정하고 있는데, "전조의 묘지에는 군인, 사관후보생 및 군속(其他從軍者를 包含한다)으로서 사망한 자 중 그 유가족이 원하거나 유가족에게 봉송할 수 없는 유골, 시체를 안장한다."고 하여 국군묘지라는 점을 분명히 하고 있었다.

현 국립서울현충원이 국군묘지에서 국립묘지로 승격한 것은 1965년이다. 이때 비로소 동작동 국립묘지로 불리면서 군인만이 아니라 독립유공자, 경찰관, 전직 대통령, 향토예비군도 안장 대상에 '정식으로' 포함되었다. 대한민국 정부가 수립된 지 17년 만의 일이다.

그렇다고 동작동 국군묘지 시절에도 독립운동을 하다 숨진 '순국열사' 등이 절대로 안장될 수 없었던 것은 아니다. 1957년 1월 개정된 「군묘지령」 제2조에 위에서 인용한 내용에 이어 "전항의 규정에 불구하고 묘지에는 국방부장관의 제청으로 국무회의의 의결을 거쳐 순국열사 또는 국가에 공로가 현저한 자의 유골, 시체를 안장할 수 있다."는 문구가 새로 추가되었기 때문이다. 하지만 군묘지에 '순국열사' 등을 안장할 수 있다고 한 이 '이상한 끼워 넣기' 규정이 이승만 정부와 장면 정부 내내 실제로 적용된 사례는 없었다. 이 규정은 1964년에 가서야 처음으로 실제적인 힘을 발휘한다.[5]

1965년 이래 20년간 대한민국의 유일한 국립묘지라는 지위를 차지하고 있던 동작동 국립묘지는 1985년 대전에 국립묘지가 준공되면서 다시금 위상에 변화가 생기기 시작했다. 1996년에 국립현충원으로

---

5 이에 대해서는 '독립운동가 길'에서 구체적으로 이야기할 예정이다.

명칭을 바꾸어 부르던 국립묘지는 2005년 7월 29일 「국립묘지의 설치 및 운영에 관한 법률」(약칭, 「국립묘지법」)이 제정되면서 2006년부터는 국립서울현충원과 국립대전현충원으로 완전히 분리되었다.[6] 심지어 그 관할주체도 국립서울현충원은 국방부, 국립대전현충원은 보훈처가 관할하는 식으로 분리되었다.

같은 기간 국립서울현충원에는 애국지사 묘역(1965)을 시작으로 무후선열제단(1975), 임시정부요인 묘역(1993), 대한독립군 무명용사 위령탑(2002)이 차례로 조성되거나 건립되었고, 이를 아울러 독립유공자 묘역으로 부르게 되었다.[7]

1987년 6월 민주항쟁의 결과로 탄생한 대한민국 현행 헌법(10호 헌법)의 전문은 다음과 같은 문장으로 시작한다.

> 유구한 역사와 전통에 빛나는 우리 대한국민은 3·1운동으로 건립된 대한민국 임시정부의 법통과 불의에 항거한 4·19민주이념을 계승하고 (…)

대한민국이 '3·1운동으로 건립된 대한민국 임시정부의 법통'을 '계승'했다는 문구는 1948년 7월 17일 공포된 제헌헌법의 전문에 등장하는 다음과 같은 문구를 계승한 표현이었다.

> 유구한 역사와 전통에 빛나는 우리들 대한국민은 기미 삼일운동으로 대

---

[6] 2022년 현재 정부는 2025년 완공을 목표로 국립연천현충원 건립을 추가로 진행하고 있다.
[7] 그런데 지난 2019년 1월 15일 「국립묘지법」이 개정되면서 1965년에 처음 조성된 애국지사 묘역을 '독립유공자 묘역'으로 바꾸어 부르도록 하였다. 대신 구 애국지사 묘역과 무후선열제단, 임시정부요인 묘역, 대한독립군 무명용사 위령탑을 하나로 묶어 부르던 독립유공자 묘역이라는 명칭을 졸지에 잃어버리게 되었으니 이 또한 애석한 일이 아닐 수 없다.

한민국을 건립하여 세계에 선포한 위대한 독립정신을 계승하여 이제 민주독립국가를 재건함에 있어서 (…)[8]

대한민국은 1948년 정부수립을 선포할 때부터 '독립운동에 기반한 나라'라는 인식을 제헌헌법에 분명히 담고 있었다. 이쯤 되면 대한민국도 정부수립과 함께 독립유공자를 모시는 국립묘지를 곧바로 조성했을 법 하지만, 현실은 그렇지 않았다. 이제 '왜 독립유공자를 모시는 국립묘지는 1948년 대한민국 정부수립과 함께 곧바로 조성되지 않았던 것일까?'라는 의문에 대해 답할 차례이다.

헌법정신과 현충시설의 불일치?

대한민국 국립묘지의 역사를 들여다보면 헌법 정신과 현실 사이에 상당한 괴리가 있었음을 확인할 수 있다. 대한민국이 헌법에 명시한 대로 '대한민국 임시정부의 법통을 계승한 나라'였다면 정부는 현충시설을 마련할 때 독립운동 과정에서 돌아가신 분들(순국선열)을 모시는 일을 제일 먼저 했어야 했다.

하지만 대한민국 정부는 대한제국 시기에 장충단을 쌓았던 지금의 장충단공원에 장충사를 설치하여 38선을 사이에 둔 남과 북의 크고

---

8 이러한 제헌헌법의 전문이 5·16 군사 정변 이후 전면 개정된 6호 헌법(1962. 12. 26)의 전문에서 "유구한 역사와 전통에 빛나는 우리 대한국민은 3·1운동의 숭고한 독립정신을 계승하고 4·19의거와 5·16혁명의 이념에 입각하여 새로운 민주공화국을 건설함에 있어서…"라는 문구로 대체되어 10호 헌법이 탄생하기 전까지는 대한민국이 1919년의 3·1 운동으로 "건립"되었고, 1948년에 "재건"되었다는 구체적인 인식은 헌법 전문에서 한동안 찾아볼 수 없게 되었다.

작은 충돌 과정에서 전사한 군인[9]을 모시는 일은 했지만, 독립운동 과정에서 돌아가신 순국선열을 모시는 현충시설을 만들지는 않았다.

반면, 해방 직후부터 독립운동 과정에서 돌아가신 순국선열을 모시는 일에 적극적으로 나선 이는 백범 김구였다. 안중근, 이봉창, 윤봉길, 백정기 의사 유해 발굴 작업을 이끈 이도 김구였다. 그 결과 일본으로부터 이봉창, 윤봉길, 백정기 의사의 유해를 수습하여 지금의 효창공원에 3의사 묘를 조성하였고, 안중근 의사를 모시기 위한 허묘는 여전히 주인을 기다리며 오늘에 이르고 있다. 한편, 중국에서 사망한 임시정부요인 이동녕(1869-1940)과 차리석(1881-1945)의 유해를 봉안하여 1948년에 효창공원에 모신 이도, 1948년에 돌아가신 임정요인 조성환(1875-1948)을 효창공원에 모신 이도 역시 백범 김구였다.

순국선열을 기리기 위한 해방 직후의 노력

물론 백범 김구 이전에도 독립운동 과정에서 돌아가신 순국선열을 모시기 위한 노력은 있었다. 해방 직후 〈신조선보〉는 독립운동가 연병호(1894-1963)[10]를 중심으로 한 이러한 노력을 다음과 같이 보도했다.

---

9 한홍구(『한홍구와 함께 걷다』 60쪽)는 "1950년 6월 25일 이전에 희생된 대한민국 군인의 숫자는 약 8천 명"이었다고 했고, 강인철(『전쟁과 희생』 353쪽)은 2,111명이었다고 해서 구체적인 숫자에 있어서는 차이가 있다.

10 충청북도 괴산(현 증평) 사람이다. 1919년 상하이로 망명하여 본격적인 독립운동에 나섰으며, 국내와 중국을 오가며 독립운동에 종사하였다. 대한민국청년외교단 활동을 거쳐 1934년에 임시의정원 충청도 의원으로 뽑혀 1935년 10월까지 임시정부에 참여하였다. 일제 앞잡이인 상하이거류조선인 회장 이갑녕 저격사건이 일어나자 일제의 추적을 받아 1937년 1월 7일 체포되었다. 국내로 압송된 그는 징역 8년형을 받고 옥고를 치르다가 1944년 10월에 출옥하였다. 1963년 건국훈장 독립장에 추서되었고, 국립서울현충원 독립유공자 묘역(167)에 안장되어 있다.

이 나라를 다시 찾고 민족을 해방시키려고 국내 국외에서 갖은 고초를 다 겪어가며 투쟁을 하다가 아깝게 희생이 된 애국적 지도자 선배 여러분을 주의와 당파를 초월하여 영원히 봉사하고 기념하기 위하여 멀리 상해로부터 최근 귀국한 연병호 씨를 중심으로 유서 깊은 장충단의 자리에 순국의열사 봉건준비가 진행되고 있는데, 근일 중 각계 인사들을 망라하여 준비회를 열리라 한다.[11]

해방 직후 독립운동가들이 장충단공원에 순국선열을 모시고자 했던 이유는 분명했다. 장충단공원은 대한제국기인 1900년부터 대한제국의 순국선열을 모시는 제단을 쌓았던 상징적인 장소였다.[12] 비록 대한제국이 처음 쌓은 제단이었지만, 장충단이 갖는 상징성은 이후 독립운동가의 인식 속에도 계속 자리 잡고 있었던 것으로 보인다. 이는 박은식의 『한국독립운동지혈사』를 통해서도 확인된다.

차진하^{車鎭夏}(? - 1920)는 선천 사람으로 예수교 신자이며 의기가 있고 뜻이 높았다. 그는 항상 말하기를 "남아는 살아서 개가^{凱歌}를 부르고 죽어서는 장충단^{獎忠壇}으로 돌아가야 한다"고 했다. 3월 1일, 독립선언이 있은 후로 그는 피눈물을 머금고 사방으로 분주히 뛰어다니면서 독립운동을 했다. 4월 7일이 그의 조모 생일이었으므로 밤에 귀가하여 문후했는데, 먼동이 트자 왜병 7명이 들이닥쳐 발포해 죽이고 시체를 난도질 했다.[13]

---

11 〈신조선보〉,「충의의 '넋'들 고이 잠드소 - 해방고토에 '순국사'」(1945. 10. 9)
12 〈황성신문〉,「장충제단」(1900. 11. 12)
13 박은식,『한국독립운동지혈사(하)』(서문당, 2019) 21쪽

차진하는 만주에 있던 대한독립청년단(총재 안병찬)에 가입하여 활동한 인물이었다. 차진하는 1920년 3월 15일 친일행위를 서슴지 않는 평북 선천군 태산면 면장과 면서기를 저격한 주모자로 지목받았는데, 4월 7일 조모 생일에 몰래 귀가하였다가 신의주경찰서 소속 일경에 포위되어 총격전 끝에 사망하였다.[14] 그는 기독교 신자였음에도 장충단을 자신이 돌아갈 곳으로 인식하고 있었다.

더군다나 일제는 장충단을 허물고 이곳에 박문사博文寺를 세워 일제 침략의 상징적 인물인 이토 히로부미伊藤博文를 기리는 공간으로 이용했다. 해방과 함께 박문사와 일본군의 동상(육탄3용사) 등을 철거한 사람들은 삼의사와 안중근 의사의 유해를 유서 깊은 장충단공원에 모시고자 했다. 하지만 미군정당국과 협의가 원만히 이루어지지 않으면서 효창공원이 차선으로 선택되었다.[15]

장충단공원에 애국지사기념관 등을 건립하려는 노력이 마침내 결실을 맺을 듯한 분위기가 조성된 것은 1947년 여름이었다. 장충단공원에 애국지사기념관과 동상 등의 건립을 추진하는 공원기성회(회장 이승만, 김구, 김규식, 변성옥 등)가 미군정으로부터 장충단공원에 대한 관리운영권을 일임 받는 임대차계약까지 체결하면서 독립유공자를 기리는 현충시설의 탄생은 이제 누구도 거역할 수 없는 현실이 되는 듯했다.[16]

그러나 장충단공원의 용도가 갑자기 바뀐 것은 1948년 8월 15일 대한민국 정부가 수립된 직후였다. 1948년 말 국방부는 "후세국민으

---

14 조선군참모부, 「鮮內外 一般狀況(4월 1일~4월 30일)」.
15 《동아일보》의 기사 「사후설치, 안중근 선생 추모 이등의 동상분쇄」(1945. 12. 12)와 《대구시보》의 기사 「3의사 유골 서울에 봉장」(1946. 6. 14)을 참조할 것.
16 《자유신문》, 「애국지사기념관과 동상 장충단공원에 건립계획」(1947. 8. 11).

로 하여금 충국애족의 거룩한 정신 아래 한 몸을 바친 순국용사들을 길이 흠앙케 하기 위하여 유서 깊은 장충단에 호국의 영령들을 고이 받들기로 결정하고 충령탑의 건립 등 구체적인 계획을 세우고 있다"고 발표했다.[17] 이렇게 해서 장충단공원에는 6·25 한국전쟁 직전까지 38선에서 벌어진 크고 작은 충돌이나 여수·순천 10·19 사건 등에서 숨진 국군의 유해가 봉안된 장충사가 들어서게 되었다.[18]

이상이 '독립운동에 기반한 나라' 대한민국 국립묘지의 역사가 독립유공자묘지로 시작하지 못하고, 반공·군사주의의 상징인 국군묘지로 시작하게 된 사연이다.

대한민국은 결국 프랑스형을 선택할 기회를 포기하고 남북전쟁에서 전사한 북군을 안장하기 위해 국립묘지를 조성한 미국형을 선택했다고 해야 할 것이다.

이승만이 독립유공자를 모시는 일에 관심을 두지 않은 이유는?

이승만 정부가 독립유공자를 위해 아무런 조치도 취하지 않았던 것은 아니다. 이승만 정부는 1949년 8월 15일 정부수립 1주년 기념식을 앞두고 건국공로장령을 제정하는 등 독립유공자 표창을 추진했다. 그런데 막상 8·15 정부수립 1주년기념식에 이어 진행된 건국공로자 표창식에서는 대통령 이승만과 부통령 이시영 등 단 2명만이 건국공

---

17 〈자유신문〉, 「장충단에 충령탑」(1948. 12. 4)
18 〈한성일보〉는 「진충영령의 제단 장충단공원에 설축」(1949. 9. 23)이라는 제목의 기사를 통해 "해방된 오늘 뜻 깊은 고적에 또 다시 장충사를 건립하여 순국장병의 영령을 봉안케 되었음은 실로 의의 깊은 일이라 할 것"이라며 장충사의 건립 소식을 전하고 있다.

로훈장을 받는 웃지 못할 해프닝이 연출되었다.[19]

무슨 사정이 있었는지는 며칠 후 열린 기자회견에서 확인된다. "8월 15일에 수여하려던 건국공로 훈장수여가 심사문제로 중단되었는데, 앞으로 어떻게 될 것인가"라는 기자의 질문에 대해 이승만은 다음과 같이 답변했다.

건국공로표창에 있어 우리는 **외국 친구들에게 많은 빚을 지고 있다.** 미국 군인들이 우리들만은 아니나 해방시키기 위하여 왜군과 싸워 희생된 사람들도 많고 기타 과거 수십 년 우리 독립을 도와준 사람들에게 무슨 감사 표시가 있어야 하겠다. 그리고 특히 현재 목숨을 바치고 싸우고 있는 군경을 먼저 표창해야 할 것이다. **미국법에는 국회의 승인 없이 군인이나 관공리가 외국의 훈장을 받을 수 없는데 앞으로 미국회와 연락해야 하겠다.** 이번 추천된 표창을 받을 사람 중에는 대통령과 각료도 끼어 있었는데 나는 이것을 극력 반대하였다. 나보다도 십용사를 먼저 표창해야 할 것이다.[20] (강조는 인용자)

"현재 목숨을 바치고 싸우고 있는 군경을 먼저 표창해야 할 것"이라거나 "나보다도 10용사를 먼저 표창해야 할 것"이라는 말을 통해 대대적인 독립유공자 표창이 중단된 이유가 마치 38선을 둘러싸고 벌어지고 있는 남과 북의 크고 작은 충돌 과정에서 돌아가신 분들을 생각해서인 듯이 말하고 있지만, 이는 초점을 흐리는 발언에 불과했다.

답변의 핵심은 필자가 강조한 부분에 있다. 이승만이 정부수립 1

---

19 〈동아일보〉, 「삼천만 겨레의 훈장 정부통령에 봉정」(1949. 8. 16)
20 〈경향신문〉, 「이대통령 기자회견담 - 먼저 십용사를 표창」(1949. 9. 3)

주년을 앞두고 추진한 독립유공자 표창은 연합군의 일원으로 광복에 기여한 미군과 독립운동 과정에서 우리를 도와준 외국인을 표창하겠다는 발상에서 나왔던 것이다.[21] 독립유공자 선정 작업이 갑자기 중단된 이유도 이승만의 답변을 통해 확인할 수 있다. 이승만은 '미국법에 따르면 국회의 사전 동의 없이 군인과 관공리가 외국의 훈장을 받을 수 없다'는 사실을 뒤늦게 확인하고, 상황이 자신의 뜻과 다르게 진행되자 정부수립 1주년 기념식을 불과 2-3일 남겨둔 상황에서 독립유공자 선정 작업 자체를 전격 중단했다.

이승만이 얼마나 '철두철미한' 외교론자였는지는 이듬해인 1950년 이후 집권기간 내내 독립유공자에게 수여한 건국훈장이 14명의 외국인에게만 주어졌다는 사실에서도 확인할 수 있다. 외교를 통해 독립을 이루고자 했던 이승만으로서는 목숨까지 바치며 독립을 이루고자 했던 순국선열의 희생과 헌신을 '독립운동에 기반한 나라'인 대한민국이 반드시 기억하고 감사해야 할 소중한 역사로 받아들여야 한다는 인식조차 불분명했던 것으로 보인다.[22]

이들 14명의 외국인이 이승만과 직간접적으로 인연을 맺고 있던 인물이라는 사실에도 관심을 가질 필요가 있다. 윌리엄·애비슨·윌리엄스·스태거즈·러셀·더글라스·해리스·돌프·밀러·헐버트 등 10명은 이승만이 미국에서 독립운동을 하던 시절 한미협회와 기독교인친한

---

21 건국공로훈장은 원래부터 "대한민국 원훈 및 한국자주독립에 훈적이 탁월한 외국인사에 한하여 수여"할 수 있도록 하여 한국의 독립운동을 지원한 외국인도 수여 대상이 될 수 있었다.(《동아일보》,「건국공로장령 제정」(1948. 12. 24) 기사 참조)
22 그럼에도 이승만이 제헌헌법 전문에 대한민국이 1919년에 '건립'된 대한민국을 '재건'했다는 점을 부각시키는 수정안을 주도한 이유는 다분히 38선 이북에서 준비되고 있던 '조선민주주의인민공화국'을 의식한 결과였다.

이승만 정부 시기 독립유공자 서훈자 명단(1948~1960)

성명	생몰년	운동계열	포상년도	포상훈격	국적
모리스 윌리엄 (Maurice William)	미상	독립운동지원	1950	독립장	미국
어네스트 토마스 베델 (Ernest Thomas Bethell)	1872~1909	독립운동지원	1950	대통령장	영국
올리버 알 애비슨 (Oliver R. Avison)	1860~1956	독립운동지원	1952	독립장	캐나다
이승만 (李承晩)	1875~1965	임시정부	1949	대한민국장	한국
이시영 (李始榮)	1869~1953	임시정부	1949	대한민국장	한국
일라이 밀러 모우리 (Eli Miller Mowry)	1880~1970	독립운동지원	1950	독립장	미국
장제스 (蔣介石)	1887~1975	독립운동지원	1953	대한민국장	중국(대만)
제이 제롬 윌리엄스 (Jay Jerome Williams)	미상	독립운동지원	1950	독립장	미국
존 더블유 스태거즈 (John W. Staggers)	미상	독립운동지원	1950	독립장	미국
찰스 에드워드 러셀 (Charles Edward Russell)	1860~1941	독립운동지원	1950	독립장	미국
폴 프레드릭 더글라스 (Paul Fredrick Douglass)	1904~1988	독립운동지원	1950	독립장	미국
프레데릭 브라운 해리스 (Frederick Brown Harris)	1883~1970	독립운동지원	1950	독립장	영국
프레드 에이 돌프 (Fred A. Dolph)	1871~1926	독립운동지원	1950	독립장	미국
허버트 아돌프스 밀러 (Herbert Adolphus Miller)	1875~1951	독립운동지원	1950	독립장	미국
호레이스 뉴튼 알렌 (Horace Newton Allen)	1858~1932	독립운동지원	1950	독립장	미국
호머 베잘렐 헐버트 (Homer Bezaleel Hulbert)	1863~1949	독립운동지원	1950	독립장	미국

회(The Christian Friends of Korea) 등에 참여하여 이승만을 직접 도 왔던 인물들이다.[23] 나머지 4명 역시 대한제국 시절인 1899년 체포된 이승만의 석방을 위해 노력했던 알렌, 6·25 한국전쟁 전후 반공동맹

---

23 해리스는 이승만이 조직한 한미협회의 이사장, 윌리엄스와 스태거즈는 이사, 윌리엄과 밀러, 헐버트는 한미협회 전국위원회 위원으로 활동하였다. 러셀은 이승만의 외교활동과 잡지 발행을 도왔던 인물이며, 돌프는 1919년 이승만이 대통령을 자임한 '대한공화국'(한성임시정부)의 법률고문으로 임명되어 이승만의 대미외교활동을 도왔고, 더글라스와 애비슨은 이승만도 이사로 참여한 기독교인친한회(The Christian Friends of Korea)의 회장과 재무를 맡아 이승만을 도왔던 인물이다.

의 공동전선을 형성하고 있던 장제스, 대한매일신보 사장으로 이승만의 활동을 적극 보도했던 베델, 미국인 선교사로 활동했던 모우리 등 이승만과 직간접적으로 인연이 있는 인물들이다.

4·19 직후에도 독립유공자 표창이 있었다?

독립유공자를 선정하는 과정에서 있었던 해프닝은 1949년 이승만 정부 시기에만 있었던 일이 아니다. 1960년 4·19 혁명의 결과로 탄생한 민주당의 장면 정부에서도 해프닝은 계속되었다. 장면 정부는 독립유공자 11명을 선정해 10월 1일 '신정부수립 경축식'에서 기념품을 증정하겠다고 발표했다. 이틀 전인 9월 29일, 장면 정부의 각의에서 결의한 11명의 명단은 다음과 같았다.

김창숙(유도회), 이강·신숙·김중화(광복동지회), 유림·김성숙·장건상·조경한(임정국무위원), 김학규·오광선(광복군), 유석현(항일 의거자)[24]

하지만 유림을 대표하는 심산 김창숙과 의열단 출신 유석현이 참석 거부 의사를 밝히는 등 곧바로 반발에 부딪힌다. 김창숙은 '표창 수상 대상자 선정기준이 모호하기 때문'[25]이라며 그 이유를 설명했고, 유석현도 〈경향신문〉과 인터뷰에서 "그저 갈 생각이 없었죠. 저 같은 게 뭐 애국자 축에 드나요? 민족의 한 사람으로서 마땅히 할 일을 한 것뿐인데… 그리고 도대체 독립유공자 선정의 기준을 어디다 두었는지는 모르

---

24 〈동아일보〉, 「독립운동 유공자 11명에 기념품」(1960. 9. 30)
25 〈동아일보〉, 「김창숙 씨 참석 거부」(1960. 10. 1)

나 진짜 애국자와 진짜 투쟁경력을 가진 어른들이 많이 빠졌더군요, 그렇잖아요?"라면서 불편한 심기를 노골적으로 드러냈다. 심지어 유석현은 "한민당 시절에 이 박사를 도운다면서 나라를 이 꼴로 만든 그네들인데 무슨 큰 기대를 걸겠소?"라는 말로 결정타를 날린다.[26]

1961년 5·16 군사 정변으로 집권한 박정희 국가재건최고회의 의장은 이듬해 3·1절을 앞두고 이전과 달리 비교적 대규모인 205명을 독립유공자로 선정해 훈장을 수여한다.[27] 4·19 혁명의 여파가 아직 가시지 않은 현실과 자신의 취약한 정통성을 보완하려는 군사정변 세력의 현실적 필요성이 결합되어 만들어진 결과물이다.

그런데 이때도 논란은 계속 이어진다. 원래 대상으로 발표된 208명 중 3명이 3·1절 기념식 직전 명단에서 빠지는가 하면, 대한민국 임시정부 총리를 지낸 신규식의 유일한 혈육인 딸 신명호가 "고인의 생전 신조가 '허영과 공명을 탐하지 말라'는 것이었음에 비추어 상을 받지 않겠다."고 언론에 밝히면서 수상을 거부하는 일까지 벌어진 것이다. 신명호의 남편이자 임정요인 중 한 명이던 민필호는 "(이번 포상은) 아량이 적은 옹졸한 일이었으며, 특히 수상자에 등급을 매긴 것은 부당하다"라고 평하기도 했다.[28]

이런 우여곡절 끝에 한일회담 반대운동이 본격화되고 있던 1965년에야 현 서울현충원에도 독립유공자 묘역이 들어서게 되었던 것이다.[29]

26 〈경향신문〉,「허식 없는 애국자(5)- 유석현 옹」(1960. 10. 7)
27 다만, 명목상의 서훈 주체는 당시 대통령의 지위를 유지하고 있던 윤보선이었다.
28 〈동아일보〉,「신규식 선생 유족 '복장' 수상을 거부」(1962. 3. 1)
29 박정희 정부의 애국지사 묘역 조성 역시 4·19 혁명과 한일회담반대운동의 성과물이자 정권의 취약한 정통성을 보완하기 위한 산물이라는 2중성을 가지고 있었다.

'독립운동에 기반한 나라' 대한민국

대한민국 정부수립 17년 만에 국군묘지가 국립묘지로 바뀌고, 그 국립묘지에 독립유공자 묘역을 조성하기 시작했지만, 이때도 독립유공자 묘역은 군인묘역을 중심으로 하는 국립묘지의 곁다리에 지나지 않았다. 더군다나 독립유공자 심사과정의 문제로 친일파로 변절한 인사들이 독립유공자 묘역에 다수 안장되는 일이 벌어지기도 했다.

민주공화국 대한민국의 역사에서 1993년 임시정부요인 묘역이 국립묘지에 들어선 것은 대단히 상징적인 사건이었다. 1987년 6월 민주항쟁의 결과물이기도 한 현행 10호 헌법의 전문에서 대한민국이 '대한민국 임시정부의 법통을 계승'한 나라임을 다시 선언한 이래 마침내 국립묘지에 임시정부요인 묘역이 조성되었기 때문이다.[30] 제헌헌법이 공포된 지 45년 만의 일이었다.

2002년 5월 17일에 세워진 대한독립군 무명용사 위령탑이 갖는 의미도 대단히 중요하다. 대한독립군 무명용사 위령탑의 건립은 '독립운동과정에서 이름도 남기지 못하고 돌아가신 수많은 독립운동가들을 민주공화국 대한민국이 절대 잊지 않겠다'고 공식 선언했다는 의미를 갖는다. 이로써 해방된 지 57년, 대한민국 정부가 정식으로 수립된 지 54년 만에 민주공화국 대한민국은 '독립운동에 기반한 나라'임을 헌법에서뿐만 아니라 현충시설에서도 '선언'할 수 있게 되었다.

현재 국립현충원에는 2009년 대통령 소속 친일반민족행위진상규명위원회가 발표한 친일반민족행위자 중 12명이 장군 묘역과 국가유

---

30 물론 이 역시 대한민국 임시정부의 상징적인 인물 백범 김구의 묘가 여전히 효창공원에 안장되어 있다는 점에서 한계를 가지고 있음을 인정하지 않을 수 없다.

공자 묘역 등에 안장되거나 안치되어 있다.[31] 이러한 현실은 불가피한 것일까? 이에 대해 '국립묘지의 영예성'을 훼손할 뿐만 아니라 '대한민국 임시정부의 법통을 계승'했다고 선언하고 있는 민주공화국 대한민국의 헌법정신과 부합하지 않는다는 문제제기가 계속되어 왔다.

국민의 대표기관인 21대 국회가 이러한 모순을 해결하기 위해 「상훈법」과 「국립묘지법」을 개정하여 친일반민족행위자의 이장을 가능케 할 법적 근거를 마련할 수 있을 지 국민의 이목이 집중되고 있다. 이에 대해서는 '친일파 길'을 걸으면서 좀 더 구체적으로 이야기할 것이다.

죽은 사람마저 차별하는 현충원?

대한민국 헌법 제11조 1항은 "모든 국민은 법 앞에 평등하다. 누구든지 성별·종교 또는 사회적 신분에 의하여 정치적·경제적·사회적·문화적 생활의 모든 영역에 있어서 차별을 받지 아니한다."고 되어 있다. 이렇듯 차별을 반대하고 평등을 강조하고 있는 대한민국의 헌법정신은 국립묘지에 온전히 구현되고 있을까? 혹시 죽어서도 차별받고 있는 경우는 없을까?

먼저 성평등의 정신이 온전하게 구현되고 있는지에 대한 문제제기에 귀 기울일 필요가 있다. 국립묘지 안장자의 대부분이 남성이고 여성 안장자는 손에 꼽을 정도로 제한되어 있는 현실을 자연스러운 일로 받아들여야 할까? 더군다나 안장되어 있는 소수의 여성 유공자가 그나마 정당한 대우를 받지 못하고 있다면, 평등하지 않은 국립묘지에 대한 문

---

31 『친일인명사전』 등재 기준으로는 그 숫자가 늘어나 총 74명에 이른다.(자세한 내용은 '친일파 길' 참조)

제제기는 당연히 그 정당성을 획득할 수밖에 없다. 일례로 독립유공자 묘역에 있는 부부 독립운동가의 묘가 그동안 철저히 남성 독립운동가 중심으로 조성되어 있었다면, 이를 어떻게 받아들여야 할까?

현재 독립유공자 묘역에 있는 부부 독립운동가의 묘는 이회영·이은숙의 묘, 오광선·정정산의 묘, 신팔균·임수명의 묘, 김학규·오광심의 묘, 민필호·신창희의 묘, 문일민·안혜순의 묘, 신건식·오건해의 묘, 박영준·신순호의 묘, 신송식·오희영의 묘, 강무경·양방매의 묘, 채원개·김병일의 묘, 신영삼·김은주의 묘가 있고, 임시정부요인 묘역에 있는 부부독립운동가의 묘는 이상룡·김우락의 묘와 손정도·박신일의 묘, 지청천·윤용자의 묘, 오영선·이의순의 묘가 있다. 여기에 국가유공자 제2묘역에도 이범석·김마리아의 묘가 더 있다. 이에 대해서는 '여성 길'을 걸으면서 구체적으로 이야기할 것이다.

계급에 따라 애국의 마음이 다르지 않으련만, 군인묘지의 경우 장군 묘역과 장병 묘역(장교 묘역 + 사병 묘역)[32]이 분리되어 있을 뿐만 아니라, 묘지와 묘비의 크기도 다르다.[33] 이는 계급간 서열을 강조하는 군인을 안장하는 국군묘지로 출발한 현충원의 한계를 보여주는 사례이기도 하다. 이에 대해서는 일찍부터 문제제기가 있었고, 2005년 「국립묘지법」이 제정되면서 계급 간 차별을 두지 못하도록 하는 조항을 신설하기도 했다.[34] 하지만 해당 조항의 실제 적용은 무려 15년 후인 2020년 10월 27일 이후에 이루어지게 되었다. 2005년 제정

---

32 국립현충원의 장병 묘역 중 국군묘지 시절부터 기존에 조성된 장교 묘역과 사병 묘역은 묘지와 묘비의 크기에서 차이가 있다.
33 경찰 묘역도 마찬가지인데, 경찰 묘역은 1단계가 더 있어 4단계로 차별이 이루어지고 있다.
34 「국립묘지의 설치 및 운영에 관한 법률」 제12조(묘의 면적 등) 제1항 제2호는 "대통령의 직에 있었던 사람 외의 사람"에 대해서는 '3.3제곱미터'로 면적을 제한하고 있다.

당시 기존의 '안장 묘역이 소진될 때까지 안장방법 및 묘지의 면적은 종전의 법령을 적용한다'는 단서조항[35]을 두었는데, 진작에 만장된 국립서울현충원과는 달리 국립대전현충원의 장군 묘역은 2020년 10월 27일에야 비로소 만장되었다. 대전현충원은 이날, 앞으로는 장군도 '구역을 구분하지 않고 사망순서에 따라 순차적으로 하며, 1기당 면적은 $3.3m^2$(1평)으로 안장'한다고 공지했다.

    그럼에도 이미 이전에 조성된 장군 묘역과 장교 묘역, 사병 묘역의 차별(그리고 경찰 묘역 내의 계급별 차별)은 변함없이 그대로 유지될 수밖에 없어 계급에 따른 차별 논쟁은 국립서울현충원이 유지되는 한 계속될 수밖에 없을 것이다.

---

35 「국립묘지의 설치 및 운영에 관한 법률」 부칙 제3조(시신 안장의 제한 및 묘지의 시설기준에 관한 적용례)

탐방 1

독립운동가 길

▶ 독립운동가 길 안내 ◀

① 독립유공자 묘역(+무후선열제단)—② 임시정부요인 묘역—③ 대한독립군 무명용사 위령탑—④ 국가유공자 제2묘역—⑤ 장군 제1묘역—⑥ 국가유공자 제1묘역—⑦ 충혼당—⑧ 부부위패판—⑨ 현충탑 위패봉안관

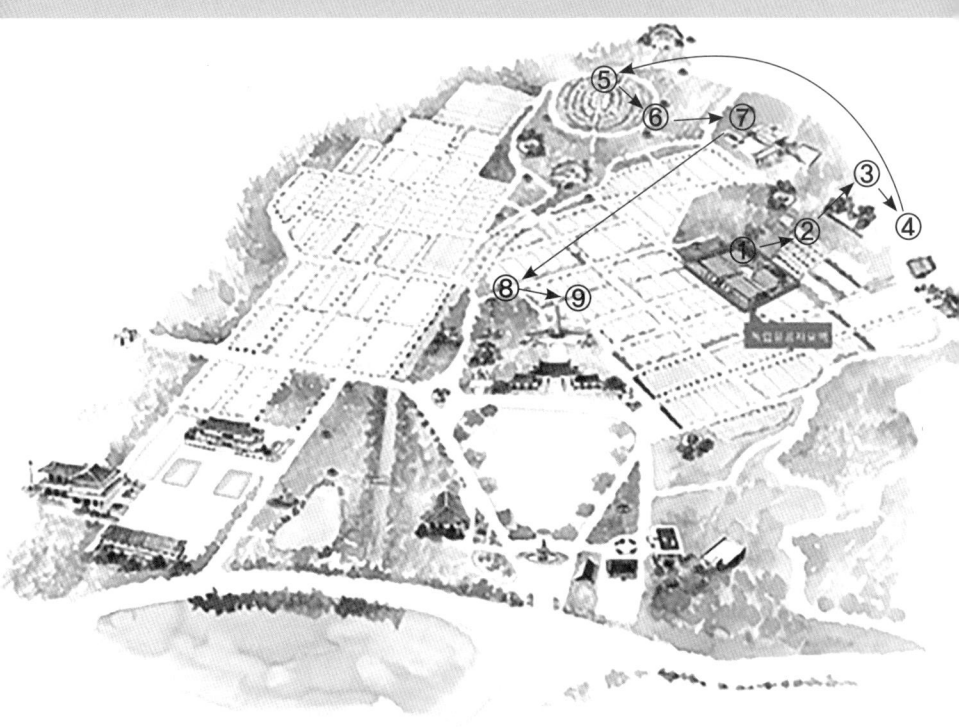

국립서울현충원 탐방의 첫 번째 길은 독립운동가 길이다. 일제에 맞서 독립을 위해 헌신한 독립운동가들은 독립유공자 묘역과 무후선열제단, 임시정부요인 묘역에 안장되어 있고, 임시정부요인 묘역 바로 위에는 대한독립군 무명용사 위령탑이 우뚝 서 있다. 바로 이곳을 탐방하는 것이 독립운동가 길의 기본 코스이다.

해방 20년 만에 조성된 독립유공자 묘역

1955년 국군묘지로 시작한 국립서울현충원이 국립묘지로 승격한 1965년은 독립유공자를 모시는 애국지사 묘역이 조성된 해이기도 하다. 애국지사 묘역은 2019년 국립묘지법의 개정에 따라 독립유공자 묘역으로 명칭이 변경되었다.

독립유공자 묘역에 처음 안장된 독립운동가는 철원애국단의 김재근(1894~1964)이었다. 김재근은 1919년 3·1 혁명 당시에는 연희전문 학생으로 참여했다가 옥살이를 하였으며, 대한민국 임시정부와 연계된 철원애국단 활동으로 4년간 또 옥살이를 한 인물이었다. 김재근이 국군묘지가 국립묘지로 바뀌기 전인 1964년 3월에 서거했으면서도 이곳에 곧바로 안장될 수 있었던 것은 1957년 1월 개정된 「군묘지령」에 '순국열사'도 동작동 국군묘지에 안장할 수 있는 근거가 마련된 덕분이었다.

현재 독립유공자 묘역에는 평민의병장 신돌석(1878~1908)과 '13도 창의 총대장'을 맡았던 의병장 이인영(1868~1909)에서부터 3·1 혁명 당시 민족대표 33인으로 활동한 권동진, 이종일, 박동완, 이필주, 백용성 등 15위는 물론 한국광복군에서 활약한 신순호·박영준 부부에 이르기까지 해내외에서 독립을 위해 헌신한 219위의 순국선열과 애국지사가 안장되어 있다.

국군묘지가 국립묘지로 바뀌고, 나아가 독립유공자 묘역이 조성되기 시작한 1965년은 5·16 군사 정변의 결과로 탄생한 박정희 군사정권이 일본과 국교정상화를 위한 한일회담을 진행하던 시점이었다. 이에 맞서 굴욕적인 한일회담을 중단하라는 요구를 담아 1964-1965년에 걸쳐 진행된 6·3 항쟁(한일회담반대투쟁)은 4·19 혁명의 여진이 여전히 끝나지 않고 있음을 보여준 사건이기도 했다. 국민적 저항으로 위기에 몰린 박정희는 계엄령을 선포하면서까지 굴욕적인 한일기본조약을 체결하지만, 일본군 장교 출신이자 5·16 군사 정변으로 권력을 잡은 박정희로서는 자신의 취약한 정통성을 보완할 대안이 필요했다. 독립유공자에 대한 대대적인 표창과 독립유공자 묘역의 조성은 바로 그 중 하나였다. 결국 독립유공자 묘역의 조성은 한 면에서는 4·19 혁명과 6·3 항쟁의 성과이기도 했고, 다른 한 면에서는 5·16 군사 정변으로 등장한 박정희 군사정권이 온 국민의 한일회담반대투쟁을 호도하고 자신의 정통성 취약을 보완하기 위한 기만책이기도 했던 것이다. 그 결과 독립유공자 묘역 조성 1년 후인 1966년 8·15 광복절까지도 총 29기의 묘소만이 조성되었을 정도로 지지부진할 수밖에 없었다. 독립유공자 묘역이 현재와 같은 규모의 부지를 확보한 것은 1970년에 이르러서였다.

독립유공자 묘역 바로 위쪽에 있는 무후선열제단은 해방된 지 30년이나 지난 1975년 8·15 광복절에 즈음하여 준공되었다. 대한통의부 군사위원장과 정의부 총사령관을 지낸 오동진(1889-1944), 봉오동 전투의 영웅 홍범도, 3·1 운동의 상징적 인물이 된 유관순 등 104위의 위패를 준공과 함께 봉안하였다. 이후 1991년에 이루어진 김규식, 조소앙 등 납북인사 16위의 위패 봉안을 비롯한 몇 차례 추가 봉안이 있었고, 2020년 이후에도 서원준·최산두·정오연·김병태·신형우 등 5위의 위패가 추가로 봉안되면서 현재 무후선열제단에는 135위의 순국선열과 애국지사의 위패를 모시고 있다.[1]

이인영과 신돌석의 묘는 있는데, 전봉준의 묘는 왜 없을까

독립유공자 묘역에는 앞에서 언급했듯이 13도창의군 총대장을 역임한 이인영과 평민 의병장 신돌석의 묘를 비롯하여 무후선열제단에는 농민의병장 김수민(1867~1909)과 평산 의병 선봉장 이진룡(1879~1918)을 비롯한 의병장들의 위패가 모셔져 있다.

그런데 한가지 의문이 생긴다. 이인영 장군, 신돌석 장군 등 의병장의 묘는 만날 수 있는데, 왜 전봉준, 김개남, 손화중, 최경선, 김덕명 등 동학농민군 지도자의 묘는 독립유공자 묘역에서 만날 수 없는 걸까.

헌법 전문에 '대한민국 임시정부의 법통을 계승'했다고 헌법 전문에 밝히고 있는 대한민국은 '일제로부터 조국의 자주독립을 위하여 공헌한 독립유공자와 그 유족에게 국가가 합당한 예우를 함으로써 독립유공자와 그 유족의 생활 안정과 복지 향상을 도모하고 나아가 국민의 애국정신을 길러 민족정기를 선양함을 목적'으로 「독립유공자 예우에 관한 법률」(약칭, 독립유공자법)을 제정하여 '독립유공자, 그 유

---

[1] 무후선열제단에는 1975년 이래 몇 차례의 과정을 통해 총 138위의 위패가 봉안되었다. 이 중 홍범도 등 3위는 대전현충원 독립유공자 묘역에 안장하면서, 조완구는 충혼당으로 옮겨 봉안하게 되면서 현재는 134위의 위패가 봉안되어 있다.

족 또는 가족'을 예우하고 있다.

독립유공자법에 따르면 독립유공자는 순국선열과 애국지사로 분류된다. 그렇다면 순국선열과 애국지사의 구분 기준을 무엇일까? 순국선열은 '일제의 국권침탈 전후로부터 1945년 8월 14일까지 국내외에서 일제의 국권침탈을 반대하거나 독립운동을 위하여 일제에 항거하다가 그 반대나 항거로 인하여 순국한 자로서, 그 공로로 건국훈장·건국포장 또는 대통령표창을 받은 자'이다. 1945년 8월 14일 이전에 돌아가셨다할지라도 '일제에 항거하다 그 반대나 항거로 인하여 순국'한 경우가 아니면 순국선열이 될 수 없다. 반면, 애국지사는 '일제의 국권침탈 전후로부터 1945년 8월 14일까지 국내외에서 일제의 국권침탈을 반대하거나 독립운동을 위하여 일제에 항거한 사실이 있는 자로서, 그 공로로 건국훈장·건국포장 또는 대통령표창을 받은 자'이다.[2]

독립유공자에게 수여하는 건국훈장·건국포장·대통령표창

대한민국 정부는 독립유공자로 인정받은 순국선열 또는 애국지사에게 그 기여도에 따라 대한민국장·대통령장·독립장·애국장·애족장 등 5등급의 건국훈장이나 건국포장, 대통령표창 등을 수여한다. 「상훈법」 제11조(건국훈장)에 따르면 "건국훈장은 대한민국의 건국에 공로가 뚜렷하거나, 국가의 기초를 공고히 하는 데에 이바지한 공적이 뚜렷한 사람에게 수여"한다. 건국포장이나 대통령표창은 건국훈장

---

2 「독립유공자예우에 관한 법률」 제4조(적용대상자)

다음의 훈격으로 같은 법 제20조(건국포장)와 '정부 표창 규정'에 따라 수여된다.

결국 국립현충원에 조성되어 있는 독립유공자 묘역에 안장되거나 위패가 안치될 수 있는 자격은 보훈처의 추천을 거쳐 대통령의 결정으로 건국훈장·건국포장 또는 대통령표창을 받은 순국선열이나 애국지사이어야 가능하다.

그렇다면 독립운동가 묘역에 안장되어 있거나 위패가 모셔져 있는 이인영과 신돌석, 김수민과 이진룡을 비롯한 의병장들은 심의 과정을 거쳐 독립유공자로 인정받았다는 것을 의미한다. 1895년의 을미의병과 1907년의 정미의병 등에 참전한 의병이 어떤 자격으로 독립유공자로 인정받았는지는 국가보훈처에서 제공하고 있는 '공훈전자사료관'의 '독립유공자공적조서'와 '독립유공자공훈록'을 통해 누구든 그 사유를 확인할 수 있다. 먼저 건국훈장 대통령장에 추서된 의병장 이인영의 '독립유공자공적조서'를 보자.

1. 1895년 유인석 등과 거의하여 1896년 여름에 해병하고 1905년에 다시 원주 의병대장이 되었고 그 후 양주로 옮겨 의병 원수부 13도총대장이 되었는데 그 때 각 도에서 회합한 의병 수가 만여 명이었다 그 후 즉시 서울로 진격하여 통감부를 분쇄하고 위납僞納을 취소하여 국권을 회복할 계획을 세우고 먼저 서울에 심복인을 보내 각국 영사에 호소하여 원조를 청하고 이인영이 먼저 3천 명을 인솔하고 동대문 밖까지 들어와서 왜적과 분전하였으나 저적할 수 없이 퇴진하였다. 또 후군도 여주에서 패전하였다.

2. 1909년 상주에서 산중에 숨어 있다가 황간에서 체포되어 대전 옥에서 경성옥으로 갖은 악형을 받다가 옥중에서 순사하였다.

마찬가지로 건국훈장 대통령장에 추서된 의병장 신돌석의 '독립유공자공훈록'의 내용도 이인영의 경우와 크게 다르지 않다.

(…) 그는 1896년 평해^{平海}에서 기병하였다. (…) 1896년 말 영해 군의진의 중군장이 되었다. 그러나 불길같이 일어난 전국을 휩쓸었던 을미 의병은 대체로 유생들에 의하여 주도되었기 때문에 정부의 선유에 직접·간접으로 영향을 받고 자진 해산하였다. (…) 신돌석은 1906년 3월 13일(음) 아우 우경^{友慶}과 함께 영덕 복평리 축산에서 기병하였다. 그는 대장기를 세우고 영릉의 병장이 되었다. (…) 1907년 봄에 중군장인 백남수와 김치헌 등 용감한 휘하 장령들과 함께 영덕 일대 지방민들의 절대적인 협력을 얻어 가면서 진용을 보강하고, 친일파들을 처단하여 의진의 기세는 날이 갈수록 높아 갔다. (…)

이를 통해 의병장 이인영은 1895년부터 1909년까지 벌인 의병운동으로, 의병장 신돌석은 1896년부터 1908년까지 나선 의병운동으로 '일제의 국권침탈 전후' '일제의 국권침탈에 반대하여 순국한 자'로 인정받아 독립유공자가 되었고, 1965년에 생긴 동작동 국립묘지 애국지사 묘역에 안장될 수 있는 자격도 얻게 되었음을 알 수 있다.

의병, '대한제국'을 지키고자 일어선 사람들

그런데 또 다른 의문이 생긴다. 1908년과 1909년에 순국한 의병장 신돌석과 이인영은 「상훈법」에서 말하는 '대한민국의 건국에 공로'가 있다거나 '국가의 기초를 공고히 하는 데에 이바지한 공적'이 있다고 볼 수 있을까.

당시 의병운동에 나선 의병들은 대한민국의 건국을 희망했다기보다는 '고종 황제의 나라인 대한제국'을 지키려고 했던 사람들이었다. 평민의병장 신돌석의 경우 반봉건 의식이 강했기 때문에 일단 유보한다고 해도 고종의 밀명을 받아 거병한 이인영이 추구한 바 그 지향점에 대해서는 의문의 여지가 없다. 따라서 「상훈법」을 엄격히 적용한다면 이들을 '대한민국의 건국에 공로'가 있다거나 '국가의 기초를 공고히 하는 데에 이바지한 공적'이 있는 사람으로 보기에는 다소 무리가 따른다. 다만 신돌석과 이인영 등이 독립유공자법에서 말하는 '일제의 국권침탈 전후 일제의 국권침탈에 반대하여 순국한 자'임에 분명하다는 사실을 인정한다면, 「상훈법」의 조문도 독립유공자법과 충돌하지 않도록 폭넓게 해석해 일단 의병도 '국가의 기초를 공고히 하는 데에 이바지한 공적'이 있는 사람으로 받아들이기로 하자. 그렇지 않으면 더 큰 혼란이 올 수도 있다.

반외세 반봉건 투쟁의 동학농민군과 현충원

이제 처음 제기한 의문에 대해 살펴볼 차례다. 의병을 독립유공자로 인정할 수 있다면, 똑같은 논리로 동학농민군도 독립유공자로 인정할 수 있지 않을까. 동학농민군도 '일제의 국권침탈에 반대한 사람들이지 않는가. 혹시 발발 시점의 차이 때문은 아닐까. 일제의 국권침탈에 반대해 일어난 의병운동은 일반적으로 1895년의 을미의병부터 시작하는 것으로 설명하지만, 1894년에 거병한 갑오의병도 있었다. 그렇다면 같은 갑오년에 일어난 동학농민에 대해 '일제의 국권침탈 전후'에 일어난 사건이 아니라고 설명하는 것도 설득력이 떨어진다. 동학농민은 반봉건 운동이었기 때문이었다고 설명하는 것도 설득력이 없기는 마찬가지이다. 1894년 3월 고부농민봉기로 시작한 1차 봉기의 경우 반봉건 운동의 성격으로 진행된 것은 분명하다. 하지만 그해 9월 일어난 2차 봉기는 청·일 전쟁에서 승리한 일본군의 내정간섭에 맞서 일어났고, 일본군과의 전투에서 패배하면서 실패했다는 점에서 명백히 '일제의 국권침탈에 반대'하여 일어난 반외세 운동이었다. 그래서 우리는 동학농민을 반외세반봉건 운동의 본격적인 출발로 부르고 있지 않은가.

그렇다면 왜 의병은 독립유공자로 인정받고 있는데, 동학농민혁명군은 여전히 독립유공자로 인정받지 못하고 있는 것일까. 그것은 우리 사회의 주류가 가지고 있는 동학농민운동에 대한 뿌리 깊은 거부감 때문이다. 동학농민운동은 발생 당시부터 동학란東學亂으로 불렸고, 동학농민운동에 참여한 농민군은 동비東匪라고 매도당하기도 했다. 마치 5·18 민주화 운동을 '폭도들의 난동'이라고 폄훼한 것과 같은 논리였다. 새로운 질서를 추구한 동학농민군에 대한 뿌리 깊은 거부감과 폄훼의 역사는 해방 이후에도 여전히 극복되지 않았다. 1962년 독립유공자에 대한 대대적인 서훈이 시작된 이래 의병은 곧바로 독립유공자 심사 대상이 되었지만, 동학농민군은 검토의 대상조차 되지 못했다.

동학농민혁명을 이끈 녹두장군 전봉준

이러한 역사는 동학농민군에 참여했던 사람들의 유족이나 후손들에게는 한으로 남았다. 1987년의 6월 민주항쟁 이후 시작된 동학농민군에 참여한 이들에 대한 명예회복 요구는 학술적 검토의 수준을 넘어 1990년대 후반부터는 입법 요구로까지 발전했다. 그 결과 2004년 「동학농민혁명운동 참여자 등의 명예회복에 관한 특별법」(약칭, 동학농민명예회복법)이 제정되기에 이르렀다. 이렇게 만들어진 동학농민명예회복법 제1조는 '이 법은 봉건제도를 개혁하고 일제의 침략으로부터 국권을 수호하기 위하여 동학농민에 참여한 사람의 애국애족정신을 기리고 계승·발전시켜 민족정기를 북돋우며, 동학농민 참여자와 그 유족의 명예를 회복함을 목적으로 한다.'고 규정하여 동학농민 참여자들이 '봉건제도를 개혁'하려고만 한 게 아니라 '일제의 침략으로부터 국권을 수호'하고자 했다는 점을 분명히 했다. 2019년에는 혁명군의 황토현 전투 전승일인 5월 11일을 국가기념일인 동학농민기념일로 지정하고 정부차원에서 첫 기념식을 갖기도 했다.

하지만 동학농민기념일까지 국가기념일로 지정된 오늘에도 동학농민군 참여자들은 여전히 독립유공자로 인정받지 못하고 있다. 동학농민명예회복법이 동학농민기념재단을 설립하고 '동학농민 참여자와 그 유족을 위한 명예회복사업'도 하도록 했지만, 그 핵심인 동학농민군의 독립유공자 인정 문제는 포함되어 있지 않았던 것이다.

이렇듯 의병과 동학농민군의 형평성에 대한 문제는 독립유공자 묘역에서 부딪히는 우리의 첫 번째 고민이다.

독립유공자 묘역에 가짜 독립운동가 묘가 있다?

2018년 8월 27일 국가보훈처는 국립서울현충원 애국지사 묘역(현 독립유공자 묘역)에 묻혀 있는 김정수를 비롯한 가짜 독립운동가 4명(김정수·김낙용·김병식·김관보)의 서훈을 취소했다. 이들 4명은 한 집안에 속한 인물이었는데, 김낙용은 김정수의 할아버지, 김관보는 김정수의 아버지, 김병식은 김정수의 큰아버지였다.

하지만 2021년 현재까지도 가짜 독립운동가 김정수의 묘는 국립서울현충원 독립유공자 묘역에 버젓이 버티고 있다. 가짜 독립운동가 김정수의 서훈이 취소된 사실조차 표시되어 있지 않아 자칫 사정을 알지 못하는 사람이 가짜 독립운동가 김정수의 묘 앞에서 고개를 숙이는 웃지 못 할 일이 벌어질 수도 있다. 그동안 무려 4억5000만 원의 보훈급여를 부당하게 타낸 김정수 집안에서 국가를 상대로 소송을 진행 중인 것으로 알려져 있는데, 한국의 장묘문화나 관련 법률에 따를 때 강제 이장이 불가능하다는 점을 악용하고 있는 것으로 보인다.

가짜 독립운동가 김정수의 동생인 또 다른 가짜 독립운동가 김진성도 진짜 독립운동가 김진성의 공적을 가로채 1976년부터 1998년까지 무려 22년간 국립서울현충원 독립유공자 묘역에 묻혀 있었다. 다행히 한중 수교와 함께 진짜 독립운동가 김진성(1914~1961)의 장남 김세걸이 중국 하얼빈에서 나타나면서 5년의 노력 끝에 가짜 독립운동가 김진성의 묘는 1998년에 파묘되었고, 이제는 그 자리에 중국 랴오닝성 선양시에 안치되어 있던 진짜 독립운동가 김진성이 돌아와 영면했다. 중군군의 군의관이었던 아들 김세걸은 한-중 수교가 이루어지기 직전 중국에 진출한 한 한국식 노래방에 갔다가 한국의 애국지사 묘역(현 독립유공자 묘역)이 배경으로 나오는 화면에서 우연히 아버지 김진성의 묘비를 발견했다고 한다. 설레는 마음을 다잡으며 한-중 수교가 이루어진 이후 애국지사 묘역을 방문한 김세걸은 온전히 아버지 김진성의 공적을 담고 있음에도 후손의 이름은 전혀 다른 사람들로 채워져 있는 납득할 수 없는 묘비를 발견하고 큰 충격에 빠졌다. 이후 김세걸은 사실 관계를 바로잡기 위해 백방으로 뛰어다녀야 했다.

진짜 독립운동가 김진성은 1932년 만주에서 독립운동단체 국민

각고의 노력 끝에 독립유공자 묘역에 아버지 김진성을 모신 장남 김세걸(좌)과 저자

부에 가입하여 독립운동을 하던 중 1934년에 특무정사로 밀정 정남해를 처단하기 위해 국내로 잠입했다가 초산경찰서에 체포돼 15년 형을 언도받고 복역한 인물이다. 경성형무소(마포)에서 해방을 맞은 김진성은 석방된 후 자신의 본거지인 만주로 돌아가 생활하다 1961년 병사했다. 한국과 중국이 수교를 맺은 것이 1992년이고 그동안 교류가 거의 없다보니 김진성은 한국에서는 잊힌 인물이 되었다. 이런 현실이 가짜 김진성이 나타나 진짜 김진성으로 행세하는 현실적 토대가 되었다.

가짜 독립운동가 김정수가 진짜 독립운동가 김정범(1899-?)의 공훈을 가로채 독립유공자로 인정받은 사실을 처음으로 밝혀낸 사람도 중국에서 온 진짜 독립운동가 김진성의 아들 김세걸이다. 김세걸은 가짜 독립운동가 김진성의 묘에서 제사를 지내는 사람들이 김정수의 묘에서도 제사를 지낸다는 사실을 묘지관리인으로부터 확인하고 김정수의 행적에 대한 조사에 나섰다. 그 결과 가짜 독립운동가 김정수는 평북 초산 출신의 진짜 독립운동가 김정범의 공적을 가로챈 것도 모자라 진짜 독립운동가 김진성의 형으로 호적을 세탁한 사실도 밝혀냈다.

평북 초산 출신의 김정범은 1922년 중국 만주로 망명해 통의부와 참의부 소속으로 군자금 모집과 일본 경관 공격 등의 무장투쟁을 벌였던 인물이다. 1932년 만주 지안현에서 체포된 김정범은 신의주지방법원에서 징역 10년을 언도받고 8년 10개월간 옥고를 치른 후 1941년 6월에 가출옥되었는데, 이후 기록은 남아 있지 않다.

가짜 독립운동가 김정수는 독립운동가 김정범과 나이도 무려 10살이나 차이 나는 등 의심스러운 대목이 한둘이 아니었다. 수형자기록카드나 당시 언론보도 등을 통해 확인되는 황해도 곡산 출신의 김진성과 평북 초산 출신의 김정범이 형제라는 주장도 쉽게 수용하기 힘든 대목이었다. 김진성과 김정범의 공통점은 만주에 근거지를 두고 독립운동을 하던 중 2년의 시차를 두고 각각 초산경찰서에 체포되었다는 점뿐이었다. 그런데도 가짜 독립운동가 김정수는 가짜독립운동가 김진성과 함께 1968년 원호처(국가보훈처의 전신)로부터 형제 독립유공자로 인정받았다.

1998년 '김정수는 가짜 독립운동가'라는 김세걸의 진정을 처음 받은 국가보훈처가 이후 보여준 행태도 납득하기 힘들기는 마찬가지였다. 2018년에야 서훈을 취소했으니 국가보훈처는 무려 20년 동안 '확인 중'인 상태로 진상규명을 회피했던 셈이다. '확인 중'이라던 2009년에는 가짜 독립운동가 김정수는 그대로 둔 채 김정범을 독립유공자로 인정하는 조치도 단행했다. 동일한 공적으로 두 사람이 독립유공자가 된 어처구니없는 상황은 이후에도 무려 8년간 지속되었다. 이러한 국가보훈처의 무책임한 행태에 분노하지 않을 국민이 얼마나 있을까.[3]

현충원에서 만나는 영화 〈암살〉과 〈밀정〉, 〈박열〉의 주인공들

3·1운동과 대한민국 임시정부 수립 100주년을 전후하여 독립운동과 독립운동가에 대한 대중적 관심이 대단히 높아졌다. 여기에는 〈암살〉, 〈밀정〉, 〈박열〉, 〈말모이〉 등 영화의 역할도 한몫했다. 이들 영화의 주인공을 따라 독립유공자 묘역을 탐방하는 것도 독립운동가 길을 걷는 한 방법이다.

영화 〈암살〉의 주인공 안옥윤의 롤 모델로 알려진 남자현과 권기옥의 묘도 독립유공자 묘역에 있다.

남자현(1872-1933)이 영화 〈암살〉에서 주인공 안옥윤의 롤모델이 된 것은 1925년 조선총독 사이토 마코토를 저격하기 위해 국내로 잠입했던 사실 때문이다. '만주 독립군의 어머니'로 불리기도 했던 남자현은 1925년 국내에 잠입하여 당시 조선총독 사이토 마코토를 저격하려 했지만, 뜻을 이루지 못한 것으로 전해진다. 1932년에는 일제의

---

3 2015년에는 대전의 대표적인 독립운동가로 알려졌던 김태원도 동명이인인 안성 출신의 독립운동가 김태원(1896-?)과 평북 신의주 출신의 독립운동가 김태원(1902-1926)의 공적을 짜깁기하여 독립유공자로 인정받은 가짜 독립운동가였다는 사실이 밝혀지기도 했다.

만주침략에 대한 진상조사를 위해 온 국제연맹조사단(단장 리튼 경)에 왼손 무명지 2절을 잘라 흰 천에 '朝鮮獨立願(조선독립원)'이라고 써서 자른 손가락과 함께 전달했는데, 이로 인해 최근에는 '여자 안중근'이라는 별명을 얻기도 했다.

숭의여학교 재학 중 3·1 혁명에 참여했고 대한애국부인회 활동도 했던 권기옥(1901-1988)은 중국으로 망명하여 '조선인 최초의 여자비행사'가 되었다. 비행기를 몰아 조선총독부와 일왕이 있는 궁성을 폭파하겠다는 열망의 결과였다. 권기옥은 이러한 이력으로 영화 〈암살〉에서 주인공 안옥윤의 또 다른 롤 모델로 언급되고 있다. 권기옥이 1928년 중국 풍옥상 부대에서 만나 결혼한 이상정도 대한민국 임시정부의 임시의정원 의원을 지냈는가 하면 유동열과 함께 신한민주혁명당을 결성하여 중앙위원 겸 군사부장을 지낸 독립운동가였다. 〈빼앗긴 들에도 봄은 오는가〉로 유명한 시인 이상화는 권기옥의 시동생이다.

신흥무관학교의 마지막 졸업생으로 나오는 행동파 독립운동가 속사포의 인물상은 밀양경찰서 폭탄투척 사건의 최수봉(1894-1921)과 이를 뒤에서 지원한 고인덕(1887-1926)을 합쳐 놓은 모습이다. 밀양 출신의 고인덕은 비록 속사포가 그렇게 강조하던 신흥무관학교의 마지막 졸업생은 아니었지만, 1919년 11월 신흥무관학교를 졸업한 의열단의 초창기 멤버였다. 폭탄제조 전문가 황덕삼의 모습은 마치 밀양경찰서 폭탄투척 사건의 배후이기도 했던 의열단의 이종암(1896-1930)을 보는 듯하다. 이종암은 의열단 단장 김원봉(1898-1958)과 함께 프랑스 조계에 살던 김성근으로부터 폭탄제조기술을 배운 폭탄제조 전문가였다. 의열단의 부단장을 맡았던 이종암은 스스로 의열투쟁에 직접 나선 행동파이기도 했다. 이들 3인의 묘도 국립서울현충원의 독립

영화 〈암살〉의 주인공 안옥윤의 롤 모델로 알려진 남자현과 권기옥의 묘도 독립유공자 묘역에 있다.

유공자 묘역에 있다.[4]

영화 〈밀정〉의 초반부에 독립군자금 마련을 위해 부호에게 불상을 판매하려다 일제와 총격전 끝에 발가락 하나만 남기고 숨지는 의열단원 김장옥의 모습은 종로경찰서 폭파사건의 김상옥(1889-1923)과 남영득(남정각, 1897-1967)을 합쳐놓은 모양새다. 김상옥은 1923년 종로경찰서에 폭탄을 투척한 이후 조선총독부 폭파를 준비하던 중 일제의 경찰과 헌병 수백 명의 추격을 받자 서울을 휘저으며 3시간여의 격전을 치르게 되는데, 효제동에서 마지막 남은 총알 한 발로 자결한 인물로 유명하다. 남영득은 1923년 의열단의 2차 거사를 준비하면서 상하이의 김원봉과 서울의 김한(1887-1938) 사이를 여러 차례 오가면서 조율하는 역할을 하였다. 그런데 추진 과정에서 김원봉이 자금 부족으로 폭탄의 국내 반입을 신속하게 추진하지 못하고 있

---

4 묘비번호는 최수봉의 묘가 78번, 고인덕의 묘는 103번, 이종암의 묘는 61번이다.

영화 〈밀정〉에 등장하는 의열단원 김장옥의 모습은 실제 종로경찰서 폭파사건의 주인공인 김상옥(1889-1923)과 남영득(남정각, 1897-1967) 열사를 합쳐 놓은 모양새이다.

는 것을 알고 서울 현지에서 스스로 자금 마련 계획을 세워 실행에 옮긴다. 남영득은 동지 유병하·유시태 등과 의논하고 그들에게 권총을 주며 내자동 이인희에게 자금을 요청하기로 하였다. 이인희는 경북 예천 출신의 갑부로 안동 출신인 유시태가 실태를 파악하고 있었다. 하지만 남영득은 처음에는 흔쾌히 동의했던 이인희가 이미 신고한 사실을 모른 채 네 번째 방문에서 잠복하고 있던 일경에 붙잡히고 만다. 남정각은 징역 8년을 언도받고 복역하게 되는데, 1929년 석방과 함께 곧바로 중국 천진으로 망명하여 독립운동을 계속한다. 김상옥의 묘(5)와 남영득의 묘(34)는 독립유공자 묘역에서 서로 가까운 곳에 위치해 있다.

영화 〈밀정〉의 마지막 장면에서 자전거에 폭탄을 싣고 유유히 조선총독부로 들어가는 학생의 롤 모델은 1921년 전기수리공으로 변장하여 조선총독부에 들어가 폭탄을 투척하고 유유히 빠져나온 김익상(1895-1941?)이다. 김익상의 의거 후 조선총독부 폭탄 투척을 누가

유족이나 후손을 찾지 못한 독립유공자들의 위패를 모신 무후선열제단

했는지조차 파악하지 못해 초조해진 일제는 의심스러운 조선인은 무조건 잡아다 고문을 자행하는 등 허둥대지만, 그는 이미 중국으로 탈출한 상황이었다. 영화와 실제는 항상 같을 수는 없는데, 김익상이 폭탄을 투척한 조선총독부는 영화 〈밀정〉과 달리 남산 왜성대에 있던 건물이었다. 영화에 등장하는 경복궁의 조선총독부 건물은 1926년에 준공되었다.

중국으로 탈출한 김익상은 이듬해 중국 상하이 세관부두에서 오성륜, 이종암과 함께 일본군 대장 다나카를 저격하려다 실패하고 도주하다 중국경찰에 잡혀 일경에 넘겨지고 만다. 사형을 언도받은 김익상은 이후 무기징역으로 감형되었고, 거듭된 감형으로 1936년 14년 만에 석방되었다. 김익상은 이태원으로 돌아온 이후에도 거듭 일제의 감시와 구금에 시달려야 했고, 1941년 경찰의 추적을 피하던 중 한강철교에서 뛰어내려 자결했다고 한다. 김익상의 위패는 무후선열제단 (3)에 있다.

영화 〈박열〉의 주인공 아나키스트 박열(1902-1974)도 무후선열제단에 위패로 모셔져 있다. 일제의 국사범이었던 박열은 해방과 동시에 석방되지 않고 22년 2개월만인 그해 10월에야 홋카이도에 있던 아키다 형무소에서 석방되었다. 석방 후 재일조선거류민단 초대 단장을 맡기도 한 박열은 윤봉길, 이봉창, 백정기 등 3의사의 유해를 발굴하여 고국으로 모셔오는 역할도 담당했다. 1949년 5월 영구 귀국하여 서울에 머물던 박열은 6·25 한국전쟁 중 북으로 납북되어 조소앙, 안재홍 등과 함께 재북평화통일촉진협의회(약칭, 재북평통)에서 집행위원으로 활동하다 1974년 사망하였다. 박열의 묘는 북의 재북인사묘역에 있다. 1926년 감옥에서 자결한 것으로 알려진 박열의 애인 가네코 후미코金子文子(1903-1926)는 박열의 고향인 문경에 묻혔고, 2018년에야 뒤늦게 독립유공자로 인정받았다.

대한의 독립을 위해 '씨를 뿌린 사람들'

독립유공자 묘역에는 1919년 「기미독립선언서」를 발표하여 3·1 만세운동을 한반도 전역은 물론 해외로까지 확산하는 데 크게 기여한 민족대표 33인 중 15인의 위패나 무덤이 있다. 무후선열제단에는 백용성(1864-1940, 5)과 오화영(1880-1960, 204)의 위패가 봉안되어 있고, 독립유공자 묘역에는 권동진(1861-1947, 20), 권병덕(1868-1943, 17), 김완규(1876-1949, 19), 라용환(1863-1936, 22), 라인협(1872-1951, 126), 박동완(1885-1941, 23), 신석구(1875-1950, 49), 유여대(1878-1937, 111), 이갑성(1886-1981, 183), 이종일(1858-1925, 15), 이종훈(1856-1931, 21), 이필주(1869-1942, 16), 홍병기(1869-1949, 18) 등 13

서울 망우동 공원묘역에 자리한 만해 한용운 선생 묘소.

명이 안장되어 있다.

「기미독립선언서」에 서명한 이들은 손병희를 비롯한 천도교계 인사 15명, 이승훈(본명 이인환)을 비롯한 기독교계 인사 16명, 한용운을 비롯한 불교계 인사 2명 등 33인이었다. 그런데 이들 민족대표 33인은 탑골공원에서 발표하려던 애초의 계획을 변경하여 태화관에서 발표했다는 점과 선언서를 발표한 직후 일제에 맞서기보다는 저항 없이 연행되었다는 점 등 때문에 당시는 물론 지금도 비판의 대상이 되기도 한다.

그런데 비판의 초점이 어디에 있는지에 대해서는 유의가 필요하다. 민족대표 33인은 「기미독립선언서」를 발표할 당시 독립만세운동의 양상이 그렇게 크게 일어나리라는 상상은 하지 못했던 것으로 보인다. 그런 점에서 보면 민족대표 33인은 정세를 정확히 읽지 못한 것이 분명하다. 하지만 이들의 행동을 '비겁했다'고 비판하는 것은 초점이 빗나간 것으로 보인다. 이들은 손병희가 말했듯이 독립의 '씨를 뿌리는 것'이 자신들의 역할이라고 이해했다. 그 씨가 싹을 틔우고 잎사

서울 우이동 북한산 둘레길에 있는 의암 손병희 선생 묘소

귀가 달리고 자라서 꽃을 피우는 일은 앞으로 동포들이 해나갈 일이라고 믿었다. 이들은 '씨를 뿌리는 일'에 자신들이 그 피해를 감내하면 되지 그 이상의 희생이 필요하지 않고, 또 있어서도 안 된다고 생각했다. 탑골공원에 자신들이 직접 나타나는 것은 그 자체로 젊은이들을 흥분시킬 우려가 있다고 판단했다. 그래서 손병희는 독립선언서의 발표 장소를 전날 태화관으로 변경했던 것이다. 당시 민족대표로 독립선언서에 서명한 이들은 내란죄를 적용받아 사형이나 중형에 처해질 가능성이 높다고 인식하고 있었다. 그럼에도 당시 최연소의 나이로 독립선언서에 서명한 김창준(1890-1959)은 결혼한 지 1년, 딸을 낳은 지 1개월밖에 되지 않은 상황이어서 서명자 명단에서 빠질 것을 권고 받았지만, 의연하게 '서명하겠다'는 태도를 굽히지 않았을 정도로 단호했다고 한다.

민족대표 33인에 대해 '이들 중 5명만 빼놓고 다 변절했다'거나, '한용운만 빼고 다 변절했다'고 하는 근거 없는 내용도 많이 퍼져 있다. 물론 민족대표 33인 중에는 변절한 이도 분명 있다. 최린, 박희도, 정춘수 3인이 그들이다. 이를 민족대표 48인[5]으로 확대해도 「기미독립선언서」 작성을 담당한 최남선과 현상윤이 추가되면서 변절자는 5명일 뿐이다. 반면, 양한묵은 옥사했고, 손병희도 고문 후유증으로 감옥에서 나온 직후 사망하는 등 민족대표 33인이 감당해야 했던 시련은 혹독했다.

민족대표 33인이 뿌린 독립의 씨는 이들의 기대보다도 훨씬 일찍 싹을 틔우고 빠르게 자라났다. 그해 4월에 대한민국 임시정부가 탄생한 것이다. 이뿐만이 아니다. 이후 우리의 독립운동을 이끌어나갈 젊은 '3·1세대'가 바로 이들이 문을 연 3·1운동의 세례를 받아 태어났다.

독립유공자 묘역에 안장되어 있지 않은 민족대표 33인 중 대표적인 인물인 손병희의 묘는 북한산 둘레길이 지나는 우이동에 있고, 한용운의 묘는 망우역사문화공원에 있다. 두 곳 역시 시간 내서 탐방해 볼 만한 곳이다.

홍범도 장군, 의병장에서 사회주의계 독립운동가로!

봉오동 전투와 청산리 전투의 영웅 홍범도 장군(1868-1943)은 안중근, 유관순 등과 더불어 한국인 사이에서 가장 유명한 독립운동가의 한 분으로 기억되고 있다.

홍범도는 독립운동의 역사에서도 매우 특이한 이력의 소유자이

---

5   민족대표 33인 중 중국으로 망명한 김병조와 옥사한 양한묵을 제외하고 함께 재판받은 31인과 독립선언서를 준비하고 만세운동을 준비했다는 이유로 함께 재판받은 17인을 묶어서 민족대표 48인으로 부른다. 이 중 김세환(1889-1945, 38), 김원벽(1894-1928, 127), 송진우(1890-1945, 198), 안세환(1889-1945, 114) 등 4위는 독립유공자묘역에, 이경섭(1874-?, 무후선열-61)은 무후선열제단에 안치되어 있다.

1922년 모스크바에서 열린 '극동인민대표대회'에 참가했을 당시 홍범도는 러시아어로 '레닌으로부터 홍범도에게'라고 씌어진 권총을 러시아 혁명의 지도자 레닌에게서 직접 선물 받았다

다. 의병대장으로 시작하여 봉오동 전투와 청산리 전투를 승리로 이끈 독립군의 영웅이었고, 1922년에는 모스크바에서 열린 '극동인민대표대회'에 참가하여 레닌과 면담하고 러시아어로 '레닌으로부터 홍범도에게'라는 글귀를 새긴 권총을 선물 받는 등 사회주의계 독립운동가로 거듭난 인물이 홍범도이다.

홍범도 하면 포수 출신의 독립운동가로 기억하는 사람들이 대부

독립운동가 길 59

분이다. 하지만 그의 포수 경력은 아버지가 일찍 돌아가신 탓에 15살의 어린 나이 때부터 3년여 간 평안 감영에서의 군생활(나팔수)과 황해도 한 제지소에서 한 3년간 노동자 생활, 금강산 신계사에서의 상좌승 생활을 거친 이후에 시작되었다.

홍범도는 백발백중의 총 솜씨로도 유명하지만, 특유의 정직과 겸손으로 부대원들 사이에서 신망이 높았다. 홍범도는 독립운동 과정에서 자신이 경험한 이야기를 일지형식으로 남겼는데, 그 중 이씨 부인과 큰아들 홍양순에 대한 기록도 있다.[6] 홍범도와 결혼한 이씨 부인은 신계사 상좌승 시절 만난 비구니 출신이었다. 1908년 일제는 삼수·갑산 일대에서 맹위를 떨치고 있는 홍범도 부대를 와해시키기 위해 홍범도의 가족을 동원하여 그를 유인하고자 했다. 일제는 "일본 천황에게 귀순하면, 당신에게 공작 작위를 하사한다고 합니다. 우리 가족에게 경사스러운 일입니다. 나는 물론이고 우리 자식들도 귀한 대접을 받으면서 살아갈 수 있지 않겠습니까?"라는 문안까지 주면서 이씨 부인에게 편지를 쓰라고 강요했다. 하지만 이씨 부인은 "계집이나 사나이나, 영웅호걸이라도 실 끝 같은 목숨이 없어지면 그뿐이다. 내가 설혹 글을 쓰더라도 영웅호걸인 그는 듣지 않을 것이다. 너희는 나더러 시킬 것이 아니라 너희 맘대로 해라. 나는 아니 쓴다."라면서 의연하게 버텼다고 한다. 이씨 부인에게는 혹독한 고문이 뒤따랐지만 그의 결심을 바꾸지는 못했다. 이씨 부인은 끝내 혀를 깨물면서 까지 저항했고, 결국 그 후유증으로 얼마 못가 끝내 목숨까지 내놓아야 했다. 그런데 여기에서 물러설 일제가 아니었다. 이번에는 17살의 아들

---

6 홍범도, 「홍범도 일지」 7-8쪽. 반병률, 『홍범도 장군』(한울)에서 재인용.

양순을 홍범도가 있는 산속으로 보낸 것이다. 하지만 홍범도는 단호했다. 홍범도는 "이놈아! 네가 전 달에는 내 자식이었지마는, 일본 감옥에 서너 달 갇혀 있더니 그놈들 말을 듣고 내게 해를 끼치려는 놈이 됐구나. 너부터 쏘아 죽여야겠다!"라고 호통을 친 후 양순을 향해 총을 쏘았다. 하지만 홍범도가 쏜 총알이 양순의 왼쪽 귓방울을 자르고 지나갔고, 목숨에는 지장이 없었다. 이후 양순은 홍범도 부대에서 훌륭한 의병으로 활약하다 정평 바맥이 전투에서 전사하였다. 홍범도의 부인 단양이씨와 아들 홍양순은 2021년 3·1절에 즈음하여 뒤늦게나마 독립유공자로 추서되었다.

평민 출신의 홍범도는 의병운동 시절 양반출신 의병장 이범윤(1856-1940)과 얽힌 악연에 대한 이야기도 남겼다.[7] 독립유공자 묘역(55)에 안장되어 있기도 한 이범윤은 고종 황제로부터 간도 관리사로 임명되었던 인물이다. 1908년 삼수·갑산의 홍범도 부대는 탄약의 부족으로 위기를 겪게 되는데, 홍범도는 탄약 구입비 2만 원과 함께 부하를 러시아령 연추에 있는 이범윤에게 보냈다. 그런데 두 차례나 보낸 부하는 일제의 정탐꾼으로 몰려 갇혀버렸고, 그 부하를 구하려고 보낸 부하조차 끝내 돌아오지 않았다. 결국 홍범도 부대는 힘을 잃게 되었고, 두만강을 건너 만주로 탈출할 수밖에 없는 신세가 되었다. 홍범도가 우여곡절 끝에 연추에 도착해 보니 부하 둘은 여전히 갇혀 있고, 마지막에 보낸 한 명은 이범윤 부대의 부대원이 되어 있었다. 홍범도는 이범윤에게 자신의 부하를 일제의 정탐꾼으로 몬 근거를 따져 물었지만, 이범윤은 책임을 회피할 뿐 명쾌한 답변을 하지 못했다고 한

---

[7] 홍범도, 「홍범도 일지」 15-17쪽. 반병률, 『홍범도 장군』(한울)에서 재인용.

다. 양반출신 의병장과 평민출신 의병장 사이에는 이렇듯 골이 깊었던 것이다.

홍범도의 무덤이 머나먼 땅 카자흐스탄의 크질오르다 중앙공원에 있는 이유는 스탈린의 고려인 강제이주 정책 때문이다. 연해주에 정착해 살던 홍범도는 1937년 중앙아시아 카자흐스탄으로 강제 이주당했고, 연금생활을 하면서 현지 고려극장 수위로 말년을 보내다 조국의 해방도 보지 못한 채 1943년 머나먼 이국땅에서 서거하였다. 홍범도는 지금도 중앙아시아 고려인 사회에서 "전설적인 빨치산이며 열렬한 독립투사"[8]라는 찬사를 받고 있다. 그가 사망하기 전인 1942년부터 고려극장 극작가 태장춘 등의 노력으로 홍범도의 항일투쟁을 기리는 연극 〈홍범도〉의 공연이 시작되었고, 고려인 작가 김세일의 소설 《홍범도》[9]가 1965년부터 4년간 124회에 걸쳐 《레닌기치》에 연재되었다. 중앙공원묘지에는 '홍범도 장군의 흉상'이 있고, 크질오르다 시 소비에트의 결정으로 홍범도가 거주하던 인근의 한 거리가 '홍범도 거리'로 이름 붙여지기도 했다.

대한민국 정부는 2021년 8·15 광복절 76주년을 기해 크질오르다 중앙공원 묘지에 안장되어 있던 홍범도의 유해를 봉환하여 대전현충원 독립유공자 묘역에 안장하였다. 서거 78년 만에 이루어진 '장군의 귀환'은 많은 이들의 가슴을 뜨겁게 하기에 충분했다. 사실 홍범도의 유해 봉환은 2020년 3·1절 기념식에서 이미 천명된 바 있었다. 당시 문재인 대통령은 기념사를 통해 "봉오동 전투와 청산리 전투의 승

---

8 김보리쓰, 「홍범도를 추모하며」(《고려일보》, 1994. 10. 29) 『홍범도 장군』(반병률, 한울) 196쪽에서 재인용
9 이 소설은 한국에도 소개되었는데, 1989년 제3문학사에서 5권으로 처음 출판하였다.

리를 이끈 평민 출신 위대한 독립군 대장 홍범도 장군의 유해를 드디어 국내로 모셔올 수 있게 되었습니다."[10]라고 발표했다. 마침 2020년은 봉오동 전투 100주년이 되는 해였고, 1년 전에는 영화 〈봉오동 전투〉가 개봉되어 흥행을 구가하기도 한 상황이었다. 하지만 약 1년 6개월이 경과한 2021년 8월에야 이루어진 것에서도 알 수 있듯이, 홍범도의 유해 봉환은 결코 순탄한 일이 아니었다. 정부는 늦어지는 이유를 코로나19 사태 때문으로 설명했지만, 실제로는 만만치 않은 현지 고려인 사회와 북의 반발이 자리하고 있었다. 평양에서 멀지 않은 평남 양덕 출신인 홍범도는 살아생전에 "내가 죽거든 고향 땅에 묻어달라."는 유언을 남기기도 했다. 이런 현실에서 북이 홍범도 유해 봉환에 대한 우선권을 주장하면서 카자흐스탄 정부에 "남과 북이 통일된 이후에 유해를 넘겨주겠다."고 한 애초의 약속을 지킬 것을 요구했을 때 카자흐스탄 정부로서는 감당하기 쉽지 않았을 것이다. 현지 고려인 사회로서도 자신의 정신적 지주 역할을 하고 있는 홍범도의 상징성을 쉽게 포기할 수 없었을 것이다.[11] 현지에서는 홍범도의 유언에 따라 북한으로 유해를 봉환해야 한다는 목소리가 만만치 않았다고 한다. 발상의 전환을 통해 한반도의 평화와 통일에 보다 의미 있게 기여하는 방식으로 홍범도의 유해 봉환을 일구어내지 못한 점에 대한 아쉬움이 짙게 배어나올 수밖에 없는 대목이다.[12]

---

10 문재인, 「3·1 독립운동 101주년 기념사」(https://www1.president.go.kr/articles/8194, 2020. 3. 1)
11 〈연합뉴스〉, 「북한 "홍범도 유해 고향 평양에 묻혀야"…南 봉환추진에 '발끈'」(2020. 6. 23)
12 가령, 남과 북이 공히 인정하는 독립유공자를 모시는 '현충 공간'을 판문점 근처 휴전선의 한복판에 만들고, 그 첫 안장자로 남과 북이 공동으로 홍범도의 유해를 봉환하여 모시는 방안도 있었다.

홍범도의 유해가 대전현충원 독립유공자 묘역에 안장됨에 따라 이제 서울현충원 무후선열제단(무후선열 - 11)에는 홍범도의 위패가 모셔져 있던 자리임을 알리는 표식만 남아 있다.

윤준희·임국정·한상호, '15만원 탈취 사건'의 주인공들

독립유공자 묘역에는 '15만 원 탈취 사건'의 주인공 윤준희·임국정·한상호의 묘가 나란히 있다. 서대문형무소에서 사형 당한 이들 3인의 묘는 1966년까지 은평(신사리)의 수인囚人 공동묘지에 있었다. '15만 원 탈취 사건'은 1920년 1월 철혈광복단이 독립군 자금을 마련하기 위해 조선은행 회령지점에서 용정으로 돈을 운반할 때 이를 습격하여 탈취한 사건으로 마치 영화의 한 장면을 보는 듯 드라마틱하게 전개된 사건이었다. 영화 〈좋은 놈, 나쁜 놈, 이상한 놈〉(2008년 개봉)의 모티브가 된 사건으로 알려져 있기도 하다.

용정의 3·1 만세운동에 참여했던 이들은 일제의 무차별 사격으로 17명이 죽고 수백 명이 부상 당하는 현장을 목도한 후 항일무장투쟁 노선을 정립하고 무장단체의 건립을 위한 노력을 본격화하였다. 독립운동단체들은 처음에는 한인사회로부터 군자금을 징수하고 부호나 친일분자에게는 자금을 강제 징수하는 방식으로 군자금을 마련하였다. 하지만 항상 재정적 어려움에 시달릴 수밖에 없었고, 이런 상황에서 1914년부터 활동한 비밀 독립운동 조직인 철혈광복단이 적의 수중에서 자금을 무력 탈취하는 방안을 생각해냈다. 이들은 사관학교를 건립하고 독립군부대의 무장력을 갖출 계획이었다. 이 사업에는 임국정을 필두로 윤준희, 한상호, 최봉설(최계립), 김준, 박웅세가 2

개조로 나누어 나섰다. 이 드라마틱한 사건은 일단 통쾌하게 성공했다. 이들이 탈취한 15만원은 북로군정서 규모의 독립군 부대를 9개나 더 편성할 수 있는 거금이었다.[13] 1920년 당시 김좌진이 이끄는 북로군정서 부대는 군인 500명에 소총 500자루, 공용 화기인 기관총 3문이 있었다고 한다. 이 계획이 성공할 수 있었던 데에는 조선은행 회령 출장소 서기로 일하고 있던 전홍섭의 제보가 결정적이었다. 그런데 이 사건은 불과 27일 만에 주동인물 3명이 일제당국에 체포되고 15만원 중 13만원도 몰수당하면서 실패하고 만다. 독립운동을 하다가 변절한 일제의 밀정 엄인섭에게 무기구입 주선을 의뢰한 게 잘못이었다. 엄인섭은 안중근 의사와 의형제를 맺었는가 하면 1908년 국내진공작전 때는 안중근과 함께 그 선두에 섰던 연해주 독립운동의 중견 인물이었다. 엄인섭의 정체는 '15만원 탈취 사건'의 주역들이 체포되고 나서야 동포들에게 알려지기 시작했다. 그는 1908년 이래 일제의 밀정으로 일하고 있었고, 그의 악행은 1922년 일본군을 따라 연해주를 떠날 때까지 무려 14년간 계속 이어졌다는 사실이 밝혀졌다.

윤준희·임국정·한상호는 그로부터 1년 8개월이 지난 1921년 8월 25일 서대문형무소에서 처형되고 만다. 조선은행 회령지점 사무원 전홍섭은 무기징역을 언도받는다. 사건 관련자들이 다 체포된 것은 아니었다. 박웅세와 김준은 탈취에 성공한 직후 탈취 사건 현장에서부터 약속에 따라 별도 행동을 함으로써 일제의 포위망에서 벗어나 체포되지 않았다. 블라디보스톡까지 함께 행동했던 최봉설은 일제 헌병의 기습 때 총상을 입었지만, 극적으로 탈출에 성공하면서 체포를 면

---

13 〈한겨레21〉(제1177호), 「임경석의 역사극장 - 일제의 돈을 갖고 튀어라」(2017. 8. 29)

할 수 있었다. 이들 3인 중 박웅세는 2년 후 잡혀 무기징역을 언도받고 감옥살이를 하다 해방 이후 서울에서 활동하였고, 최봉설과 김기준은 사건 이후에도 연해주에서 활동을 계속했다. 최봉설은 적기단 단장을 맡기도 했고 김준은 〈선봉신문사〉 기자로 활약했다. 감옥에서 나온 전홍섭도 연해주로 와 극동군사령부 번역과장 등을 역임하며 함께 활동했다. 하지만 전홍섭은 1938년 스탈린에 일제의 간첩으로 몰려 처형 당했고, 최봉설과 김준은 1937년 스탈린의 강제 이주정책으로 카자흐스탄에서 우리말과 역사를 지키는 일을 하면서 고난의 세월을 이겨내야 했다. 문필력이 뛰어났던 김준은 자전소설 『15만원 사건』도 남겼다.

최봉설은 부인 김신희 여사와 함께 카자흐스탄 침켄트시 정교회 공동묘지에, 김준은 크질오르다 구중앙공원 묘지에 안장되어 있다. 최봉설과 함께 안장되어 있는 부인 김신희 여사는 문익환 목사의 어머니인 김신묵 여사의 언니이기도 하다.

'신출귀몰' 이수흥, 혈혈단신으로 일제의 식민지배를 뒤흔들다

1926년 무려 4개월간 경성과 경기 일대를 혈혈단신으로 뒤흔들었던 순국선열 이수흥(1905~1929)의 묘도 독립유공자 묘역(166)에 있다.

1926년 7월 12일 〈동아일보〉는 「재작야 권총 청년이 동소문 파출소를 습격」이라는 제목의 기사를 실었다. 기사는 "권총을 가진 청년 한 명이 경성 시내 동소문파출소를 습격하여 파출소에 근무하던 일본인 순사 한 명을 난사하고는 시내로 유유히 사라졌다."는 소식과 함께 "사건의 정체를 알 수 없고 범인의 계통도 아직은 막연하여 경찰에서는 매우 초조해하는 중"이라는 일본 경찰의 동태도 전했다. 〈동아일보〉는 이 사건 목격자로 혜화동에서 잡화상을 하던 이재근의 증언도 실었다.

"그 청년은 참 날래입디다. 총에 맞고 숙직실로 소리를 지르며 쫓겨 들어가는 순사를 따라 들어가며 쏘고 나서는 … 조금도 다른 기색이 없이 고등상업학교 앞다리까지 가서는 손에 든 권총을 호주머니에 넣고 천천히 걸어갑디다. 그리고 키는 크지 않으나 몸은 통통하여 날래임이 보이는 삼십세 가량의 청년인데 얼굴은 둥그스름합디다."

일제는 이후 4개월간 '범인'을 찾아내기 위해 무려 3천여 명의 경찰을 동원하는 등 경성 시내와 경기도 일대를 사실상 '계엄 상태'로 몰고 갔고, 당시 언론도 여러 차례 호외를 발행하는 등 사건의 실체를 파악하기 위해 동분서주했지만 모두 헛수고였다.

경기도 이천에서 한학자 집안의 장남으로 태어난 이수흥이 만주로 간 것은 19살 때인 1923년의 일이었다. 그는 만주 관전현에서 아버지 이일영과 친분이 있던 대한의군부 총장 채상덕(1862~1925)을 만나 본격적인 무장독립투쟁의 길로 뛰어들었다. 이수흥은 김좌진의 신명사관중학교에 입학해 1년 6개월간 군사훈련을 받고, 통의부를 거쳐 참의부 제2중대 특무정사로 활동했다. 이 시기 이수흥은 채상덕으로부터 "나는 늙고 기력도 쇠퇴해 활동할 수 없는데, 너는 장래가 있는 청년이므로 조선 독립을 위해 크게 일해 달라"는 말을 여러 차례 들을 정도로 촉망받는 항일운동가로 성장해 있었다. 이수흥이 만주에 도착한 1923부터 1925년까지는 만주지역 무장투쟁의 재편기였다. 봉오동전투와 청산리대첩의 승리에 빛나던 1920년의 무장투쟁은 1921년 자유시참변으로 위기를 맞는다. 만주의 독립운동은 1922년 대한통군부 결성과 대한통의부로의 확대·발전으로 위기를 극복하는 듯했지만, 주도세력 분열로 결국 참의부와 정의부, 신민부로 분립하는 형국이 됐다. 여기에 조선총독부 경무국장 미쓰야와 봉천군벌 장쭤린 간에 '재만 한인의 무기 휴대를 금하고, 일제가 지명하는 독립운동가를 체포해 일본 경찰에 인도한다'는 내용을 담은 미쓰야 협정(1925년 6월11일)이 체결되었다. 독립군의 국내 진공작전 횟수는 560여 건에 달했던 1924년 이후 1925년 270건, 1926년 69건, 1927년 16건, 1930년 3건으로 급감했다.[14] 특히 1925년 3월 고마령에서 일제의 기습으로 이수흥이 속해 있던 참의부에서는 제2중대장 최석순(?~1925)을 비롯한 29명이 전사하는 참변을 당했고, 그 충격으로 채상덕이 자결하는 일까지 벌어졌다.

　이수흥은 침체되어 있는 무장투쟁을 보면서 새로운 돌파구 마련의 필요성을 절감했다. 그는 '조선 사람에 대해 가혹한 정치를 하는 총독과 총독부의 대관을 암살'하고 '임기응변 기회만 있으면 일본의 정치를 교란시킬 대사업을 위해' 만주에서 결혼한 김씨와 외동딸마저 남겨둔 채 혈혈단신 경성으로 잠입한다. 이때 이수흥이 몸에 지니고 온 무기는 채상덕이 신명사관중학교 졸업 선물로 준 브로닝식 권총(탄환 29발)과 모젤식 권총(탄환 150발) 각 1정이었다. 한 자루는 조선총독부에서 급사로 일하고 있는 죽마고우 유남수로 하여금 총독 사이토 마코

14　국가보훈처, 「이달의 독립운동가 이수흥」(공훈전자사료관, 2015. 2). 한편, 『조선경찰지개요』(조선총독부경무국, 1925)에 따르면 3·1혁명 이후 1924년 이전의 국내진공작전 건수는 1920년 1,651건, 1921년 602건, 1922년 397건, 1923년 454건이었다.

토를 암살하는 데 사용하도록 할 생각이었다. 하지만 경성에 도착해보니 유남수가 총독부 급사를 그만두고 이천 자택으로 돌아가 있어 계획에 차질이 생기고 말았다.

이수흥은 이천으로 향하던 중 밤 11시께 동소문파출소 앞을 지나다 자신의 권총 소지 사실을 눈치 채고 뒤따라오는 일본 순사를 향해 권총을 난사한 후, 다른 순사의 추격 의지를 꺾기 위해 동소문파출소 안에도 두 발을 발사한 후 유유히 현장을 빠져나갔다.

일제는 동소문파출소 습격사건과 관련해 모든 경찰력을 동원해 100여 명의 애먼 조선인을 취조하고도 그 어떠한 단서조차 찾지 못한 채 허둥댔다. 반면, 이수흥은 이천에서 유남수와 유택수 형제를 동지로 포섭한 후 군자금 마련을 위한 활동을 본격적으로 시작했다. 먼저 9월 7일 유택수와 함께 안성의 부호 박승륙의 집을 방문했다. 박승륙의 집은 1년 전에도 독립군자금 마련을 위해 다물단의 황익수가 다녀간 곳이었다. 하지만 황익수와 달리 이수흥은 박승륙의 집에서 군자금을 마련하는 데 실패한다. 박승륙은 없고 대신 만난 아들 박태병이 군자금 제공 요청을 거절했던 것이다. 심지어 강한 반발과 함께 도주하자 이수흥은 박태병을 저격하고 일꾼 두 명에게 부상을 입힌 채 현장을 빠져나갈 수밖에 없었다. 이때도 일제는 허둥댔다. 안성사건 범인을 엉뚱하게도 김덕영이라는 청년으로 발표한 것이다.

경성을 거쳐 다시 이천 유남수의 집으로 잠입한 이수흥은 9월 28일 여주의 부호 이민응의 집을 방문한다. 그런데 이번에는 "조선민족을 위해 회사를 설립해 다수의 빈민을 구제하는 데 노력하고 있다"는 이민응의 교묘한 말에 속아 "비록 방법이 달라도 모두 조선 민족을 위해 일하는 것은 같으므로 이제부터 크게 노력해 달라"는 격려의 말까지 남기고 맨손으로 돌아오고 만다. 이민응의 감언이설에 속았다는 사실을 지역 사정에 밝은 유택수로부터 뒤늦게 확인한 이수흥은 인민의 고혈을 짜고 있는 이민응의 현방식산(주) 금고를 탈취해 군자금을 충당하기로 결심한다. 10월 20일 현방식산(주)에 도착한 이수흥은 우선 근처에 있는 현방경찰관주재소를 제압해야 목적을 이룰 수 있다고 판단하고 주재소를 습격한다. 그런데 주재소 습격사건은 너무 싱겁게 끝나고 말았다. 발사한 권총이 불발하는 사이 순사 2명이 곧바로 달아나 버린 것이다. 이수흥이 다시 현방식산(주)로 돌아왔을 때는 직원들이 모두 퇴근하고 문을 닫아 버린 뒤였다. 이수흥은 계획을 급히 수정한다. 인근 백사면사무소를 습격해 조선인으로부터 징수한 세금을 비롯한 '공금'을 탈취하고 만주로 탈출한 다음 잠잠해지면 재차 들어와 원래 목적을 달성하기로 한 것이다. 이수흥은 곧바로 백사면사무소로 치고 들어갔고 마침 숙직을 하던 조선인 면서기 송천의를 위협해 '독립군자금이 필요하니 금고가 있는 곳으로 안내하라'고 지시한다. 그런데 안내하는 척하던 송천의가 기회를 틈타 달아나며 "강도다!"라고 외치게 되자 이수흥은 면사무소 금고털이를 포기한 채 송천의를 저격한 후, 이천읍 유남수의 집을 거쳐 안성으로 피신한다. 5일 후 경성에서 일어난 수은동 전당포 대성호 습격사건도 이수흥의 개입 여부가 논란이 되었다. 하지만 이 사건은 이수흥이 안성으로 피신하면서 넘긴 권총으로 유남수의 형 유택수가 단독으로 벌인 일이었다.

안성에서 이수흥은 수원의 누이로부터 아버지의 부고를 접하게 되고, 뒤늦게나마 누이 집에 가서 상복을 입고 묘소를 참배하는 등 자식의 도리를 다하기까지 하였다.

이렇듯 신출귀몰하고 대담한 행적을 보이던 이수흥이 갑자기 일경에 체포된 것은 만주로 돌아갈 준비의 일환으로 빌려준 돈 400원을 받기 위해 이천 이준성의 집을 방문한 다음날인 그 해 11월 6일이었다. 사건의 주인공이 5척 단신이라는 사실에 근거해 일대를 샅샅이 뒤지고 있던 이천경찰서에 밀고한 자가 있었던 것이다. 〈동아일보〉와 〈조선일보〉는 "일세를 경동한 범행"이니 "일세를 경동한 권총범"이니 하면서 이수흥의 체포 소식을 호외로 전했다.

결국 일제는 이수흥에게 대정 8년 제령 제7호 위반·공갈미수·살인·살인미수·강도살인·총포화약류취체령 위반 등 무려 6개의 죄목을 씌워 기소하였다. 재판은 이수흥의 얼굴을 한 번이라도 보겠다고 구름같이 밀려오는 조선인들로 물샐 틈이 없을 정도였다. 수사 과정이나 재판 과정에서도 한 치의 흐트러짐 없이 일제에 맞섰던 이수흥은 1928년 7월 경성지방법원에서 유택수와 함께 사형 선고를 받았다.[15] 이수흥은 재판과정에서 수은동 사건도 자신이 벌인 일이라면서 유택수를 보호하고자 했지만, 일제는 이를 받아들이지 않았다. 이수흥은 사형판결을 받고 돌아오면서도 너무 태연해 주변에서 무죄판결이나 받았는지 의심할 정도였다고 했다. 1심 판결 이후 공소를 포기한 이수흥은 이듬해 1929년 2월27일 유택수와 함께 서대문형무소 교수대에서 처형되고 만다. 당시 〈동아일보〉는 "형무소 평총 교회사 앞에서 장시간 자기의 가슴에 품은 민족주의적 연설을 열렬히 하고 최후의 집행을 당하였다."고 보도하였다.[16] 이수흥은 이미 최후진술을 통해 다음과 같이 자신의 심정을 밝힌 바 있었다.

---

15 유택수는 무후선열제단에 위패(59)로 봉안되어 있다.
16 〈동아일보〉,「교수대를 앞두고 최후의 일장연설」(1929. 3. 1)

나는 일제 재판부에 목숨을 구걸하지 않겠다. 내가 기필코 대한독립을 성취하려 했더니 원수들의 손에 잡혀 일의 열매를 못 맺고 감이 원통할 따름이다. 우리 동포 여러분들은 끝까지 싸워 우리나라의 독립을 성취해 주시기 바란다.[17]

사건이 있은 지 9년이 지난 1935년, 〈조선일보〉는 창간 15주년을 기념하여 특집으로 연재한 기사「대사건으로 본 15년」에서 '이수흥 사건'을 9번째로 선정하여 자세히 소개하기도 했다.[18]

'신출귀몰' 서원준, 평안도·황해도 일대를 뒤흔든 제2의 이수흥

2020년 무후선열제단에 위패로 봉안된 서원준(1908-1935)은 '신출귀몰' 이수흥이 경성과 경기도 일대를 뒤흔들어 놓은 지 7년 만인 1933년에 평양과 평안도·황해도 일대를 뒤흔들어 놓았던 인물이다.

평남 중화 출신인 서원준은 1924년 평양에서 평양점원상조회를 조직하여 항일운동을 하다가 옥고를 치르고 만주로 건너갔다. 서원준은 1928년 11월 15일 길성의 동북에 있는 대둔에서 정의부·신민부·참의부 대표가 모여 결성한 국민부國民府에 가입하여 조선혁명군에서 일선 간부로 항일무장투쟁에 참여하였다. 1931년에는 조선혁명군 국내모연특파원으로 평북 벽동지방에서 일제와 교전까지 하면서 군자금 모금 활동을 벌이는 등 눈부신 활약을 하였다. 1933년 5월에는 조선혁명당 군사부 위원으로 다시 국내에 들어와 부하 김병한·장일화

---

17 국가보훈처,「이수흥, 5척 단신의 청년, 일제의 간담을 서늘케 하다」(2015. 10. 4)
18 〈조선일보〉,「본보창간 15주년 기념특집 - 대사건으로 본 15년(9)」(1935. 3. 14)

등과 함께 5만 원을 목표로 평남·황해도 일대에의 일본인 상가·금융조합 등을 습격하여 군자금 모집을 하다가 일경에게 탐지되었음에도 같은 해 6월까지 평안도와 황해도 일대를 신출귀몰하게 오가며 일경의 비상망을 휘저어 놓았다. 당시 언론은 1926년의 이수흥 의거 때처럼 호외까지 발행하며 서원준의 활약상을 보도하였다.

서원준은 일제가 황해도와 평안남북도 등 3도의 경찰력을 총동원하여 연인원 3만여 명이 혈안이 되어 추격전을 벌였음에도 2주일에 걸친 피신 기간에 일본인 순사부장을 사살하는 등 맹렬한 활동을 계속 벌였다. 당시 〈조선일보〉는 "서원준은 하늘로 솟았는지 땅으로 빠졌는지 3백여 명 무장수사대의 4일간 물샐틈없는 수사도 전면 수포에 돌아가고 비관하는 태도가 농후하여 오일 밤부터는 지구전에 들어가 삼십여 도나 되는 폭양 밑에서 땀으로 목욕하면서 허둥지둥할 뿐"이라는 알 듯 모를 듯한 내용으로 보도하기도 하였다.[19]

이렇듯 언론과 한국인의 비상한 관심을 불러일으킨 서원준은 1933년 6월 16일 품팔이 농사꾼으로 변신하여 한 농가에서 잠을 자던 중 체포되고 말았고, 1935년 2월 8일 평양복심법원에서 사형이 확정되어 같은 해 4월 30일 평양형무소에서 순국하였다.

스코필드, 독립유공자 묘역에 안장되어 있는 푸른 눈의 외국인

독립유공자 묘역에는 '한국인보다 한국을 더 사랑했던 사람'으로 불리는 캐나다인 프랭크 스코필드^{Frank. W. Scofield(1889-1970)} 박사의 묘가 있는데,

---

19 〈조선일보〉, 「변절 동지 응징이 조선 잠입의 사명」(1933. 6. 7)

세브란스 의전 교수로 학생들을 가르치며 일경의 눈을 피해 조선의 독립운동을 음으로 양으로 지원했던 스코필드(한국명 석호필)와 통역 목원흥. 1920년대 모습으로 추정

외국인으로는 유일하게 독립유공자 묘역에 안장되어 있는 경우[20]여서 탐방객들의 눈길을 끈다. 한국명 석호필石虎弼로도 알려져 있는 스코필드는 세브란스의전 교수로 있었는데, 민족대표 33인 중 한 명인 이갑성의

---

20 국립서울현충원에는 독립유공자는 아니지만, 6·25 한국전쟁 당시 중국군 포로 심문 등의 역할을 수행한 지앙훼이린(강혜림)과 웨이시팡(위서방) 등 2명의 화교가 안장된 외국인 묘역이 별도로 있다.

부탁을 받고 3·1 혁명 당시 만세운동의 현장을 사진으로 남기고 화성 제암리 학살 사건 현장을 자전거를 타고 들어가 사진을 찍어 일제의 만행을 외국에 알리는 등 한국의 독립을 적극 도와 민족대표 34인(또는 민족대표 49인)의 한 명으로 불리기도 한다. 그는 하세가와^{長谷川好道} 조선총독과 하라^{原敬} 일본 수상을 만나 일제의 비인도적 만행을 중단할 것을 요구하였다. 특히 하라에게는 "만약 (일본) 정부가 동화정책을 고집한다면, 결과는 유혈 혁명이 될 것입니다."라고 경고하기도 했다.

스코필드는 일제의 압박이 계속되면서 세브란스의전 계약기간이 만료됨에 따라 1920년 3월 한국을 떠날 수밖에 없었지만, 캐나다에서도 식민지 조선의 사정을 알리는 글을 기고하는가 하면 1926년에는 경성을 일시 방문하기도 하는 등 한국민에 대한 변함없는 애정을 드러냈다. 스코필드는 해방이후 1958년 한국을 다시 방문하여 1970년 사망할 때까지 줄곧 한국에 살았다. 그는 1958년 12월 24일의 보안법 파동(2·4파동)에서 보여준 이승만 정부의 행태가 마치 1919년의 3·1 운동 당시 일제가 보여줬던 '공포와 암흑'과 같다면서 이승만 정부에 협조하기를 거부하였으며, 4·19 혁명을 목도하면서는 위대한 3·1 운동의 계승이라고 극찬하였다. 5·16 군사 정변 이후에도 한국 민주주의 발전에 중요한 역할을 해야 할 야당의 분열을 크게 걱정하기도 하였다.

그는 1970년 사망하기 전 '한국 땅에 묻히는 것이 소원'이라는 유언을 남겼다. 그의 유언에는 "내 재산 중 1천 달러는 YMCA에, 1천5백 달러는 유린고아원에, 4백 달러는 태신자 양에게, 나머지는 불우한 고학생의 학비로 도와주라"는 내용도 담겨 있었다.[21] 스코필드가 살았

---

21 〈경향신문〉, 「스코필드 박사 영면」(1970. 4. 13)

던 돈의문 마을에는 스코필드 기념관이 있다.

해방 후 48년이 지나서 조성된 임시정부요인 묘역

서울 현충원에 임시정부요인 묘역이 들어선 것은 김영삼 정부 시절인 1993년의 일이다. 48주년 광복절을 눈앞에 두고 대한민국 임시정부 제2대 대통령 박은식을 비롯하여 신규식·노백린·김인전·안태국 등 독립운동가 다섯 분의 유해를 중국 상하이에 있던 만국공묘에서 국립서울현충원으로 모셔오면서 조성되었다.

임시정부요인 묘역의 조성은 우리 사회 민주화의 결정적 분수령이 된 6월 민주항쟁의 여파이기도 했다. 1987년의 6월 민주항쟁은 비록 전두환 군사정권의 지배를 곧바로 끝내지는 못했지만, 대통령 직선제를 부활시켰는가 하면 그동안 만연되어 있던 군사문화를 청산하고 왜곡된 역사를 바로 세울 수 있는 성숙한 민주역량을 길러내는 데 크게 이바지한 역사적 사건이었다. 현행 대한민국 헌법의 전문에 '대한민국 임시정부의 법통'을 '계승'했다고 명시할 수 있었던 것도 6월 민주항쟁의 결과로 구체적인 개헌논의가 이루어졌기 때문이다. 이 과정에서 중요한 역할을 한 인물은 학병 출신으로 일본군을 탈출하여 한국광복군에 합류했던 김준엽(1920-2011)이다. 1980년대 고려대학교 총장을 맡기도 했던 김준엽은 6월 민주항쟁의 결과로 헌법 개정 논의가 진행될 당시 이회영의 손자 이종찬(당시 민정당 국회의원)을 접촉하여 '대한민국 임시정부의 법통 계승'을 헌법 전문에 넣도록 강력히 주문했다.[22]

---

22 〈한겨레신문〉,「광복군 김준엽의 마지막 임무 … 헌법 전문에 '임시정부 법통 계승'을 넣다」(2017. 8. 5)

民族正氣(민족정기) 휘호는 김영삼 대통령이 역사 바로 세우기에 대한 자부심을 담아 썼다

6월 민주항쟁이 한 역할은 이것만이 아니다. 노태우 정부를 계승했다는 한계에도 불구하고 문민정부라는 자부심 속에 등장한 김영삼 정부가 헌법 정신을 살리면서 '역사 바로 세우기' 차원에서 국립서울현충원에 임시정부요인 묘역을 조성할 수 있었던 것도 1987년의 6월 민주항쟁이 만들어낸 민주주의의 확장이라는 상황 변화가 있었기 때문에 가능한 일이었다. 이로써 '대한민국 임시정부의 법통 계승'이라는 헌법 정신은 45년 만에야 비로소 국가 현충시설에 공식 반영되었다.[23]

임시정부요인 묘역에 들어서면 제단 형식의 조형물이 있다. '民族正氣(민족정기)'라는 휘호는 김영삼 당시 대통령이 역사 바로 세우기에 대한 자부심을 담아 직접 썼다고 한다. 다만, 양 옆에 태극기를 들

---

23 김영삼 정부는 4·19묘지를 국립묘지로 승격시키고 5·18 민주화 운동 기념일을 국가기념일로 제정하는가 하면 마산 3·15민주묘지의 성역화 사업도 역사 바로 세우기 차원에서 추진했다.

고 있는 사람 상을 자세히 보면 '국적불명', 심지어 '어느 별에서 왔는지' 알 수 없는 모습을 갖추고 있을 뿐만 아니라 부실공사의 흔적마저 역력하다. 한국 미술계의 당시 수준을 보여주는 조형물이라고 할 수 있다.

임시정부요인 묘역에는 제2대 임시대통령 박은식과 대통령 중심제에서 국무령제로 바뀐 후 국무령을 지낸 이상룡·홍진·양기탁 등 네 분의 묘를 비롯하여 총 열여덟 분의 묘가 조성되어 있다.

임시정부요인 묘역은 계단식으로 조성되어 있다. 계단을 따라 오르면 제일 먼저 만나는 칸에는 임시의정원의 초대 부의장과 2대 의장을 지낸 손정도를 비롯하여 윤세용(의정원 의원), 이강(13대 의정원 의장), 김성숙(국무위원, 1898-1969) 등의 묘가 나란히 위치해 있다. 이중 손정도기념사업회와 김성숙기념사업회의 활동이 제일 활발한데, 손정도 목사 이야기는 '평화·통일 길'에서 자세히 하기로 하고, 여기에서는 운암 김성숙을 간단히 소개한다. 승려 출신의 김성숙은 님 웨일즈의 『아리랑』에 '금강산에서 온 붉은 승려'로 등장하는 인물이기도 하다. 1919년 '조선독립군 임시사무소' 명의의 격문을 뿌려 옥고를 치른 이래 중국에 건너가 창일당, 의열단, 광저우 혁명, 조선민족해방동맹, 조선민족전선연맹 등에서 주도적인 역할을 하였다. 김성숙은 약산 김원봉과 조선의용대를 조직하여 지도위원 겸 정치부장을 지냈는가 하면 통합 임시정부에서 선전위원, 국무위원 등을 역임했고, 해방이후에는 우리 현대사의 한 페이지를 장식한 혁신계의 대표주자이자 민주투사로도 활약하였다.

다시 계단을 오르면 이번에는 임정의 국무총리를 지낸 신규식과 노백린, 한국광복군 총사령관을 지낸 지청천 등을 비롯하여 황학수(생계부장)·이유필(내무총장)·박찬익(법무부장)·김인전(의정원장)·김동삼(통

임시정부요인 묘역

의부총장)·조경한(비서장)·오영선(법무총장)의 묘가 있다. 임시정부요인 묘역의 정상부에는 앞서 말한 2대 임시 대통령 박은식과 좌우로 이상룡·홍진·양기탁 등 국무령을 지낸 인물의 묘가 들어서 있다. 최근의 묘비 교체로 그 존재가 알려지기 시작한 독립유공자 김우락, 박신일, 윤용자, 이의순 등에 대해서는 '여성 길'에서 구체적으로 소개할 계획이다.

   3·1 운동 이후 발표된 임시정부는 상하이에 수립된 대한민국 임시정부뿐만 아니라 경성에서 선포된 한성임시정부를 비롯하여 총 7개가 있었다고 알려져 있다. 이들의 통합은 1919년 9월 대한민국 임시정부와 한성임시정부, 연해주의 대한국민의회가 하나로 되는 형식을 취해 최종적으로 이루어진다.

   사실 1919년 4월 11일 상하이에서 수립된 대한민국 임시정부는 대통령제가 아니라 이승만을 초대 국무총리로 하여 정부를 구성하고 임시의정원을 중심으로 운영하는 의회중심제를 채택하고 있었다.

그런데 국무총리로 선출된 이승만이 미국에서 대통령 행세를 하면서 문제가 발생했다. 상하이에서 총리 권한 대행을 맡고 있던 안창호가 편지를 보내 대통령이라는 호칭을 사용하지 말 것을 요구했지만, 이승만은 한성임시정부에서 자신을 집정관 총재로 지명한 사실을 언급하며 이를 거절한다. 결국 임시정부는 이승만 한 사람을 위해 대통령 중심제로 제도를 바꾸고 이승만을 초대 임시대통령으로, 이동휘를 국무총리로 하는 통합 정부를 구성한다.

하지만 이승만은 불과 6개월 동안만 상하이에 와서 정상적인 업무를 수행했을 뿐, 대부분의 시간을 미국에서 보내면서 대통령의 직무를 제대로 수행하지 않았다. 심지어 재미동포로부터 거둔 독립운동 자금을 임시정부로 보내지 않고 독단적으로 사용하는 등 전횡을 일삼다가 결국 탄핵당하고 말았다.

이승만에게서 대통령 중심제의 폐해를 경험한 2대 임시대통령 박은식은 집단지도체제의 성격이 강한 국무령제로 제도개혁을 단행했다. 그리고 첫 국무령으로 이상룡을 선출한 후, 자신은 곧바로 임시대통령의 자리에서 물러났다. 역사학자이기도 했던 박은식은 『한국통사』와 『한국독립운동지혈사』를 쓴 인물로도 유명하다.

임시정부요인 묘역에는 임정의 상징적인 존재 백범 김구 주석의 묘가 없다. 백범 김구는 효창공원에 안장되어 있다. 임시정부가 1927년 국무령제를 폐지하고 주석제를 채택한 이후 초대 주석으로 취임했던 석오 이동녕(1869-1940) 역시 효창공원에 안장되어 있다. 효창공원은 2018년 서울시가 독립기념공원 조성 방침을 발표한 이후 2019년에는 중앙정부 차원에서 국립묘지로 승격해 관리하기로 결정함에 따라 백범 김구의 묘는 앞으로도 서울현충원의 임시정부요인 묘역이 아닌 효창공원에 계속 남아 있을 것으로 보인다.

임시정부요인 묘역에는 임정 부주석 김규식, 대한민국 헌법의 아버지라고 할 수 있는 조소앙, 백범 김구의 오른팔 격이었던 임정 선전부장 엄항섭 등의 묘도 찾아볼 수 없다. 이들은 6·25 한국전쟁 중 납북되어 북의 애국열사릉에 안장되어 있다. 현재 국립서울현충원에는 무후선열제단 제일 왼편에 위패로만 모셔져 있다. 무후선열제단에는 이들 세 분 외에도 전쟁 중 납북된 유동열·오화영·윤기섭·김붕준·명제세·최동오·정광호 등 임정요인 일곱 분의 위패도 함께 모셔져 있다.

그나마 이들은 나은 편이다. 1942년 임시정부에 합류해 군무부장을 맡았던 의열단의 김원봉은 남과 북 어디에서도 무덤의 흔적조차 찾을 수 없다. 위패 역시 없다. 분단과 전쟁으로 이어진 우리의 아픈 현대사가 위대한 독립운동가를 우리의 기억에서 지우려 했지만, 다행히 김원봉은 영화 〈암살〉과 〈밀정〉을 통해 시민의 가슴 속에 되살아났다. '평화·통일길'에서 더 이야기 하겠지만, 한반도의 평화와 통일은 남과 북에서 동시에 잊힌 독립운동가 김원봉 등을 우리의 역사에서 온전히 되살리는 과정이기도 하다.

"이름도 남기지 못하고 돌아가신 분들 결코 잊지 않겠습니다!"

임시정부요인 묘역 위에 있는 대한독립군 무명용사 위령탑은 2002년 김대중 '국민의 정부' 시절에 세워졌다.[24] 이 조형물의 건립은

---

24 대한독립군 무명용사 위령탑은 광복회가 국가보훈처의 지원을 받아 세웠으며, 2002년 5월 17일 제막식을 가졌다.

대한민국이 독립운동 과정에서 이름조차 남기지 못하고 돌아가신 수많은 독립운동가들을 절대 잊지 않겠다고 공식 선언했다는 의미를 갖는다. 1910년대 초반까지 이어진 항일 의병투쟁과 이후 만주와 연해주에 근거한 항일 무장투쟁 과정에서 이름도 남기지 못하고 스러져 간 독립운동가들은 어림잡아도 십오만은 된다. 비록 해방된 지 57년이나 지나서였지만, 대한민국이 이들 무명 독립운동가들을 "결코 잊지 않고 꼭 기억하겠다."고 약속했으니 얼마나 다행한 일인가.

'독립군의 숙의'라고 명명된 대한독립군 무명용사 위령탑의 가운데 주탑 3개도 대단히 인상적이다. 독립군이 머리를 맞대고 회의하는 모습을 형상화한 작품이다. 조형물의 전반적인 수준도 임시정부요인 묘역에서 본 국적불명과 부실로 안타까움을 자아냈던 조형물과는 확연히 다른 모습이다. 대단히 한국적이고 또한 튼실하다. 대한민국이 변화·발전하는 모습을 이들 조형물을 통해서도 어느 정도 확인할 수 있다. 위령탑 뒤편에는 좌청룡 우백호의 벽면에 무명 독립군의 모습을 당시 사진자료에 기초하여 부조로 새겨놓았다. 이로써 대한민국은 비로소 독립운동에 기반한 나라라는 헌법정신과 일치하는 현충시설의 기본 틀을 갖추게 되었다.

러시아의 모스크바에 있는 무명용사의 묘는 주말이면 결혼식을 끝낸 신혼부부들이 꽃을 헌화하면서 이들의 희생을 기리고 자신들의 새로운 삶에 축복이 깃들기를 기원하는 명소 역할을 하고 있다. 몽골을 지켜낸 무명용사를 기리는 의미도 담겨 있는 몽골의 자이승 승전탑은 결혼식 등 좋은 일이 있을 때 사진을 찍는 명소라고 한다. 대한독립군 무명용사 위령탑이 우리의 일상에서 그와 같은 의미를 더하는 명소 역할을 하기를 기대하는 것은 너무 지나친 욕심일까.

대한독립군 무명용사 위령탑

　독립유공자 묘역 탐방을 마치고 대한독립군 무명용사 위령탑 앞에서 아름다운 한강의 풍광을 보는 일도 국립서울현충원 탐방자들에게만 부여된 또 하나의 특권이다. 이 자리에 서면 국립서울현충원이 천하의 명당이라는 사실을 새삼 실감하게 되는데, 최근 일상화된 미세 먼지로 그 좋은 경치를 일상적으로 볼 수 없다는 게 못내 아쉬울 따름이다.

　국립서울현충원에서 독립운동가를 만날 수 있는 곳은 독립유공자 묘역, 임시정부요인 묘역, 대한독립군 무명용사 위령탑만이 아니다. 독립유공자 묘역 탐방만으로는 어딘가 아쉬움이 남는다면 국가유공자 묘역과 장군 묘역, 충혼당과 부부위패판, 현충탑 위패봉안관 등에 안치되어 있는 독립운동가를 더 만날 수 있다.

국가유공자 제2묘역의 독립운동가들

　대한독립군 무명용사 위령탑 바로 위쪽에 있는 국가유공자 제2묘역에는 이봉창과 윤봉길의 의거에 사용된 폭탄을 제공한 인물로 유명한 김홍일(1898-1980, 10), 청산리 전투로 유명한 이범석(1900-1972, 1)과 김마리아(1901-1970) 부부, 물산장려운동과 민립대학건립운동, 신간회 등에서 활동한 조만식(1883-1950, 11), 미주방면 외교운동에 헌신한 이원순(1893-1993, 4)과 임병직(1893-1976, 6), 한글학자 주시경(1876-1914, 3) 등의 독립유공자가 안장되어 있다.

　김홍일이 이봉창과 윤봉길의 의거에 폭탄을 제공하는 역할을 할 수 있었던 것은 당시 중국 국민혁명군 장교로 복무하면서 1931년부터 상하이에서 병기창 주임으로 있었기 때문이다. 평북 용천 출신의 김홍일이 독립운동에 본격적으로 나선 것은 1918년 9월 중국 상하이로 망명하면서부터였다. 만주와 연해주, 중국 관내를 누빈 김홍일은 중국군 장교로 소장까지 올랐고, 사단급 병력을 이끌고 일본군과 수차례 전투를 벌여 승리로 이끌기도 했다. 1940년대에는 한국광복군의 참모장을 맡았다. 김홍일은 해방 이후 1948년부터 참여한 국군에서 중장까지 올라 중국군 소장 경력까지 합쳐 오성장군五星將軍으로 불리기도 한다. 김홍일이 6·25 한국전쟁 초기 시흥지구 전투사령부 사령관으로 한강 방어선 전투를 성공적으로 수행할 수 있었던 것도 중국군 장교 시절의 크고 작은 전투 경험 이 큰 역할을 했다고 한다. 김홍일은 예비역 장성들을 이끌고 한일회담반대운동에 참여한 것을 계기로 1960-70년대는 야당의 정치지도자로도 활약하였고, 1977년부터는 3년간 광복회 회장도 역임하였다.

국가유공자 제2묘역

　1920년 청산리 전투에서 중대장으로 참전했던 이범석은 1940년대에는 한국광복군에서 제2지대장으로 활약하였다. 특히 제2지대는 미국 전략정보처(OSS)와 공동으로 국내진공작전을 준비하던 부대였다. 일제가 예상보다 빨리 항복하는 바람에 한국광복군 제2지대의 국내진공작전은 추진되지 못했는데, 실제로는 일제가 항복한 지 3일 후인 1945년 8월 18일 이범석을 필두로 장준하·김준엽·노능서 등 광복군 정진대원을 태운 비행기가 여의도비행장에 착륙하기도 하였다. 일제의 완강한 저항으로 중국으로 되돌아가야 했지만, 이들이 보여준 주도적 국권쟁취 의지는 길이길이 기억될 만한 가치가 있다. 이범석과 합장되어 있는 김마리아는 남편 이범석과 함께 만주와 연해주에서 무장독립운동을 전개하다 한국광복군에서 활약한 인물이다. 무후선열제단에 안치되어 있는 김마리아와는 동명이인인데, 국가유공자 제2

묘역의 김마리아도 '여성 길'에서 다시 만날 예정이다.

　　조만식은 해방 이후까지 주로 평양에서 활약한 인물이다. 1919년 3·1 만세운동이 일어나자 오산학교 교장을 사임하고 평양으로 가서 평양의 제2차 만세시위운동의 조직 책임자로 활동하다 징역 1년형을 언도받았고, 1922년 7월 평양에서 기독교청년회와 함께 조선물산장려회를 조직하고 강연회를 개최하는 등 물산장려운동을 벌였다. 이 운동은 1923년 1월 21일 서울에서 조선물산장려회가 창립되고 각 지방에도 지회가 연이어 설치되는 등 전국적인 물산장려운동으로 발전하였다. 1922년 11월에는 조선민립대학기성회를 발기하여 교육운동을 벌이기도 하였다. 1927년 2월에는 자치론을 비판하고 절대독립을 추구하는 민족주의계 독립운동과 사회주의계 독립운동의 민족협동전선인 신간회新幹會 창립을 발기하고, 신간회 평양지회장으로 활동하였다. 1929년 11월 광주학생독립운동이 일어나자 신간회 중앙간부들과 함께 서울역 앞에서 광주학생운동 진상보고 민중대회를 개최하려다가 12월 13일 일제 경찰에 구속되었다. 1943년에는 일제가 지원병제도를 실시하면서 협조를 요청하자 이를 거절하고 한국 청년들의 징병을 끝까지 반대하다가 일제 경찰에 일시 구속되기도 하였다. 조만식은 1945년 8·15 해방 후에는 평안남도 건국준비위원회의 위원장과 평안남도 인민정치위원회의 위원장으로 활동하였다. 1945년 11월 조선민주당을 창당하고 신탁통치 반대운동을 전개하다가 소련군에 의해 평양 고려호텔에 연금되었다. 조만식의 죽음에 대해서는 6·25 한국전쟁 때 평양형무소에서 처형되었다는 증언과 미군의 폭격으로 사망했다는 증언이 함께 공존하고 있다. 1991년 이곳에 들어선 조만식의 묘에는 조만식의 머리카락이 유해로 안장되어 있다. 이 머리카락은 부인 전선애가 1946년 월남 직전 고려호텔에 연금 중이던 조만식을 마지막으로 만났을 때 봉투로 받아 남편의 분신처럼 보관하고 있었다고 한다.

이원순은 1914년 보성전문학교를 졸업한 후 미국 하와이로 망명하여 대한독립단에 가입하고 박용만 단장의 비서 겸 재무담당 직책을 맡아 활동을 시작하였고, 1928년 박용만이 베이징에서 암살된 뒤에는 이승만이 조직한 대한인동지회에 가입하여 외교활동과 독립운동 자금 조달 활동을 통해 대한민국 임시정부를 지원하는 활동을 벌인 인물이다. 이원순은 1937년에 베이징 노구교사건으로 중·일 전쟁이 발생한 직후 대일전에 총력을 집중하기 위하여 한국독립당, 한국국민당, 조선혁명당을 비롯하여 미주에 있는 대한독립단, 동지회, 국민회, 애국부인회, 단합회, 애국단 등을 연합하여 한국광복진선을 결성할 때, 이원순은 이승만과 함께 동지회 대표로 참여하기도 하였다. 1941년에는 민족대단결, 독립전선 역량 집중, 광복대업 촉성 등을 목적으로 해외한족대회준비회가 결성되어 하와이 호놀룰루에서 해외한족대회가 개최되었을 때, 동지회 중앙부 대표로 참가하여 재미한족연합위원회의 의사부 위원으로도 활동하였다. 1943년에는 임시정부의 주미외교위원부 위원으로 임명되어 워싱턴에 주재하며 대미 외교활동과 독립자금 모금을 계속하였다.

101세를 산 이원순은 김대중 전 대통령 영부인 이희호 여사의 외삼촌이기도 하다. 이원순의 체부동 한옥집은 1962년 김대중-이희호의 결혼식이 열린 장소이기도 했다.

임병직은 1913년 이승만의 알선으로 미국으로 건너가 오하이오대학에 재학 중 〈한국학생평론〉을 창간하고 그 편집장이 되어 한국의 사정을 호소하는 활동을 벌였고, 이승만이 하와이에 설립한 한인중앙학원, 한국기독학원 등의 육영사업도 지원하였다. 1919년 국내에서 3·1운동이 일어나자 일제의 양민학살, 고문 등의 만행을 여론에 환기시키고 독립운동 자금을 조달하는 활동도 하였다. 또한 같은 해 이승만·서재필 등 재미교포들이 재미한인대회를 개최할 때 서기장에 임명되어 독립운동 방략 토의를 주도하였다. 1921년 초에는 임시정부 외교부 참사 황진남과 상하이를 출발하여 파리, 런던 등을 순회하며 유럽제국에 일본의 침략 만행을 규탄하는 외교공세를 펴기도 하였다. 1941년 4월 20일 호놀룰루에서 해외한족대회가 개최되어 재미한족연합회가 구성되자 집행부위원에 선출되어 활약하였고, 1942년 2월에는 샌프란시스코에서 한인국방경비대(맹호대, 사령관 김용성)가 조직되었을 때는 선전과 참위로 참여하였다. 임병직은 8·15 해방 이후에도 대통령 특사, 외무부장관, 유엔대사 등으로 활동하였다.

영화 〈말모이〉로 다시 주목을 받은 한글학자 주시경에 대한 이야기는 '평화·통일 길'에서 별도로 할 계획이다. 그런데 국가유공자 제2묘역에는 눈에 거슬리는 장면이 또 하나 있다. 김홍일 장군과 조만식 선생의 묘 바로 위에 친일인명사전에 등재된 조진만과 안익태의 묘가 각각 자리 잡고 있는 장면이다. 위아래로 친일파의 묘와 독립운동가의 묘가 자리 잡으면서 마치 조진만의 묘가 김홍일장군의 묘를, 안익태의 묘가 조만식의 묘를 짓누르고 있는 모양새를 취하고 있다. 비록 의도한 것은 아니라해도 참으로 고약스럽다.

장군 제1묘역에 안장된 독립운동가들

독립유공자 묘역에는 한국광복군 출신으로 해방 뒤 국군의 장군을 지낸 권준, 박기성, 박시창, 박영준, 안춘생, 오광선, 이준식, 유해준, 채원개 등이 안장되어 있다. 그런데 독립유공자 중에는 독립유공자 묘역이 아닌 장군 묘역에 안장된 경우도 있다. 장군 제1묘역에 안장돼 있는 최용덕 장군(1898-1969)을 비롯하여 고시복 장군(1911-1953), 장흥 장군(1903-1983), 전성호 장군(1896-1950), 민영구 장군(1909-1976)이 그들이다.

한국광복군에서 총무처장과 참모처장을 지낸 최용덕은 1920년 중국 허베이성河北省 보정항공학교에 입학하여 비행기 조종사의 길을 걸으면서 중국군에서 비행사로 활약하기도 하였다. 1922년에는 김원봉의 의열단에도 참여하여 김상옥 의사의 의열투쟁을 지원하는 일도 맡았다. 대한민국 임시정부에서 군무부 항공건설위원회 주임을 맡아 항공부대 창설을 위해 노력했던 최용덕은 해방 이후 귀국하여 한국항공건설협회 회장에 추대되면서 공군창설의 주역으로 활약했다. 최용덕이 독립유공자 묘역이 아닌 장군 묘역에 안장된 것은 공군창설의 주역으로 2대 공군참모총장까지 지냈다는 상징성과 함께 "내가 죽거든 군복을 입혀 묻어 달라"고 했던 공군을 사랑한 그의 유언이 반영된 결과였다.

육군사관학교 2기 졸업생으로 서울지구병사사령관을 지낸 고시복은 일제강점기 한국광복군 총사령부에서는 전령 장교와 참모처 제2과장 등을 역임하였다. 김구의 한인애국단에 가입하여 국내외를 연결하면서 군자금 모집, 일제밀정 처단, 기밀문서 수발 등의 활동을 하였고, 1936년에는 중국군 제9사단에 편입되어 1937년 중일전쟁이 일어나자 쉬저우(徐州)·난커우(南口) 등지의 전투에 참전하기도 하였다.

고시복은 사망한 후 24년이 지난 1977년에야 독립유공자로 인정받았다. 따라서 고시복이나 그의 유족에게는 최용덕의 경우와 달리 독립유공자 묘역과 장군 묘역 중에서 묻힐 곳을 선택할 수 있는 선택권이 애당초 없었다.

초대 육군헌병사령관을 역임한 장흥(제1장군-135)은 일제강점기에는 중국군 헌병 대령으로 있으면서 독립운동에 참여한 인물이다. 1925년 2월 의열단원 오세덕을 따라 상하이로 건너가 한국청년동맹회에 가입하여 활동하던 중 1927년 8월 여운형의 추천으로 황포군관학교에 입학하였고, 졸업한 후에는 중국군에 입대하였다. 장흥은 중국군으로 있으면서 황포군관학교 동기인 의열단 단장 김원봉의 권유로 의열단 단원으로도 활동하였다. 1933년 이후에는 난징(南京)에서 대일전선통일동맹의 결성을 후원하였고, 그후 5당 통합으로 창당된 민족혁명당에 가입하여 감찰위원을 지내기도 하였다. 1935년 지청천의 요청으로 낙양군관학교를 졸업한 청년 사관들의 보급품을 지원하는 역할도 그의 몫이었다. 장흥은 1942년~1945년까지 강서·호북·호남 등지에서 중국군 헌병 영장으로 있으면서 일본군 포로 관리 책임을 맡아 한인 사병을 분리하여 이들을 한국광복군으로 편입시키는 임무를 수행하였다. 일제가 패망한 후에는 한국광복군 참모로 전임되어 교포의 안전 귀국을 지원하는 업무도 맡았다.

대한민국 정부수립과 함께 육군헌병사령관으로 있던 장흥은 1949년 6월 26일의 백범 김구 암살 사건으로 수난을 당했다. 사건은 마침

장군 제1묘역에서 내려다본 한강

26년 만의 해외 생활을 마치고 귀국했던 장흥이 경기도 광주 선산에 성묘를 갔던 일요일에 발생했다. 뒤늦게 현장에 도착한 장흥은 백범 김구의 암살범으로 체포되어 육군헌병사령부로 인계된 안두희를 감방에 넣으라고 지시한 후 그 배후를 수사하려고 했다. 하지만 채병덕 당시 육군참모총장의 지시로 안두희의 신병을 CIC(육군방첩대)에 인계할 수밖에 없었다. 심지어 사건 3일 만에 당시 국방부장관 신성모에 의해 헌병사령관직에서 해임되었고, CIC 대장 김창룡에게 협박까지 받아야 했다. 헌병사령관을 전봉덕 부사령관으로 교체한다는 방침은 사건 당일 보고 자리에서 이승만이 이미 신성모에게 지시한 사항이었다.[25]

장흥은 4·19 혁명 이후 검찰에서 백범 김구 암살 사건의 배후를 수사할 때 증인으로 조사를 받았다. 이때 장흥은 김창룡이 "당신도 김구씨와 같이 한독당원이지?", "당신이 안을 감방에 집어넣으라고 했

---

25 〈동아일보〉, 「비화 제1공화국(57) 제4호 암살 - 김구(5)」

지?"라는 등의 말로 협박했다는 증언도 남겼다.[26]

　장군 제1묘역의 전성호(제1장군-33)도 일찍이 1916년 만주에서 조직된 철혈광복단에 가입하여 독립운동을 시작한 이래 만주에서 항일무장투쟁에 참여했던 독립운동가 출신이다. 해방 직후에도 한국광복군 국내지대(지대장 오광선) 참모장을 맡기도 했는데, 6·25 한국전쟁 초창기에 영덕지구 전투에서 전사했다. 해방 뒤 해군사관학교 교장 등을 지낸 해군소장 민영구(제1장군-71)도 한국광복군과 임시정부에서 경리와 재무 일을 맡아 활동한 독립운동가이다. 애석한 것은 그의 부인 이국영(1921-1956) 역시 한국혁명여성동맹과 임시정부 등에서 활동한 독립운동가였지만, '해군소장 민영구의 묘' 묘비 뒷면에 '배위 이국영 합장'이라고만 새겨져 있어 이국영이 독립운동가였음을 제대로 알려주지 못하고 있다는 사실이다. 장군 제1묘역에서 독립운동가 최용덕과 고시복, 장흥과 전성호, 민영구와 이국영을 만난 후 잠시 휴식을 취하면서 멀리 한강을 내려다보면 그 경관이 국립서울현충원 내에서도 최고여서 순간 모든 근심 걱정을 잊게 한다.

국가유공자 제1묘역에 안장된 독립운동가들

　장군 제1묘역 바로 아래에 있는 국가유공자 제1묘역에는 의열단의 유석현(1900-1987, 29)과 2·8 독립선언의 라용균(1895-1984, 25), 3·1 운동 등에 참여한 정일형(1904-1982, 5)이 안장되어 있다.
　유석현은 광복회 회장 등의 자격으로 국가유공자 묘역에 안장되

26　〈경향신문〉, 「"김창룡이 갖은 협박 안두희 잡아넣었다고"」(1960. 8. 13)

었다. 1919년 3·1 운동에 참가해 일경의 추적을 받자 같은 해 11월 만주로 건너가 다음해 7월 중국 천진에서 의열단에 입단했다. 1923년 5월 의열단의 제2차 거사 때 북경에서 폭탄 36개, 권총 5정, 독립선언문 3,000매 등을 김시현·황옥·김지섭 등과 함께 몰래 들여와 거사를 추진하던 중 밀고자에 의해 1923년 3월 15일 붙잡혔다. 영화 〈밀정〉의 시대적 배경이 되던 바로 그 시기이다. 유석현은 경성지방법원에서 징역 8년형을 언도받고 옥고를 치르는데, 만기 출소 뒤 1941년 다시 만주로 건너가서 독립운동을 계속했다.

라용균은 일본 유학시절 1919년 3·1 혁명 직전에 일본 유학생들이 주축이 되어 발표한 2·8 독립선언을 주도한 인물 중 한 명이었다. 이후 상하이로 망명하여 임시정부에서 활동하였고, 1922년에는 모스크바에서 열린 극동인민대표대회에 참가하기도 하였다. 상하이로 돌아와서는 1923년 1월에 열려 대한민국 임시정부의 미래를 논했던 국민대표회의를 준비하는 주비회 위원으로도 활약했다. 해방 이후 제헌의원을 지내기도 했던 라용균은 4·19 혁명 이후 민주당 정부에서 보건사회부장관을 역임하였고, 6대 국회에서는 국회부의장도 지냈다. 라용균의 호를 따서 매년 시상하는 '백봉신사상'은 현역 국회의원에게 주어지는 다양한 상 가운데 최고의 권위를 자랑하고 있다.

정일형을 유신독재에 맞서 싸운 민주투사이자 7선의 정치인으로만 기억하고 있는 사람들은 그가 독립유공자이기도 하다는 사실 자체가 낯설 수도 있다. 하지만 정일형은 1990년에 엄연히 독립유공자로 인정받은 인물이다.

1919년 2월 평양 광성학교 2학년 재학시 3·1 만세운동에 주도적으로 참여했다가 평양경찰서에 붙잡혔으나 당시 만 15세의 미성년자였던 관계로 7일 만에 출감했다. 1937년 10월 평양지방 감리교 기독청년연합회 회장을 지낼 당시에는 안창호 특별강연회를 개최한 것이 빌미가 돼 유언비어 유포와 치안유지법 위반으로 3개월간 구류되었다가 출감했고, 곧이어 흥사단 사건과 수양동우회 사건으로 붙잡혀 고초를 겪기도 했다. 1940년에는 일제의 창씨개명 강요에 저항하다가 수차례에 걸쳐 구금당하기도 하였다. 1942년 1월 서울에서 이동욱·안흥국·한익수와 함께 아시아-태평양전쟁에서 일제의 패망을 예견하는 등 국제정세를 논의하다가 일경에 붙잡혔는데, 평양지방법원에서 이른바 육해군형법 위반으로 징역 1년형을 언도받고 항고하여 1944년 3월 30일 고등법원에서 무죄판결을 받기도 했다. 하지만 미결기간 중 이미 2년 3개월간 수감생활을 감내해야 했다. 해방 이후 정치인의 길을 걸은 정일형은 4·19 혁명 이후 민주당 정부에서 외무부장관을 지내기도 했다. 1982년 사망과 함께 국민훈장 무궁화장이 추서되었고, 국가유공자 제1묘역에 안장되었다. 이후 부인 이태영이 1998년 별세하면서 국가유공자 제1묘역에 합장되었다. 이태영은 '여성 길'에서 자세히 소개할 계획이므로 그때 방문해도 좋다.

그런데 국가유공자 제1묘역에서도 눈에 거슬리는 장면이 있다. 독립운동가 라용균의 묘 바로 오른편에 친일반민족행위자 백낙준의 묘가 나란히 자리하고 있고, 독립운동가 유석현의 묘 바로 왼편에는 만주국군 중위를 지낸 최치환의 묘가 자리하고 있다는 사실이다.[27] 물

---

27 앞에서 살펴본 국가유공자 제2묘역이나 이곳 국가유공자 제1묘역이나 친일잔재 청산을 위한 '국립묘지법' 개정의 시급성을 극적으로 보여주고 있음에도 2021년 5월 현재에도 국

론 일부러 이런 식으로 묏자리를 배정한 것은 아닐테지만, 묘를 조성했던 1980년대 당시 한국 사회 주류의 역사인식 수준을 극명하게 보여주고 있는 장면이라는 점에서 우선 주목할 필요가 있다.

백낙준과 최치환은 '친일파 길'과 '4·3길'에서 각각 소개할 예정이다.

충혼당의 독립유공자들

국립서울현충원은 2006년부터 납골당인 충혼당을 운영하고 있다. 국립서울현충원이 묘지를 수용할 수 있는 공간의 한계로 1979년 국립대전현충원(당시는 대전국립묘지)을 창설하였음에도 수도권 안장을 희망하는 유족들의 요구가 계속 이어지자 현충원에 충혼당을 설립했던 것이다. 하지만 이마저도 포화상태에 이르렀고, 2020년부터는 충혼당 바로 옆에 제2충혼당을 건립하고 있다. 충혼당은 장군 제1묘역이나 국가유공자 제1묘역에서 바로 보이는 곳에 있어 쉬 찾을 수 있다.

2021년 9월 1일 현재 충혼당에는 오의선 등 순국선열 13위와 조완구, 박두종, 계봉우 등 애국지사 162위의 유해가 봉안되어 있다.[28]

경기도 용인 출신의 오의선(1889-1931)은 1919년 2월 일본 메이지 대학에 재학 중 2·8 독립선언이 있은 후, 상하이로 망명하여 본격적인 독립운동에 나선 인물이다. 대한민국 임시정부에서 경기도 대표로 임시의정원의 초대 의원으로 활약하였고, 이후 국내에 들어와 시대일보 기자 등으로 근무하면서 군자금 모금 활동도 벌였다. 오의선은

회에서 제대로 논의조차 되지 않고 있다는 사실은 대단한 유감이 아닐 수 없다.
28 물론 충혼당에는 독립유공자의 유해만 봉안되어 있는 것은 아니다.

국립 서울현충원의 충혼당

1925년부터 조선공산당에 가입하여 활동하였는데, 민족협동전선인 신간회 창립의 기반이 되었던 정우회[29]의 창립멤버이기도 했다. 오의선은 조선공산당에 대한 일제의 대대적인 탄압이 시작되면서 1926년부터 수배 상태가 되었다. 1926년 9월 수배 상태에서도 김철수 등과 비밀 회합을 하여 책임비서 김철수, 조직부 오의선, 선전부 원우관으로 하는 임시 중앙간부를 조직하고 조선공산당을 재정비하는 일도 담당하였다. 다시 만주로 망명한 오의선은 1926년 10월 조선공산당 만주총국 제2대 책임비서에 선출되어 동만 지방을 중심으로 급격히 세력을 확대해나가던 중 1931년 3월 일경에 체포되고 말았다. 징역 3년형을 선고받고 옥고를 치르던 오의선은 고문 후유증으로 그해 5월

---

29 정우회는 1926년 화요회·북풍회·조선노동당·무산자동맹회 등 4개의 사회주의 사상단체가 합동하여 만든 단체였다. 정우회는 그 해 12월 비타협적 민족주의자와 사회주의자 간 민족협동전선의 형성을 호소하는 '정우회 선언'을 발표하였으며, 그 결과 신간회가 창립되었다.

6일 옥중에서 순국하였다. 그의 나이 43세 때의 일이다.

오의선의 고향인 경기도 용인의 원삼면 죽능리에는 오의선의 손주 며느리가 지키고 있는 생가가 남아 있다. 죽능리는 독립운동에 나섰던 해주 오씨 집안의 집성촌이다. 독립유공자 묘역에 안장되어 있는 신흥무관학교 출신으로 한국광복군 국내지대장을 맡았던 오광선, 한국광복군의 오희영과 2021년 현재 생존해 있는 오희옥 여사 등이 해주 오씨 집안의 대표적인 독립운동가이다. 한편, 무후선열제단에 위패로 봉안되어 있는 신흥무관학교 교장을 지낸 죽능리 출신의 여준(1860-1932, 무후선열제단)도 '삼악학교'를 세워 교육사업을 벌이기도 했다.

오의선이 일제강점기 조선공산당 활동에 참여한 사회주의계 독립운동가였음에도 비교적 이른 시기인 1980년에 임정요인 자격으로 건국훈장 독립장을 추서받을 수 있었던 것도 용인 해주 오씨 집안의 노력 덕분이었을 것이다. 물론 조선공산당 사건으로 옥사한 백광흠(1895-1927)이 1909년 신민회 계열의 대동청년단에서 활동했다는 이유로 1963년에 대통령표창을 추서 받은 사례도 있다. 하지만 신민회의 지도자와 통합 임시정부의 국무총리를 역임한 이동휘(1873-1935)가 사회주의계 독립운동가라는 이유로 1995년에야 뒤늦게 독립유공자로 인정받았다는 점을 고려하면 1980년에 독립유공자로 인정받은 오의선의 사례는 지극히 이례적이라고 해야 할 것이다.

대한민국 임시정부의 노동총판 등을 역임한 조완구(1881-1954)는 무후선열제단에 위패가 안치되어 있었는데, 2019년 충혼당에 봉안되었다. 김규식, 조소앙 등 동지들이 있는 무후선열제단에서 충혼당으로 옮긴 이유는 부인 홍정식 여사와 함께 안치하기 위한 유족들의 희망이 반영된 결과로 보인다.

대한제국의 관료 출신인 조완구는 백전노장의 독립운동가였다. 1905년 을사늑약이 체결되자 내무주사 직을 사직하고 대한협회를 조직하여 활동하다가 1910년 경술국치를 당하자 1914년에 70세의 노모와 부인, 그리고 3남매를 남겨둔 채 홀로 북간도를 거쳐 블라디보스톡으로 망명길에 올라 전로한족중앙총회 등에서 활동하였다. 1919년 3·1운동 직후 결성된 대한국민의회 의원이 되었고, 김동삼·이시영·이동녕 등과 상하이로 건너가 대한민국 임시정부 수립에 참여하여 임시의정원 의원으로 활동하였다. 조완구는 이후 임시정부의 내무부장과 재무부장 등을 역임하면서 27년 간 임시정부를 지켰다. 조완구는 해방과 함께 1945년 12월 2차 환국단에 포함되어 1914년 고국을 떠난 지 32년 만에 고국 땅을 밟을 수 있었다.

6·25 한국전쟁 당시 김규식, 유동열 등과 함께 납북된 조완구는 조소앙, 안재홍, 원세훈, 엄항섭 등이 지켜보는 가운데 1954년 평양 용성 중앙병원에서 "통일, 통일, 통일. 먼저 가네, 먼저 가…"라는 말을 남기고 숨을 거뒀다고 한다.[30] 조완구의 유해는 평양 신미리 애국열사릉에 안장되어 있다.

박두종(1904-1967)은 이천진·박하균·이병립·이선호·유면희 등 11명과 함께 6·10 만세운동을 주도한 인물 중 한 명이다. 기독청년회관 영어과에 재학 중이던 박두종의 죽첨정 소재 하숙방(현 4·19혁명기념도서관 자리)은 각 학교 학생대표 40여 명이 모여 순종의 인산일인 6월 10일에 맞춰 대대적인 독립만세운동을 일으키기로 결정한 아지트

---

30 이태호, 『압록강변의 겨울 – 납북요인들의 삶과 통일의 한』(다섯수레, 1991) 328쪽

조완구, 오광선, 박두종, 계봉우 등 독립유공자들이 안장되어 있는 충혼당 내부

이기도 했다. 박두종은 고향(함남 홍천) 후배 박하균과 함께 준비자금 마련책 역할을 담당했고, 태극기와 격문 제작도 담당하였다. 6·10 만세운동 당일에는 경성사범학교 앞(현 을지로5가)에서 태극기를 들고 격문을 뿌리며 만세운동을 주도하는 역할을 했던 박두종은 결국 체포되어 징역 1년을 언도받아 옥살이를 했다. 박두종은 재판 과정에서 재판장을 압도하는 답변을 한 일화로도 유명하다. 재판장은 요즘으로 말하면 색깔을 입히려는 목적으로 "피고는 사회주의를 연구하였는가?"라는 질문을 했고, 이에 대해 박두종은 "연구할 마음은 있었소마는 아직 착수는 안 했었소!"라고 답변하여 재판장을 당혹케 했다. 이어 "만세를 부른 동기와 경로를 말해보라."는 질문에는 "동기는 삼척동자라도 알 일이오, 경로는 아까 이병립이 다 말한 듯하오."라고 잘라 말했

독립운동가 길 99

다. 거듭 당황한 재판장은 "피고는 조선독립을 목적하고 있었던가?"라는 질문을 던지고, 박두종은 "물론 평소부터 그같은 사상을 가지고 있어 왔는데, 6월 8일 이천진, 이선호, 이병립 등이 찾아와서 계획을 말하기에 찬성하고 나도 독립운동을 하기로 결심하였소."라고 답한다. 재판장은 자존심이 상했는지 "만세를 부른 동기를 말해보라."는 질문을 거듭하게 되고, 박두종은 재판장과 격론까지 벌이며 열렬한 말로써 답변을 마쳐 재판정을 뜨겁게 달구었다고 한다.[31]

역사학자이자 국어학자이기도 한 계봉우(1880-1959)는 카자흐스탄에서 사망하여 크질오르다 중앙공원묘지에 안장되어 있었는데, 2019년 국내로 유해가 봉환되었다. 계봉우는 1910년 이후 북간도로 망명하여 광성학교에서 국사와 국어를 가르치면서 『조선역사』, 『조선지리』 등 한국사와 한국어 교과서 편찬을 주도하여 간도 전역에 보급하는 등 북간도 한인사회의 민족교육과 항일독립운동에 심혈을 기울였다. 1919년 3·1 운동 이후 블라디보스토크로 망명했던 계봉우는 그해 8월 이동휘와 함께 중국 상하이로 건너가 1919년 11월 대한민국 임시정부의 임시의정원 북간도 대표의원으로 부임해서 1년 간 의정 활동을 펼치기도 하였다.

계봉우가 카자흐스탄까지 간 것은 1937년 일제의 침략을 우려한 스탈린이 연해주 일대에서 살고 있던 고려인에 대한 강제이주 정책을 펼친 때문이었다. 카자흐스탄 크질오르다는 1929년 처음 이주한 한인들이 척박한 땅을 개간하여 벼농사를 시작한 곳이기도 했다. 계봉우

---

31 〈동아일보〉, 「6·10 만세사건 제1회공판」(1926. 11. 3) 박두종이 한 열렬한 말은 검열로 '각자(角字)' 처리되면서 구체적인 내용까지는 확인되지 않는다.

는 이곳에서 함께 이주 당한 한인사회당 중앙위원 출신의 이인섭, '15만원 탈취 사건'의 주역 최봉설(최계립) 등과 의논하여 자신의 삶과 활동을 정리하는 형식을 빌려 조선어를 지키고 조선역사를 정리하는 작업을 벌였다. 계봉우의 이러한 활동은 1939년 여름 조선의 말·관습·문화를 없애고, 성과 이름을 바꾸려 하는 일본정부의 조선인동화정책에 관한 소식을 듣게 되면서 조선의 식민지 상태가 장기화된다면 조선말, 조선예절, 조선역사를 지킬 사람은 외국에 나와 있는 조선인들 뿐이라는 위기의식에 기초한 것이었다.[32] 계봉우는 생을 마감할 때까지 22년 동안 크질오르다에서 모국어와 역사를 가르쳤고, 『조선문학사』, 『조선문법』, 『조선역사』 등을 집필하여 한국어와 한국역사를 연구·보급하는 일을 담당하였다. 그는 자신의 유년 시대를 기록한 소설『금강산』, 미완의 자서전『꿈 속의 꿈』도 남겼다.

부부위패판에서 만나는 독립운동가들

2009년 4월 1일부터 위패를 봉안하기 시작한 부부위패판은 현충문 왼편에 있다. 2021년 9월 1일 현재 부부위패판에는 이태준 등 순국선열 8위과 최재형 등 애국지사 88위의 위패가 봉안되어 있다. 이곳 부부위패판에는 독립유공자와 군인·경찰·애국단원 등의 위패가 뒤섞여 봉안되어 있다. 찾는 이들의 접근이 쉽지 않은 이유이다. 독립유공자 전용 부부위패판을 독립유공자 묘역 쪽에 배치하여 방문객의 접근성을 높이고 교육적 효과도 극대화할 필요가 있다는 점을 지적

---

32 이인섭, 『망명자의 수기』(한울, 2013) 57쪽-59쪽

하면서 부부위패판에서 만날 수 있는 독립운동가 가운데 이태준과 최재형을 소개한다.

몽골의 한인 슈바이처로 알려진 이태준(1883-1921)은 의사로 몽골 수도 울란바토르에서 병원을 개업하고 몽골 국왕의 어의 역할을 하면서 독립운동을 한 인물이다. 이태준의 위패를 부부위패판(07-148)에 봉안한 것은 2017년의 일이다.

이태준이 몽골의 울란바토르로 간 것은 1914년 무렵이다. 신민회 회원이자 의사였던 김필순(1880-1922)의 '김형제 상회'에서 점원으로 일하던 중 세브란스의전에 입학하여 의사가 된 이태준은 1911년 105인 사건이 터지자 김필순과 함께 중국으로 망명한 터였다. 당시 우사 김규식이 몽골 지방에서 비밀 군관학교를 설립할 계획을 가지고 있었는데, 그의 권유로 몽골에 가게 되었던 것으로 보인다. 1914년 가을 이태준은 울란바토르에 '같은 뜻을 가진 동지들의 병원'이라는 의미를 지닌 동의의국을 개업하였다. 근대 의술을 지닌 이태준은 몽골인들의 신임을 얻으면서 몽골 왕궁에 출입할 수 있게 되었다. 이태준은 곧 국왕의 어의가 되었고, '귀중한 금강석'이라는 뜻을 가진 국가 훈장 '에르데나-인 오치르'를 받기도 한다. 〈독립신문〉(1919. 11. 11)에 의하면 당시 몽골인들은 이태준을 '신인'이나 '극락세계에서 강림한 여래불'을 대하듯 하였다고 한다.

이태준은 각지의 애국지사들과 긴밀한 연락을 유지하면서 항일 활동에서 큰 공적을 남겼다. 신한청년당 대표로 파리강화회의에 파견되는 김규식에게 운동자금을 지원하기도 하고, 중국과 러시아 국경을 오가는 독립운동가들의 편의를 제공하는 일도 이태준의 몫이었다. 이

1911년 세브란스 의전 졸업사진 속의 이태준 선생(위 사진, 뒷줄 오른쪽에서 3번째)과 현재 몽골 수도 울란바타르 시 이태준 선생 기념공원에 있는 추모비

태준은 대한민국 임시정부 국무총리였던 이동휘의 한인사회당이 주도하여 소비에트 정부로부터 확보한 코민테른 자금 40만 루블 상당의 금괴 운송에도 깊숙이 관여하였다. 이태준은 당시 한인사회당의 연락을 담당한 비밀 당원으로 활동하고 있었다. 모스크바 자금 가운데 김립이 책임졌던 12만 루블 중 1차분 8만 루블의 운송을 성공적

으로 마친 후, 베이징에서 의열단 단장 김원봉을 만난 이태준은 우수한 폭탄 제조 기술자 헝가리인 마쟈르를 김원봉에 소개하는 일도 했다. 당시 질 낮은 폭탄의 불발로 아까운 생명을 잃게 되는 등 손실이 커 고통받던 의열단에게 마쟈르는 가뭄에 단비 같은 역할을 했다. 영화 〈밀정〉에 등장하는 서양인이 바로 마쟈르였던 것이다.[33]

1920년 이태준의 죽음은 너무나 급작스럽게 찾아왔다. 북경에서 몽골을 거친 베를린 행을 위해 이태준과 함께 여행했던 이극로는 당시 상황을 다음과 같이 회고했다.

이태준 씨와 동행이 되어 북경을 떠난 때는 1920년 10월이다. 장가구에 가서는 백당의 난리로 울란바토르로 가는 도로가 막혀서 여러 날 기다렸으나 안정될 희망이 없으므로 부득이 북경으로 다시 돌아오고 말았다. 지금 생각해도 아찔한 것은, 수주일 후에 이태준 씨는 혼자 울란바토르로 들어갔는데 즉시 백당군에게 잡혀서 참살당하여 뼈도 찾지 못하게 된 것이다.[34]

현재 '이태준 기념공원'이 몽골의 울란바타르에 조성되어 있다. 이태준은 한-몽 친선의 상징적 인물로 여전히 중요한 역할을 하고 있다. 한편, 이태준의 고향인 경남 함안에서도 뒤늦게나마 2021년에 '이태

---

33 마쟈르는 울란바토르에 체류하고 있던 포로 출신의 헝가리인이었다. 자동차 운전수로 이태준의 활동을 도왔다. 마쟈르는 의열단에게 절실히 필요하던 우수한 각종 폭탄을 성공적으로 제조하였고, 이로 인해 의열단은 효과적인 폭파 공작을 수행할 수 있었다. 마쟈르는 의열단의 폭탄 운반에도 참여하였고, 미수로 그친 황옥 경부 사건을 비롯한 의열단의 파괴 공작에서 활동하였다.
34 이극로, 『고투 40년』(범우, 2008) 61쪽

준 기념관'을 개관하였다.

'애국지사' 최재형(1860-1920)의 위패는 부부위패판(5-149)에 봉안되어 있다. 최재형은 1962년에 건국훈장 독립장이 추서되었지만, 그의 위패가 부부위패판에 봉안된 것은 2015년의 일이다.[35]

대한민국 임시정부의 초대 재무총장으로 임명되었던 최재형은 러시아 정부가 지방정부 시장으로 추천할 만큼 한인사회의 대표적 지도자로 연해주 독립운동의 대부였다.

최재형의 러시아 이름은 최 표트르 세묘노비치였다. 러시아인들은 그를 친근하게 페츠카라고 불렀다. 러시아어 발음에 익숙하지 않았던 한인 동포들은 최재형을 '최 비지깨'라고 불렀고, 이것이 그의 별명이 되었다. '비지깨'는 함경도 농민들이 '성냥'이라는 뜻의 스피치카에서 차용해 만든 함경도 사투리였다.[36] 9세 때 극심한 흉년으로 생계가 어려워지면서 할아버지와 부모를 따라 연해주로 이주한 최재형은 온갖 고생 끝에 러시아에서 성공한 부호가 되었다.

최재형은 일찍이 항일의병 활동자금으로 거금을 내놓았고, 1908년부터 두만강을 건너 함북 일대의 일본수비대와 소규모 전투를 벌이며 전과를 올리기도 했다. 하지만 연해주와 만주지역의 의병들이 1908년 7월 대대적인 국내진공작전을 펼치다 회령전투에서 일본군에게 패배하면서 최재형의 의병세력은 위축되었다. 1909년 안중근의 이토 히로부미 저격 사건을 지원한 이도 최재형이었다.

최재형은 1919년 4월 상하이에서 건립된 대한민국 임시정부의 초대 재무총장에 임명되었지만 사양하고, 그 해 11월 블라디보스토크

---

35 〈연합뉴스〉, 「"넋은 조국에 …" 애국지사 최재형 위패 현충원 봉안」(2015. 5. 15)
36 반병률, 『러시아 고려인사회의 존경받는 지도자 최재형』(한울, 2020) 10쪽-11쪽

의 신한촌에 본부를 둔 독립단을 조직하여 일제에 맞설 무장투쟁을 준비하였다. 시베리아 내전에서 백군이 적군에 패배하자 한인들은 더욱 고무되고 있었다. 최재형으로선 1908년의 실패를 만회할 수 있는 기회이기도 했다. 하지만 최재형의 국내진공작전의 꿈은 또다시 좌절되고 말았다. 일제가 볼세비키와 강화조약을 체결하기로 약속한 1920년 4월 5일에 먼저 기습 공격을 감행했던 것이다. 니항 사건[37]을 빌미로 '일본인민의 생명을 보호한다'는 구실을 내세워 시베리아 간섭전쟁을 강화했고, 이때의 4월 참변으로 최재형은 일제에 체포되어 우수리스크에서 처형당하고 말았다. 최재형의 아들 최 발렌틴 페트로비치는 아버지가 체포되기 직전의 상황을 다음과 같이 회고했다.

> 늦은 밤, 불시에 아버지가 집으로 돌아왔다. 어머니와 누나들은 아버지에게 가까운 마을에 유격대원들이 머물고 있는 곳으로 가라고 설득했지만, 아버지는 집을 절대 떠나지 않겠다고 했다. 아버지는 우리들에게 "나는 집을 떠날 수 없다. 내가 떠나서 집에 없으면 일본군들이 어머니와 너희들에게 아버지가 어디에 있는지 말하라며 고문할 것이다. 나는 이제 나이 60이 되었다. 충분히 오래 살았고 죽어도 된다. 하지만 너희들은 살아남아야 한다. 나 혼자 죽는 것이 낫다"고 말했다. 밤새 대화가 이어지는 내내 어머니는 우셨고, 아이였던 우리들도 울었다.[38]

---

37 1920년 3월 니콜라예프스크에서 일본군이 전멸하고 일본거류민들이 몰살된 사건이다. 니콜라예프스크 사건이라고도 부른다. 이 사건으로 명분 없는 시베리아 일본군을 철병하자는 일본 내 여론이 가라앉게 되었고 볼세비키에 대한 분노 여론이 커져갔다. 일제는 이를 빌미로 1922년까지 시베리아 간섭 전쟁을 연장하였다.

38 최올가·최발렌틴 지음, 정현 옮김, 『나의 아버지 최재형』(상상, 2019) 191쪽. 딸 최 올가 페트

한말 항일의병 활동부터 망국 이후 연해주 독립운동에 이르기까지 최재형 선생(오른쪽 앉은 이)의 삶은 오롯이 일본 제국주의 타도와 나라의 자주독립이었다

일제는 유족들의 강력한 요구에도 최재형의 시신을 내주지 않았다. 연해주에서 활동한 독립운동가 이인섭은 당시 상황을 이렇게 증언했다.

로브나도 당시 상황을 회고하는 글을 남겼다.(같은 책, 45쪽)

아침 9시 30분에 왜병들은 대포·기관포로 도시를 향하여 사격을 시작하여 전 시가는 불에 타기 시작하였고, 노인이나 여자나 심지어 아이들까지도 집에서 밖으로 나오는 사람들은 왜군들 총창에 맞아 쓰러졌다. (…) 해삼 신한촌 한민학교는 불에 타서 재무지로 변하였는데, 그 가운데는 수십 명 조선 빨치산들이 있었다. 체포되었던 조선인 애국지사들이나 놈들이 빨치산이라고, 공산주의자라고, 반일운동자라고 의심하는 인사들은 모두 비밀리에서 잔인무도하게 학살을 당하였는데, 그 가운데는 한 평생을 직업적으로 조선을 해방하기 위하여 분투 공작하던 직업적 혁명 열사들인 최재형·엄주필·김이직 선진들이 계신 것이다.[39]

이러한 사정에 비추어보면 부부위패판의 '애국지사 최재형'은 마땅히 '순국선열 최재형'으로 바뀌어야 한다.

현충탑 위패봉안관의 독립운동가들

현충탑은 국립서울현충원을 찾는 이들이 일정한 격식을 갖추고 추모의 예를 취하는 장소이다. '시신 또는 유골' 만을 안장할 수 있던 국립묘지에 위패를 봉안할 수 있는 근거가 처음 마련된 것은 1970년 국립묘지법이 개정되면서였다.[40]

---

39 이인섭, 「저명한 애국자들인 최재형, 김이직, 엄주필 동지들을 추억하면서」(1960) 이 글은 반병률의 『러시아 고려인사회의 존경받는 지도자 최재형』(한울, 2020)에 부록으로 수록되어 있다.
40 1970년 12월 14일 개정된 국립묘지법 제5조(무명용사등의 합장) 제2항은 "불가항력으로 유골이나 시체를 찾을 수 없는 전몰자의 영령은 현충탑에 위패로 봉안할 수 있다."고 하고 있다.

이 탑은 박정희 정부 시절인 1967년 10월 1일 건립되었는데, 탑 앞면에는 "여기는 민족의 얼이 서린 곳/ 조국과 함께 영원히 가는 이들/ 해와 달이 이 언덕을 보호하리라"라고 씌어 있고, 뒷면에는 "대통령 박정희는 온 겨레의 정성을 모아 순국영령 앞에 삼가 이 탑을 바치나이다"라고 씌어 있다.

현충탑 안으로 들어가면 위패봉안관이 있다. 이곳에도 2021년 9월 1일 현재 순국선열 8위와 애국지사 40위의 위패가 독립유공자로 구분되어 봉안되어 있다. 앞에서 살펴본 부부위패판과 더불어 현충탑 안쪽에 있는 이곳 위패봉안관에 독립유공자의 위패가 봉안되어 있다는 사실을 아는 사람은 그리 많지 않다.

이 중 김란사는 '여성 길'에서 다시 만나기를 기약하면서 '독립운동가 길'에서는 박승도와 정승종, 이석영·이호영 형제를 소개한다.

황해도 안악군 은홍면에 있는 온정리교회 집사였던 박승도(1897-1919)는 1919년 3·1 운동 당시 만세운동을 주도하다 일제 헌병의 발포로 죽음을 당한 인물이다.

박승도는 서울 탑골공원에서 있었던 3·1 독립선언식과 만세시위에 참여하고 귀향한 같은 동네 사람 박치간·정계로·유용원 등과 함께 3월 11일 은홍면 온정리 장날을 이용하여 독립만세시위를 벌이기로 결정하였다. 박승도는 유용원의 집에서 태극기와 독립선언문을 제작하는가 하면, 은홍·대행·서하 등 인근 면내 각 교회에 독립만세시위에 참여하도록 연락하는 등 만반의 준비를 했다. 문제의 3월 11일, 온정리교회에 모인 수백 명의 주민들은 선명학교 교장 박치간이 독립선언서를 낭독하는 것으로 독립선언식을 거행한 후, 모두 태극기를 들고 '대한독립'이라고 쓴 선두의 큰 기를 따라 시가행진을 하였다. 시위대는 순식간에 1천여 명으로 불어났고, 박승도는 시위군중의 선두에 서서 독립만세를 외치며 시가행진을 이끌었다. 그런데 마침 시위 대오가 헌병 주재소 앞을 지날 때 '대한독립'이라고 씌어 있는 시위 깃발을 빼앗으려는 일본 헌병과 충돌이 빚어졌다. 이때 일본 헌병들이 대거 출동하여 무차별 발포하는 사태가 발생했고, 박승도는 전인식·김학규와 함께 현장에서 순국하였다.

이 사건으로 지역 주민 40명이 잡혀가 곤욕을 치렀는데, 박승도를 비롯하여 만세운동에 참석했던 은홍면 주민들이 당시 어떤 심정이었는지 보여주는 재판기록이 남아 있다. 다음은 박승도와 같은 동네에 살던 박영준이 낸 항소이유서의 한 대목이다.

> 일·한 합병 이후 조선독립사상이 절실하였는데, 천운이 순환해 감이 다시 되돌아가지 않고, 하늘이 조선에도 독립의 기회를 주었다. 나도 하늘의 뜻을 순종하기 위해 군중에 참가하여 독립만세를 호창하였는데, (…) 보안법 위반으로 징역 2년에 처해졌다. 호사다마라 했지만 국가의 독립은 대사(大事)인지라 어찌 마가 낄 것인가.[41]

박승도를 비롯한 은홍면 사람들은 '하늘의 뜻을 순종하기 위해' 3·1 만세운동에 참여했던 것이다. 이들은 서정주가 산문시를 통해 "이것은 하늘이 이 겨레에게 주는 팔자다' 하는 것을/ 어떻게 해서라도 익

---

[41] 국가기록원, 「독립운동 관련 판결문(대정8년 형상 제666호)」 항소이유서가 온전히 전하는 것이 아니어서 아쉽지만, 재판장이 낭독한 판결문에 인용된 위 내용만으로도 당시 만세운동에 참여한 이들의 심정이 그대로 드러나고 있다.

히며 살아가려 했던 것이니/ 여기 적당한 말이려면/ '종천순일파從天順日派 같은 것도 괜찮을 듯하다'[42]고 자신의 친일 행위를 변명하면서 근거로 들먹인 '하늘의 뜻'과는 전혀 다른 '하늘의 뜻'을 따르고 있었던 셈이다.

정승종(1917-1981)은 1944년 『정감록』에 근거하여 일제의 패망과 조선의 독립을 예측하고 이를 준비한 인물이었다.[43]

> 미국군에는 반도인이 참가하고 있어서 미국은 일본이 패배하는 그날 조선을 독립시킬 것이고, 또 〈정감록〉에 의하면 소화 20년(1945년-인용자) 3월에 일본은 패전하고, 경상도의 깊은 산속에서 왕이 나타나 조선은 독립한다.[44]

정승종이 '1945년 3월 일제 패망'을 예견한 근거로 18세기 영·정조 시대 이래 새로운 시대를 갈망하던 사람들이 비밀리에 돌려보던 예언서인 『정감록』을 들고 있는 대목이 흥미롭다.[45] 일제의 패망을 확신한 정승종은 조선인으로서 무엇을 할 것인지를 고민했고, 그 결과로 얻은 결론을 대담하게 실행에 옮기고자 했다.

> 우리들이 무기 없이 조선의 독립을 실행하는 것이 불가능하다면, 우선 교통상 중요한 철교의 파괴가 최상의 방법이다. 미국군대가 조선에 상륙해 우리들에게 무기를 주면 활동이 가능하므로 상륙의 시기

---

42 서정주, 「종천순일파(從天順日派)?」, 『서정주 시선』(지식을만드는지식, 2013)
43 김학규, "한강철교를 폭파하라!" 새세대 독립운동가 정승종〉(《매일노동뉴스》, 2020. 3. 2)
44 국가기록원, 「독립운동 관련 판결문-정승종(소화20년 형공 제1,172호)」
45 실제로 정승종의 경우만이 아니라 1940년대 『정감록』을 돌려보며 일제의 패망을 예견하다 일제에 연행되는 사례가 여럿 확인된다.

를 기다릴 때까지 동지를 모아 철교를 파괴해야 한다.[46]

노량진에 살던 정승종은 한강철교 폭파를 위해 동지 규합에 나섰다. 당시 정승종은 용산에 있던 조선총독부 교통국 경성공장에서 선반공으로 일하고 있었다. 마침 평소 알고 지내던 같은 공장 노동자 풍전부환豊田富潭(일본의 창씨개명 강요에 따른 이름)을 1944년 9월 두 차례 만나 넌지시 자신의 생각을 밝히면서 동지 규합에 나섰다. 하지만 정승종의 '담대한 계획'은 끝내 성사되지 못했다. 1945년 3월 일제에 발각되고 말았던 것이다. 정승종의 계획이 어느 시점에서 중단되었는지는 정확히 확인되지 않는다. 다만 "국체변혁을 목적으로 그 목적 수행을 위한 행위를 했다"고 명시한 점을 볼 때 한강철교 파괴를 위한 작업이 꽤 진척됐던 것으로 보인다. 정승종은 1945년 5월 25일 징역 2년형에 처해지지만, 자신의 예견보다 5개월이 늦은 8월 15일 일제의 패망과 함께 감옥을 나와 감격스러운 해방을 맞이할 수 있었다.

이석영(1855-1934)과 이호영(1885-1933) 형제의 위패는 현충탑 봉안관(48-8-133과 48-8-134)에 나란히 봉안되어 있다.[47] 이항복의 10대손으로 노블레스 오블리주를 실천한 대표적 명문가의 6형제(이건영, 이석영, 이철영, 이회영, 이시영, 이호영) 중 둘째와 여섯째이다.

일찍이 후손이 없던 이유원의 양자로 들어갔던 이석영은 상속받은 만여 석의 재산과 토지, 가옥 등을 팔아 현재 가치로 2조 원에 이르는 금액을 독립운동 자금으로 제공하였고, 1910년 12월 온 집안이 함께 만

---

46 국가기록원, 「독립운동 관련 판결문-정승종(소화20년 형공 제1,172호)」.
47 이회영의 묘는 독립유공자 묘역에, 이시영의 묘는 강북구 수유동 북한산자락에 있다.

주로 망명해서는 해외 독립운동기지 건설과 군관학교 설립 계획에 따라 신흥(무관)학교 교장 등을 역임하며 독립운동가 양성에 주력하였다. 이들이 배출한 신흥무관학교 졸업생은 1920년까지 3,500여 명에 이르렀다.

6형제 중 막내 이호영은 1910년 12월 이석영, 이회영 등 전 가족과 함께 만주 유하현으로 이주하여 신흥무관학교에서 재무를 담당하면서 독립군 양성에 헌신하였다. 북경으로 활동 근거지를 옮긴 1924년에는 북경한교동지회를 조직하였고, 1925년에는 친일파 처단을 목적으로 조직된 다물단의 단원으로 재정과 무기를 지원하는 활동으로 밀정 김달하 처단에도 관여하였다.

막내 이호영은 1930년 병든 형 이석영을 모시고 국내로 들어왔다가 다시 중국으로 망명하였는데, 이호영은 1933년 말 북경에서 타계했고, 이석영은 다음 해 2월에 상하이에서 별세했다. 특히 우리를 가슴 아프게 하는 대목은 엄청난 규모의 재산을 독립군 양성을 위한 자금으로 내놓았던 이석영이 말년에는 여든의 노구를 이끌고 상하이의 빈민가를 전전하며 콩비지로 삶을 연명하다가 세상을 떠났다는 사실이다.

이석영이 살던 남양주시는 2021년 1월부터 '이석영뉴미디어도서관'을 개관·운영하고 있으며, 2월 16일에는 이곳에서 87년 만에 처음으로 이석영 추모행사를 거행했다.[48]

---

48 〈연합뉴스〉, 「이석영 선생 순국 87년 만에 남양주서 첫 추모·장례식」(2021. 2. 16)

탐방 2

친일파 길

▶ 친일파 길 안내 ◀

❶ 김홍준·김호량의 위패(부부위패판) → ❷ 백낙준과 엄민영·황종률·김정렬의 묘(국가유공자 제1묘역) → ❸ 김백일·신응균과 채병덕 등의 묘(장군 제1묘역) → ❹ 박정희 전 대통령의 묘(국가원수 묘역) → ❺ 이종찬과 정일권·김응조·김용국 등의 묘(장군 제3묘역) → ❻ 이응준·신태영과 임충식의 묘(장군 제2묘역) → ❼ 안익태·조진만의 묘(국가유공자 제2묘역) → ❽ 김홍량·이종욱·윤익선·임용길의 묘(독립유공자 묘역)와 이정의 위패(무후선열제단) → ❾ 일송정의 추억(가곡 〈선구자〉의 조두남·윤해영)

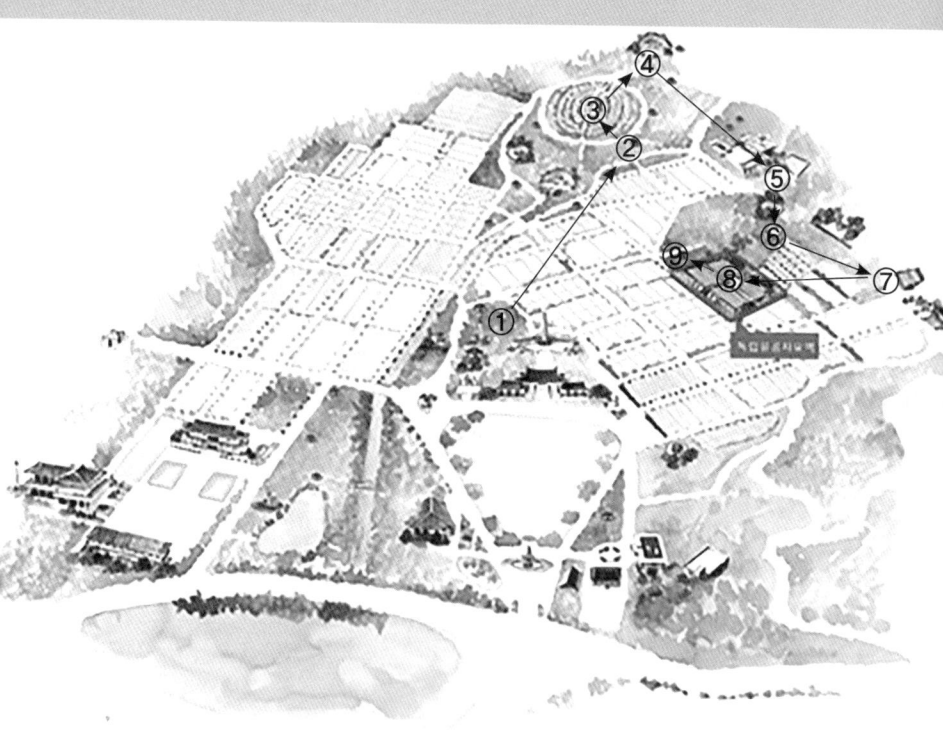

국립서울현충원의 '친일파 길'을 걷는 의미는?

현행 대한민국 헌법 전문은 이 나라가 '대한민국 임시정부의 법통'을 '계승'한 나라임을 밝히고 있다. 언급했듯이 '기미 삼일운동으로 대한민국을 건립하여 세계에 선포한 위대한 독립정신을 계승하여 이제 민주독립국가를 재건'한다고 선언한 제헌헌법의 정신을 계승한 표현이다.

대한민국은 정부를 정식으로 수립한 직후 추진한 반민특위 활동이 비록 실패했지만, 이후 진행된 반독재민주화의 성과에 기반하여 1990년대 이래 과거사 정리 작업을 꾸준히 진행해왔다. 친일청산 작업도 그 중의 하나였다. 2004년 3월 22일 공포된 「일제강점 하 친일반민족행위 진상규명에 관한 특별법」과 그 시행령에 따라 대통령 직속 친일반민족행위진상규명위원회가 활동한 결과 1,006명을 친일반민족행위자로 확정 발표하였다. 이 중 14명이 국립현충원(서울현충원과 대전현충원)에 안장되어 있다는 사실도 확인되었다. 하지만 친일반민족행위진상규명위원회의 활동 성과는 현충시설에 온전히 반영되지 않았다. 보훈처의 추가 활동을 통해 국립서울현충원 독립유공자 묘역의 이종욱과 임용길, 국립대전현충원 독립유공자 묘역의 김응순과 박영희 등 4명의 친일반민족행위자는 서훈이 취소되고 묘도 이장되었지만[1], 장군묘역과 국가유공자묘역에 있는 친일반민족행위자 10명(국

---

[1] 보훈처는 2009년 친일반민족행위진상규명위원회의 친일반민족행위자 발표 이후인 2011년 4월 이종욱과 임용길, 김응순과 박영희를 포함하여 19명의 독립유공자의 서훈을 취소하였다. 이들은 모두 독립운동에 나섰다가 이후 변절하여 친일반민족행위를 한 인물로 확인되었다. 서훈 취소 당시 위 4명을 포함한 10명이 국립현충원에 안장되어 있었다. 2015년 10월 김홍량을 마지막으로 위 4명을 포함한 9명의 묘는 현충원 밖으로 이장되었다. 강영석 만이 제도의 허점을 이용하여 국립대전현충원 독립유공자 묘역에 안장되어 있는 부인 신경애(1907-1964)의 배우자 자격으로 합장되어 있어 지금까지 현충원을 떠나지 않고 있다.

립서울현충원의 김백일, 신응균, 신태영, 이응준, 이종찬, 백낙준과 국립대전현충원의 김석범, 백홍석, 송석하, 신현준)의 무덤은 여전히 그대로 유지되고 있을 뿐만 아니라 정부가 인정한 친일반민족행위자 김홍준과 백선엽이 2015년과 2020년에 국립서울현충원과 국립대전현충원에 각각 추가로 안장되어 오히려 2명이 더 늘어났다.

헌법정신과 현충시설의 불일치. 이러한 모순을 극복하고 대한민국의 정체성을 분명히 하기 위해 역대 국회에서 「국립묘지법」 개정안이 제출되었지만, 매번 정쟁의 대상으로 전락하면서 제대로 다뤄지지 조차 못한 채 오늘에 이르고 있다. 하지만 모순된 현실을 더 이상 계속 두고 볼 수 없다는 목소리는 점점 더 커지고 있다.

이러한 상황에서 국립서울현충원 '친일파 길'을 걷는 것은 '독립운동에 기반한 나라' 대한민국의 정체성을 바로 세우기 위해 대한민국을 이끌어가는 민주시민으로서 우리가 무엇을 해야 할 것인지를 더 고민하고 그 구체적인 실천방안까지 찾아보는 계기가 될 수 있다는 점에서 그 의미가 크다.

해방 이후 진행된 친일청산을 위한 노력

35년간의 일제강점기를 겪은 우리에게 친일청산의 과제는 통일민족국가 수립과 함께 해방이 우리 민족에게 부여한 최대 과제의 하나였다. 대중의 친일청산에 대한 요구를 반영하여 미군정기였던 1947년 남조선과도입법의원은 정이형(1897~1956)[2]을 기초위원장으로 하

---

2 정이형의 묘는 국립서울현충원 독립유공자 묘역(169)에 있다.

여 「민족반역자·부일협력자·간상배에 대한 특별법률조례」를 제정하였다. 정이형은 고려혁명당 출신으로 1927년 이래 19년간 감옥살이를 하다 해방된 뒤 감옥에서 나온 조선 내 최장기수 독립운동가였다. 하지만 지난 2년간 친일파를 중용했던 미군정은 이에 대한 선포마저 거부하였고, 친일청산의 과제는 정부수립 이후로 넘어가게 되었다.

대한민국 정부가 정식으로 수립된 1948년에는 제헌국회에서 「반민족행위처벌법」이 2호 법안으로 통과되면서 반민족행위특별조사위원회(위원장 김상덕[3])가 구성돼 1949년 1월 5일부터 본격적인 활동을 시작하지만, 친일파와 이들을 자신의 권력기반으로 삼은 이승만 대통령의 방해공작은 완강했다. 국회 프락치 사건을 조작하여 반민특위 활동에 적극적이었던 김약수 국회부의장을 비롯한 소장파 국회의원 13명을 구속하는가 하면 1949년 6월 6일에는 경찰이 반민특위 사무실을 습격하는 사태까지 발생했다. 이에 대해 이승만 대통령은 "내가 특경대를 해산시키라고 경찰에게 명령한 것"이라고 밝히면서 거꾸로 경찰을 옹호하기까지 했다. 이승만으로서는 제주 4·3 사건과 여순 사건이 연이어 발생하고, 주한미군 철수까지 논의되고 있는 상황에서 시대적 과제 해결 보다는 반공을 기치로 한 정권안보가 우선이었던 것으로 보인다.

반민특위는 결국 친일잔재 청산이라는 시대적 요구를 다하지 못한 채 개정 반민특위법에 따라 그해 8월 말 시효가 종료되면서 결국 해산하고 만다. 반민특위는 이 기간 동안 총 682건을 조사하여 293명을 기소했다. 하지만 이 중 실형 10인, 집행유예 11인, 공민권정지 24

---

3 김상덕(1891-1956)은 6·25 한국전쟁 당시 납북되어 북에서 서거하면서 북의 재북인사묘역에 안장되어 있다.

인 등 겨우 40여 명만을 제재할 수 있었다.[4] 그나마 실형을 선고받은 김덕기, 김태석 등 10인마저도 이듬해 봄까지 재심청구 등의 방법으로 풀려나거나 6·25 한국전쟁 직후 감옥에서 사라져 친일파의 숙청작업은 말 그대로 용두사미로 끝나고 말았다.

하지만 우리 사회 민주화의 흐름 속에서 과거사 정리의 필요성이 다시금 제기되었고, 2004년 국회에서 친일반민족행위의 진상을 규명하기 위한 「일제강점 하 친일반민족행위 진상규명에 관한 특별법」이 새롭게 제정되었다. 이에 근거하여 2005년 5월 31일 대통령 소속기관으로 친일반민족행위진상규명위원회가 설치되어 활동한 결과 2009년 친일반민족행위자로 선정된 1,006명의 친일행적 등을 담은 『친일반민족행위진상보고서』가 발표되었다.

국립현충원 내 친일반민족행위자 안장 현황

현재 국립현충원(국립서울현충원과 국립대전현충원)에는 대통령 소속 친일반민족행위진상규명위원회에서 발표한 친일반민족행위자 12명의 무덤이 있고, 『친일인명사전』[5]에 등재된 인물을 기준으로 했을 때는 74명의 친일파가 안장되어 있다. 이 중 국립서울현충원에는

---

4 〈연합신문〉, 「반민공판 업적-처결은 78건」(1950. 4. 25). 같은 날 〈조선일보〉 기사(「오늘부터 반민재판!」)에는 실형과 공민권 정지 인원은 동일한 반면, 집행유예 인원은 '양재홍외 9인'으로 나와 차이가 있다. 당시 사형이 구형된 상황에서 미결 상태로 있던 헌병보조원 출신 심의중(沈宜中, 일명 심의진)은 이후 재판 결과를 확인할 수 없어 실형 집계 인원에서 제외했다.
5 민간기구인 친일인명사전편찬위원회가 2004년부터 시민들의 자발적인 성금으로 편찬 기금을 마련하여 일제강점기 때 일제 식민지배에 협력한 인사 4,389명의 친일 행위와 광복 전후의 행적을 수록하여 2009년에 편찬하였다.

친일반민족행위진상규명위원회 선정 기준 친일반민족행위자 7명과 『친일인명사전』 등재 기준 38명이 안장되어 있다.

국립현충원에 친일파들이 다수 묻혀 있는 이유는 1948년에 대한민국 정부를 정식으로 수립하는 과정에서 제1과제로 떠올랐던 친일청산을 제대로 수행하지 못한 우리의 아픈 역사와 국립서울현충원이 국군묘지로 출발한 역사와도 깊은 관련이 있다. 해방이후 한국군의 형성 과정은 대한민국 임시정부의 법통을 계승한다는 대한민국의 헌법 정신과는 거리가 멀어도 한참 멀었다. 이는 해방 직후 38선 이남을 주도했던 미군정이 중국에서 활동하던 한국광복군의 귀국이 늦어지는 상황은 아랑곳하지 않은 채 자신의 계획대로 군사영어학교 건립을 밀어붙인 데 따른 필연적 결과였다. 미군정청의 아놀드 군정장관은 1945년 11월 20일 육군사관학교의 전신격인 군사영어학교의 개교방침을 밝히면서 첫 모집인원 60명 중 일본군 출신과 만주국군 출신, 광복군 출신을 각각 20명씩 나누어 모집하겠다는 구상을 밝혔다.[6] 하지만 이 방침은 일본군 출신이나 만주국군 출신들이야 좋아할 방침이었지만, 그동안 독립운동에 헌신해 온 광복군 출신들로서는 결코 받아들일 수 없는 방침이었다. 이에 불만을 품은 광복군 출신들의 입교 포기가 속출했다. 이후 미군정이 일본군과 만주국군 출신을 대거 기용하면서 일본군과 만주국군 출신들은 한국군의 주류를 형성하였다. 이들은 결국 정전협정이 체결된 이후 건립된 국군묘지(현 서울현충원)의 장군 묘역에 '장성급 장교'의 자격으로 대거 입성하게 되었던 것이다.

---

6 〈경향신문〉, 「비화 한세대 창군전야(45년 - 48년) 〈19〉」(1976. 11. 25)

『친일인명사전』 등재자 중 국립서울현충원 안장자 명단

(국립서울현충원 38명 / 총 74명)

이 름	안장 일자	안장 장소	일제강점기 경력	해방 후 경력	안장 자격
강태민	1960.10.24	장군1묘역	만주국군 중위	육군 소장	장성급 장교
김백일	1966.10.06	장군1묘역	만주국군 상위(간도특설대)	육군 중장	장성급 장교
김용국	1984. 1. 5	장군3묘역	만주국군 소위	해병대 소장	장성급 장교
김용기	1983. 9.23	장군1묘역	만주국군 상위(간도특설대)	육군 준장	장성급 장교
김웅조	1996. 9. 4	장군3묘역	만주국군 중위	육군 준장/국회의원	장성급 장교
김일병	1986. 1.30	장군3묘역	만주국 사무관	해병대 소장	장성급 장교
김정렬	1992. 9. 9	국가유공자1	일본군 항공 대위	공군참모총장/국무총리	국가사회공헌
김정호	1970. 3.13	장군1묘역	만주국군 소좌	경무대공안국장/육군준장	장성급 장교
김준원	2006.11.14	충혼당	일본군 대위	육군 준장	장성급 장교
김호량	2010. 8. 3	부부위패	일본군 중위	육군 중령	전사자(1950)
김홍준	2015. 9. 3	부부위패	만주국군 상위(간도특설대)	경비대 소령	순직자(1946)
문용채	1976. 3.25	장군1묘역	만주국군 헌병 상위	제주경찰서장/육군 준장	장성급 장교
박범집	1957. 4.28	장군1묘역	일본군 소좌	공군 소장	장성급 장교
박성도	2010. 5.13	장병묘역	만주국군 소위(자동차대)	육군 소령	20년 이상
박원석	2015.12. 3	충혼당	일본군 항공 소위	공군 중장	장성급 장교
박정희	1979.11. 3	국가원수	만주국군 중위	육군 소장/대통령	전직 대통령
박춘식	1979. 2.12	장군1묘역	만주국군 중위(간도특설대)	육군 소장	장성급 장교
백낙준	1985. 1.17	국가유공자1	기독교 목사	문교부장관/연세대총장	국가사회공헌
신응균	1996. 3.27	장군1묘역	일본군 소좌	육군 중장	장성급 장교
신태영	1974. 5.29	장군2묘역	일본군 중좌(훈4등 욱일장)	육군 중장/국방부장관	장성급 장교
신학진	1995. 1.29	장군1묘역	만주국군 중교 군의관	육군 소장	장성급 장교
안광수	1975. 1.31	장병묘역	일본군 소위	육군 대령	순직자(1975)
안병범	1992.10. 2	장군1묘역	일본군 대좌(훈4등 욱일장)	육군 준장	장성급 장교
안익태	1977. 7. 8	국가유공자2	작곡가/제국음악원 회원	애국가 작곡/모란장	국가사회공헌
양국진	1981. 3. 2	장군1묘역	만주국군 상위	육군 중장	장성급 장교
엄민영	1969.12.16	국가유공자1	임실군수/무주군수	내무부장관/주일대사	국가사회공헌
윤태일	1982.12.12	장군1묘역	만주국군 중위	육군 중장/국회의원	장성급 장교
이응준	1985. 7.10	장군2묘역	일본군 대좌	육군 중장/육군총참모장	장성급 장교
이종찬	1983. 2.14	장군3묘역	일본군소좌(욱6등금치훈장)	육군 중장/육군참모총장	장성급 장교
이종태	1986. 4. 8	장군3묘역	조선음악협회 평의원	육군준장/국립묘지관리소장	장성급 장교
임충식	1974. 2. 2	장군2묘역	만주국군 준위(간도특설대)	육군 대장/국방부장관	장성급 장교
정일권	1994. 1.22	장군3묘역	만주국군 헌병 상위	육군 대장/국무총리	장성급 장교
조진만	1979. 2.14	국가유공자2	총독부 부 부판사(서보장)	대법원장	국가사회공헌
채병덕	1964.10.14	장군1묘역	일본군 소좌	육군 중장/육군총참모장	장성급 장교
최경만	2017.10 11	충혼당	만주국군 상위(간도특설대)	육군 준장	장성급 장교
최복수	1970. 7. 4	장병묘역	일본군 중위	육군 대령	전사자(1950)
최창언	1982. 4. 6	장군1묘역	만주국군 상위	육군 중장	장성급 장교
황종률	1972. 1.25	국가유공자1	만주국협화회 임원	재무부장관/국회의원	국가사회공헌

『친일인명사전』 등재자 중 국립대전현충원 안장자 명단

(국립대전현충원 36명 / 총 74명)

이름	안장 일자	안장 장소	일제강점기 경력	해방 후 경력	안장자격
고재필	2005. 1.19	장군1묘역	만주국 사무관	육군 준장	장성급 장교
권위상	1995.12.12	경찰1	고등경찰	경찰 총경	경찰(1947)
김대식	1999. 1.12	장군1묘역	만주국군 준위(간도특설대)	해방대 중장	장성급 장교
김동하	1995.12. 5	장군1묘역	만주국군 상위	해방대 중장	장성급 장교
김 묵	2001. 1. 4	장군1묘역	만주국군 중위(간도특설대)	육군 소장	장성급 장교
김석범	1998. 2.20	장군1묘역	만주국군 상위(간도특설대)	해병대 중장	장성급 장교
김석칠	1992.12.23	경찰1	부산경찰서고등계순사부장	함안경찰서 경감	경찰(1948)
김안도	1991.11.28	장병1	만주국군 소위(자동차대)	육군 대령	20년 이상
김 업	2006.10.12	장병2	연기군수	공군 대령	무공수훈
김영준	2007. 8.21	경찰2	국방금품헌납·임전보국단전남발기인	애국단원/조선상공회의소 부회장	경찰(1948)
김영택	2018. 3. 3	장군2묘역	만주국군 중위	육군 준장	장성급 장교
김일환	2001.10. 5	장군1묘역	만주국군 상위	육군 중장	장성급 장교
김창룡	1998. 2.13	장군1묘역	일본군 헌병 오장	육군 중장	장성급 장교
민복기	2007. 7.16	국가사회공헌	총독부 판사	대법원장	국가유공
박동균	2004.10. 2	장군1묘역	만주국군 상위(군의)	육군 소장	장성급 장교
박승훈	2008. 6. 5	장군2묘역	일본군소좌/만주국군상교	육군 소장	장성급 장교
박이순	2003. 2.21	장병2	파주군수/중추원 서기관	육군 대령	20년 이상
방원철	1998.12.29	장병1	만주국군 상위	육군 대령	무공수훈
백선엽	2020. 7.15	장군2묘역	만주국군 중위(간도특설대)	육군 대장/육군참모총장	장성급 장교
백홍석	2003. 3.26	장군1묘역	일본군 중좌	육군 소장	장성급 장교
석주암	1999. 7.21	장군1묘역	만주국군 상위	육군 소장	장성급 장교
송석하	1999. 1.16	장군1묘역	만주국군 상위	육군 소장	장성급 장교
신상철	2005. 9.22	장군1묘역	일본군 항공 소위	공군 소장	장성급 장교
신현준	2007.10.20	장군1묘역	만주국군 상위(간도특설대)	해병중장/해병대초대사령관	장성급 장교
양정수	2004.10.12	장군1묘역	조선총독부 검사	공군 준장/대한변협 회장	장성급 장교
유재흥	2011.11.29	장군2묘역	일본군 대위	육군 중장/국방부장관	장성급 장교
윤수현	1994.11. 5	장군1묘역	만주국군중위(간도특설대)	육군 준장	장성급 장교
이 용	2009. 2.12	장군2묘역	만주국군소위(간도특설대)	육군 소장/철도청장	장성급 장교
이한림	2012. 5. 2	장군2묘역	만주국군 중위	육군 중장	장성급 장교
이형근	2002. 1.17	장군1묘역	일본군 대위	육군 대장	장성급 장교
전남규	2006.10.21	장병2	간도특설대 군의관	육군 대령	무공수훈
최병혁	2008. 9. 1	장병2	만주국군 소위(간도특설대)	육군 대령	무공수훈
최주종	1998. 3. 5	장군1묘역	만주국군 중위	육군 소장	장성급 장교
홍병식	2008. 8. 9	경찰1	영등포경찰서 경부	경찰 경무관	경찰
한용현	1987. 7.21	장병1	일본군 항공 소위	공군 대령	무공수훈
강영석	1991. 1.26	독립유공자1	조선지광사 경리부장	애족장(1990) 취소(2011)	유공자배우자

친일파 길 123

이제 본격적으로 탐방 코스를 따라 국립서울현충원 '친일파 길'을 함께 걸어보기로 하자. 다만, 국립서울현충원의 '친일파 길'은 그 어떤 표식도 없어 일일이 인물과 위치를 탐방객 스스로 찾아가면서 탐방해야 하는 불편함은 감수할 각오를 해야 한다. 정부 공인 친일반민족행위자조차도 "대통령 소속 친일반민족행위진상규명위원회에서 친일반민족행위자로 결정(2009년)"이라는 문구만을 국립서울현충원 홈페이지 안장자 찾기 비고란에 적어놓고 있을 뿐 실제 현장에는 그 어떠한 표식도 찾을 수 없다.

부부위패판의 친일파 김홍준과 김호량

부부위패판에는 정부 공인 친일반민족행위자 김홍준(1910-1946, 05-197)과 『친일인명사전』에 등재되어 있는 김호량(1923-1950, 02-070)의 위패가 안치되어 있다.

1946년에 국방경비대에서 근무 중 사고로 사망한 김홍준의 위패가 '순직경관' 자격으로 서울현충원에 처음 안치된 것은 1967년의 일이었다. 현충탑 위패봉안관에 위패로 있던 김홍준이 부부위패판으로 옮겨온 것은 부인이 사망한 이후인 2015년이었다.[7] 지난 2009년 대통령 소속 친일반민족행위진상규명위원회에서 김홍준을 친일반민족행위자로 규정해 발표했음에도 김홍준의 위패가 국립서울현충원 안에서 자유로이 옮겨다니고 있는 현실은 2020년 7월 국립대전현충원 장군 묘역에 안장된 백선엽의 사례와 함께 정부 차원의 친일반민족행위

---

7 김종훈, 『항일과 친일의 역사 따라 현충원 한바퀴』(이케이북, 2020) 68쪽

자 발표와 현충원 안장 관련 법규(「국립묘지법」)가 전혀 별개로 작동하고 있음을 보여주는 대표적 사례의 하나로 기록될 것이다.

그렇다면 김홍준은 왜 친일반민족행위자로 선정되었을까?

그는 일제가 패망할 당시 만주국군 상위(대위)로 간도특설대 장교로 복무하였다. 1938년에 창설된 간도특설대는 '조선인으로 조선인을 제압한다'는 모토 아래 독립군을 토벌하기 위해 만들어진 특수부대였다. 간도특설대는 1938년 이래 조선인도 포함된 동북항일연군과 팔로군을 상대로 일제 패망 직전까지 전투를 벌인 부대였다. 7기까지 모집해 운영한 간도특설대는 총 740여 명 중에서 하사관과 사병 전원 그리고 군관의 절반 이상이 조선인이었다. 김홍준은 만주국이 초급장교를 양성하기 위해 펑톈奉天에 세운 중앙육군훈련처(봉천군관학교)를 1937년 제5기로 졸업하고, 간도특설대에서 기박련機迫連 연장連長(중대장)으로 근무했다. 기박련은 중기관총 2정과 8cm 박격포 1문이 포함된 중화기부대였다. 간도특설대는 총 108회에 걸쳐 작전을 벌였는데, 그 과정에서 살해된 항일무장부대원과 민간인이 172명에 달했던 것으로 알려져 있다. 김홍준도 기박련 연장으로서 직접 부하들을 이끌고 1944년 3월을 전후하여 러허성热河省 유수림자 일대 항일무장부대를 대대적으로 공격하는 데 앞장선 사실도 확인되었다. 특히 김홍준은 "연장은 군도로 팔로군의 머리를 벤 후 그 머리를 유수림자에 가지고 가서 철가마에 넣어 삶아냈다. 그 연장은 팔로군의 두골(머리뼈)를 기념으로 남겨 두었다."는 기록을 중국 측으로 하여금 남기게 할 정도로 잔혹했다.[8] 김홍준은 간도특설대에서 복무하면서 경운장

---

8 『間島特設部隊組織活動』(1960) 16-17쪽. 친일반민족행위진상규명위원회, 『친일반민족행위진상규명보고서Ⅳ-4』 김홍준 편에서 재인용

6위와 5위 훈장도 받았다.

김홍준을 비롯한 간도특설대 부대원들이 즐겨 불렀다는 〈간도특설대가〉는 이들이 어떤 집단이었는지를 극명하게 보여준다.

시대의 자랑, 만주의 번영을 위한 징병제의 선구자, 조선의 건아들아!
선구자의 사명을 안고 우리는 나섰다. 나도 나섰다.
건군은 짧아도 전투에서 용맹을 떨쳐 대화혼은 우리를 고무한다.
천황의 뜻을 받든 특설부대, 천황은 특설부대를 사랑한다.

그런 김홍준이었지만, 해방 후 국내로 돌아와 1946년 1월 군사영어학교 제1기로 졸업한 후 육군 소위로 임관하였다. 이 과정에서 과거 일제강점기 김홍준의 행적은 논란의 대상도 되지 않았다. 오히려 김홍준은 승승장구하여 국방경비대 제4연대 중대장과 국방경비대 총사령부 보급과장 등을 지냈다. 김홍준은 1946년 9월 국방경비대의 작전 수행 중 교통사고로 사망했다고 알려져 있다.[9]

김홍준의 위패가 봉안되어 있는 부부위패판(5)에는 독립유공자 정필조와 독립운동가 길에서 소개한 바 있는 독립유공자 최재형이 함께 봉안되어 있다. 대한민국 임시정부의 초대 재무총장으로 임명되기도 했던 최재형은 일제의 러시아 간섭전쟁 시기 연해주 우수리스크에서 벌어진 1920년의 4월 참변 때 하필 김홍준의 선배 군인이었던 일본군에 의해 살해된 인물이다.

친일인명사전에 등재되어 있는 김호량은 1944년 일본육군사관학

---

9 친일반민족행위진상규명위원회, 『친일반민족행위진상규명보고서IV-4』678-697 참조

교 57기로 졸업하여 일본군 장교로 복무한 인물이다. 일제가 패망할 당시 육군 중위였다. 해방 후에는 1948년 7월 육군사관학교 제8기 특별과정을 수료하고 포병장교로 임관하여 6·25 한국전쟁 초창기인 6월 27일에 전사했다.

국가유공자 제1묘역의 친일파들 백낙준·엄민영·황종률·김정렬

백낙준(제1유공자-26)은 미국 유학파로 1927년부터 연희전문 교수를 지냈는데, 흥사단 출신들의 모임인 수양동우회 사건으로 불구속 수사를 받고 난 이후인 1940년부터 친일활동을 본격적으로 벌인 인물이다. 기독교인이었던 백낙준은 평양·안주·평서 3노회 연합으로 개최된 일본기원 2600년 봉축신도대회에 참석해 '총후 기독교인의 사명'이라는 제목의 강연을 하기도 했다. 1941년에는 조선예수교장로회의 애국기헌납기성회에서 부회장을 맡아 비행기헌납운동에 앞장서기도 했다. 전시 상황에서 최고의 친일 민간단체였던 조선임전보국단의 발기인으로도 참여했다. 1942년에는 〈기독교신문〉에 설교문 '내 아버지의 집'을 실어 "우리에게 병역의 의무를 주심은 천황께옵서 우리를 신뢰하신다는 분부이옵니다.", "우리는 조국 일본을 결사 수호하고, 황화를 우내에 펴고, 황위를 사해에 떨치옵시다."라고 밝혔다. 일제의 조선인 징병제 실시를 적극 칭송하는 등 일제의 침략전쟁에 조선인의 동참을 호소하는 글을 연이어 게재했다.[10]

해방 이후 백낙준은 연세대 초대 총장(1946)과 문교부장관(1950)을

---

10   친일반민족행위진상규명위원회, 『친일반민족행위진상규명보고서 IV-7』787-811 참조

지냈다. 그런데 그의 이력 중에는 박정희 군사정권 시절 독립유공자 상훈심의회 심의위원으로 활동(1968)한 경력도 있다. 친일반민족행위자가 독립유공자 선정을 위한 심의위원을 했다는 사실 자체가 우리 현대사의 희극 중 하나였다. 2·8 독립선언을 주도했던 독립유공자이자 제헌국회의원과 이후 국회부의장을 지낸 백봉 라용균(1896-1984)의 묘가 백낙준의 묘 바로 옆에 나란히 위치해있다는 지적은 이미 '독립운동가 길'을 걸으면서 한 바 있다. 친일파와 독립유공자가 나란히 안장되어 있는 현실은 국립서울현충원의 모순을 극적으로 보여주는 장면이다.

국가유공자 제1묘역에는 『친일인명사전』 등재를 기준으로 하면 백낙준의 묘 말고도 엄민영(1915-1969, 제1유공자-3)과 황종률(1909-1972, 제1유공자-4), 김정렬의 묘(1917-1992, 제1유공자-33)가 더 있다.

엄민영은 1939년 규슈제국대학 법문학부를 졸업하고, 이듬해 일본 고등문관시험 행정과에 합격해 조선총독부의 관료를 지냈다. 1943년부터 임실군수와 무안군수를 역임하기도 했다. 해방 이후 엄민영은 1960년 4.19 혁명 직후 실시된 국회의원 선거에서 민주당 소속으로 참의원(전북)에 당선했으며, 5·16 군사 정변 이후에는 국가재건최고회의 의장고문에 이어 내무부장관(1963)과 주일대사(1967)를 지냈다.

황종률(1909-1972)은 1935년 규슈제국대학 법문학부와 1936년 만주국 고위간부 양성기관인 대동학원을 졸업하한 후 일제의 괴뢰국인 만주국의 관리를 한 인물이다. 1940년에는 조선인 청년조직인 선계자흥회鮮界自興會와 만주국 협화회 사이의 연락간사를 맡았고, 친일조직 동남지구특별공작후원회의 간사로도 활동했다. 1940년 10월 만주국 수도 신경(현 장춘)에서 설립된 이 조직은 관동군이 벌이는 '동남지구특별공작'(항일무장투쟁세력 '토벌'작전)을 측면 지원하던 조선인 주축의 친일단체였다. 동작지구특별공작후원회는 1940년 동계 대토벌에 앞서 〈김일성 등 반국가자에게 권고문, 재만동포 150만의 총의로〉[11]라는 제목의 전단을 제작하여 비행기를 동원해 대량 살포하기도 했다. 황종률을 비롯한 동남지구특별공작후원회 구성원들에게는 일제에 맞서 싸우고 있는 독립운동가들은 '반국가자'에 불과했던 것이다.

일제가 패망한 후 귀국해 연희대학 교수를 지낸 황종률은 5.16 군사 정변 이후 재무부장관과 체신부장관을 지냈으며, 1971년에는 민주공화당 전국구 국회의원이 되기도 했다.

김정렬은 이승만 정부에서 공군 초대 참모총장과 국방부장관을, 노태우 정부에서는 국무총리를 지낸 인물이다. 그런데 그는 일제강점기 일제가 벌인 아시아-태평양 전쟁에서 항공부대 소속 비행사로 미국을 상대해서 맹활약한 경력의 소유자이기도 하다.

1940년 9월 일본육군사관학교를 제54기로 졸업한 김정렬은 1941년 5월 일본육군항공사관학교 전투기과를 졸업하고 육군 항공 소위로 임관한 이래 1941년 12월 8일 오전 5시 필리핀 공격작전에 참가해 미국 공군력을 거의 궤멸시키는 일을 주도하였으며, 1943년 7월 동기생 중 최초로 전투기 중대장에 발탁되어 1945년 2월에는 비연전대를 이끌고 연합군 비행기가 팔렘방으로 가는 것을 막기 위해 인도양 코코스 제도

---

[11] '동남지구특별공작후원회 본부' 명의로 나온 〈김일성 등 반국가자에게 권고문, 재만동포 150만의 총의로〉는 『삼천리 제13권 제1호』(1941. 1. 1)에 실리면서 식민지 조선에도 알려졌다.

일본군 육군항공대 시절의 김정렬

에 기지를 둔 영국 비행기와 거의 매일 공중전을 치르기도 했다.

김정렬의 아버지 김준원도 일본 육사 제26기 졸업생으로 일본군 대위 출신이어서 부자가 함께 일본 육사를 졸업하고 일본군 장교를 지낸 집안이라는 점도 주목된다.

국가유공자 제1묘역에는 『친일인명사전』에 등재되어 있지 않음에도 친일논란에 휩싸여 있는 인물의 무덤 2기가 더 있다. 무덤의 주인공은 이선근(1905~1983, 제1유공자-7)과 최치환(1923~1987, 제1유공자-28)이다.

이선근은 동향인 공진항(개성갑부 공성학의 아들)과 의기투합해 1937년에 일제를 따라 만주로 진출해 자본금 50만 원의 만몽산업(주) 상무이사가 됐다. 만몽산업(주)은 만주에서 재만조선인의 노동력을 활용한 '안가농장'을 경영했다. 여기서 생산된 쌀은 독립군을 토벌하는 역할을 하던 관동군의 군량미로 제공되었다. 이선근은 황종률이 간사로 있던 동남지구특별공작후원회에서도 상무위원으로 활동했다. 이후 이선근은 일제 괴뢰국인 만주국 협화회 협의원이 됐다. 만주국 협화회는 '만주국의 건국 정신을 구현할 전 만주의 유일한 사상적·교화적·정치적 실천단체'를 표방한 만주지역 최고의 친일단체였다.

해방 후 이선근은 이승만 정권 아래에서 문교장관 겸 국사편찬위원회 위원장(1954)과 성균관대 총장(1957) 등을 역임하였고, 『한국독립운동사』(1956)도 집필하였다. 박정희 정권에서는 동국대 총장(1974)과 한국정신문화연구원 초대 원장(1978), 독립유공자 상훈심의회 심의위원(1968) 등을 지냈으며, 〈국민교육헌장〉 제정(1968)에도 심의위원으로 참여하였다.

최치환에 대해서는 이미 밝혔듯이 '4·3길'을 걸으면서 자세히 이야기하려고 한다.

장군 제1묘역의 김백일과 신응균

장군 제1묘역은 3군데 장군 묘역 중 제일 먼저 조성된 묘역이다. 장군 제1묘역에 안장되어 있는 친일반민족행위진상규명위원회가 발표한 친일반민족행위자는 봉천군관학교 출신으로 1938년 간도특설대 창설 멤버였던 김백일(1917-1951, 제1장군-19)과 일본육사 53기로 일본 육군 소좌였던 신응균(1921~1996, 제1장군-288)이다.

1937년 만주국 봉천 중앙육군처(봉천군관학교)를 졸업하고 만주국군 소위로 임관한 김백일(본명 김찬규)은 일제강점기 당시 만주에 있던 독립군 토벌 특수부대인 간도특설대에 강재호, 신현준, 송석하, 마동악 등과 창설요원으로 참여했던 인물이다. 그는 상위 계급에까지 오르며 간도특설대의 제1련 연장을 맡아 휘하의 조선인 대원을 이끌고 동북항일연군을 포함한 항일부대를 공격하였으며, 1944년부터는 러허성热河省과 허베이성河北省 일대로 이동하여 팔로군과 민간인을 상대로 '치안

숙정' 공작을 벌이는 등 일제의 침략전쟁에 적극 협력하였다. 1943년에는 만주국으로부터 훈5위 경운장도 받았다. 김백일은 일본의 패망 소식을 중국군으로부터 뒤늦게 들은 8월 20일까지 작전을 수행하다 부하들을 이끌고 8월 26일 진저우錦州로 이동한 후에도 부대 해대식을 하지 않은 채 원소속인 간도로 귀환한 다음 해산시켰다고 한다.

간도특설대가 해체된 이후 고향인 함경북도 명천에 머물던 김백일은 신변의 위협을 느끼자 같은 간도특설대 요원이었던 백선엽, 최남근 등과 함께 월남하여 군사영어학교를 졸업하고 국방경비대 장교가 되었다.[12] 김백일은 1946년 전북에 설립된 제3연대의 연대장으로 있을 때는 '연대장 배척 사건'으로 곤욕을 치르기도 했다. 익산에서 치른 김백일의 '호화 결혼식'이 장병들의 보급품을 처분하여 이루어졌다는 부대원들의 반발로 이어져 급기야 "연대장은 물러가라"는 소요 사건으로 표출되었던 것이다.[13]

김백일은 6·25 한국전쟁 당시 10만이 배를 타고 내려온 흥남철수작전(1950. 12.)의 영웅으로 불리면서 거제도 포로수용소 유적공원에 동상도 세워졌다. 하지만 흥남철수의 진짜 영웅은 당시 미 제10군단의 고문으로 활동한 현봉학(1922~2007)이었다. 수많은 피난민이 군인들과 함께 배를 타고 남쪽으로 내려올 수 있었던 것은 현봉학이 알몬드 사령관을 끈질기게 설득한 결과였다. 김백일 동상 철거를 주장하는 거제지역 시민들은 지난 2019년 3·1 운동 100주년을 맞이하여 3월 1일 동상 바로 옆에 '김백일 친일행적 단죄비'를 세웠다.

김백일은 1951년 3월 육군소장으로 제1군단장 시절 대관령 인근

---

12 친일반민족행위진상규명위원회, 『친일반민족행위진상규명보고서IV-4』 301-322 참조
13 〈경향신문〉, 「비화 한세대 창군전야(45년 - 48년)」(1977. 2. 8)

에서 헬기 사고로 사망하였다. 김백일의 묘비 앞면에는 다음과 같은 내용의 묘비명이 씌어 있다.

"김백일 장군은 고향인 함북 명천을 떠나 조국광복에 생애를 바친 김영학 옹을 조부로 모시고 만주 간도 연길에서 태어났다. 일찍이 군사학을 닦아 해방된 조국에 환국하여 곧 군문에 들어가 육사 교장을 거쳐 지리산 및 옹진지구 전투 사령관을 역임하였고, 6.25사변이 돌발하자 제1군단을 지휘하고 북진의 선봉이 되어 그 용맹을 국내외에 과시하였다(…)."

김백일의 할아버지 김영학(1871-1944)은 1911년 북간도로 망명하여 독립운동을 한 인물이다. 간도특설대에 들어가 독립군을 때려잡는 역할을 한 김백일의 행동은 결국 할아버지 김영학에게 총을 겨눈 셈인데도 일말의 부끄러움도 없이 묘비명에 할아버지를 언급하는 뻔뻔함은 어디에서 나온 것일까 새삼 곱씹어보지 않을 수 없게 한다. 결국 일제 강점기 김백일의 봉천군관학교 졸업과 간도특설대 활동은 '일찍이 군사학 닦'는 준비 과정으로 재배치되었고, 해방 이후 군문에 들어간 김백일은 일제강점기 갈고 닦은 군사학을 살려 6·25 한국전쟁에서 나라를 구한 전쟁 영웅으로 거듭난 셈이다. 기막힌 신분세탁이다.

신응균은 1940년 일본육사 53기로 졸업한 후 육군과학학교 포병과를 수료하고 일본군에서 포병장교로 근무했다. 1944년 6월부터는 오키나와로 파견되어 중포 중대장으로 근무했는데, 1945년 4월 미군의 본격적인 상륙작전이 시작되자 오키나와 북부 일대에서 유격전을 펼치며

저항한 인물로도 유명하다. 일제의 패망직전 계급은 포병소좌였다.[14]

신응균은 1946년 5월에 국내로 돌아왔는데, 당시의 상황에 대해서 신응균의 부인이었던 노라·노(본명 노명자)는 좀더 구체적인 기억을 글로 남겼다.

오랜 침묵 끝에 마침내 그가 그동안의 이야기를 꺼냈다.
"오키나와에 미군이 상륙했을 때 나는 두 번이나 죽을 고비를 넘겼소. 그러나 가까스로 살아나 산속에 숨어 지내며 게릴라전을 계속했소. 그러다 부상을 당해 어느 일본 여인에게 구조되었소. 그리고는… 그 여인의 집에 은신하며 모든 것을 체념하고 살았소. 그런데 오키나와에 주둔한 미군들이 조선인은 고향으로 돌려보내 준다지 않겠소. 그 소문을 듣고 나는 용기를 냈소. 같이 살던 일본 여인은 '이제 당신을 아키코상(노라·노의 일본식 이름)에게 돌려주어야 한다.'며 나를 보내주었소…"
그 후 그는 미군의 군사재판에서 무죄를 선고받고 밀린 월급을 받아 서울로 돌아올 수 있었다고 한다.[15]

노라·노는 1945년 미군의 오키나와 상륙 소식이 알려진 직후 해주의 신응균 집으로부터 '이혼 통보'를 받은 상황이었다. 노라·노는 육군 소좌로 승진한 신응균이 전사할 경우 위자료와 생명보험 등 적지 않은 돈이 자신에게 돌아갈 것을 차단하기 위한 시댁의 조치였다고 이해했다. 노라·노는 이혼 직후 '다시는 군인이 되지 않겠다고 약속해 달라'

---

14 친일반민족행위진상규명위원회, 『친일반민족행위진상규명보고서Ⅳ-9』 161-166 참조
15 〈중앙일보〉, 「[남기고] 나의 선택 나의 패션 16. 신랑 돌아오다」(2006. 12. 26)

고 요구했고, 신응균은 이에 동의했다고 한다. 신응균은 1946년 귀국 후 한동안 진명여고 수학교사로 있었지만, 1948년 7월 김정렬(국가유공자 제1묘역 안장자이자 친일파)로부터 '지금이 군에 갈 수 있는 마지막 기회'라는 권유를 받고, 육군항공부대에 이등병으로 입대했다. 신응균을 최용덕의 부관으로 천거한 것도 김정렬이었다.[16] 이등병으로 시작한 신응균은 이후 소위로 임관한 후 1950년에 육군준장으로 초고속 승진했다. 신응균은 결국 노라·노와의 약속을 지키지 못했던 셈이다.[17]

노라·노는 이후 유명한 패션 디자이너가 되었는데, 프란체스카, 육영수, 이희호의 옷을 디자인하기도 했다.

신응균은 6·25 한국전쟁 때는 제1야전포병사령관을 지내는 등 한때 한국군 '포병의 아버지'로 불리기도 했다. 신응균의 아버지 신태영도 일본육사를 나온 일본군 장교 출신임에도 국립서울현충원 장군 제2묘역에 안장되어 있어 부자가 친일반민족행위자이면서도 동시에 국립서울현충원에 함께 안장되어 있는 경우이다.

장군 제1묘역에는 『친일인명사전』 등재 기준으로 할 경우, 김백일과 신응균의 묘 외에도 12기의 무덤이 더 있다. ①일본군 포병 소좌 출신의 채병덕(제1장군-12), ②일본군 항공병 소좌 출신의 박범집(제1장군-1), ③만주국군 중위 출신의 강태민(?-1960, 제1장군-6), ④만주국군 상위 출신으로 간도특설대에 복무한 김용기(1916-1983,

---

16 김정렬의 경기 고보 3년 후배였던 신응균은 일본육사 1기 위로 각별히 가까운 사이였으며, 김정렬의 아버지 김준원과 신응균의 아버지 신태영이 대한제국 무관학교와 일본육사 동기였던 관계로 집안끼리도 가깝게 지내고 있었다고 한다.
17 신응균은 육군항공부대장이던 최용덕이 정부수립과 함께 국방부차관으로 임명되자 그의 부관으로 옮겨갔고, 이등병이었음에도 「국군조직법」의 초안을 작성하는 임무를 맡아 추진하기도 했다.

제1장군-140), ⑤만주국군 헌병 상위 출신의 문용채(1916-1976, 제1장군-72), ⑥만주국군 중위 출신으로 간도특설대에 복무한 박춘식(1921-1979, 제1장군-92), ⑦만주국군 중교(중령급) 출신의 군의관 신학진의 묘(1911-1995, 제1장군-275), ⑧일본군 대좌 출신의 안병범(1889-1950, 제1장군-232)[18], ⑨만주국군 상위 출신의 양국진(1916-1981, 제1장군-118), ⑩만주국군 중위 출신의 윤태일(1918-1982, 제1장군-134), ⑪만주국군 상위 출신인 최창언(1921-1988, 제1장군-126), ⑫만주국군 소좌 출신인 김정호(1909-1970, 제1장군-39) 등의 무덤이다. 일본군이나 만주국군 장교로 일제에 협력했음에도 해방 이후 한국군에 참여하여 장군의 지위에 오른 인물들의 묘가 이렇게 많다. 장군 제1묘역에 안장되어 있는 이들 12명의 친일파 이야기를 일일이 다 이 책에 담기 힘들어 아쉽지만, 『친일인명사전』을 참조해주십사 하는 부탁으로 대신한다. 다만, 채병덕과 김정호, 문용채 등 3명에 대한 이야기는 '4·3길'에서 별도로 다룰 예정이다.

국가원수 묘역의 박정희 전 대통령

국립서울현충원에 안장되어 있는 또 한명의 일본군 장교 출신은 박정희(1917~1979) 전 대통령이다. 박정희 전 대통령은 친일반민족행위진상규명위원회가 선정한 친일반민족행위자에 포함되지는 않았지

---

18 『친일인명사전』에 등재되어 있는 일본육사 출신의 안광수(1925-1975, 7묘역)는 안병범의 차남이다. 장남 안광호(1921-1993)도 장군 제1묘역(222)에 안장되어 있는데, 만주 건국대학 1기 출신으로 1943년 특별지원병으로 일본군 소위로 복무한 인물이다. 다만, 『친일인명사전』에는 등재되지 않았다.

만, 『친일인명사전』에는 등재되어 있다. 박정희 전 대통령에 대해서는 전직 대통령 길에서 자세히 살펴볼 예정이어서 '친일파 길'에서는 그의 친일 행적에 대해서만 살펴보고자 한다.

문경에서 소학교 훈도를 하던 중 만주국 초급장교 양성기관인 육군군관학교(신경군관학교)에 입교하기 위해 혈서까지 쓴 일화도 이제는 많이 알려져 있다. 당시의 정황이 만주지역에서 발행되던 일본어 신문인 〈만주신문滿洲新聞〉 1939년 3월 31일자에 〈혈서 군관 지원, 반도의 젊은 훈도로부터〉라는 제목으로 상세히 보도되었다. 기혼자인 데다 연령초과로 입학자격이 문제가 되었으나, 이후 다시 도전하여 1940년 1월 육군군관학교 2기로 입학하여 1942년 3월 졸업할 때는 만주국 황제 푸이가 하사하는 금장시계를 받았다. 이후 성적 우수자로 일본육사에 편입하여 1944년 4월에 졸업(일본육사 57기)하였고, 관동군 장교로 팔로군과의 전투에 참여한 경력을 가지고 있다. 일제가 패망할 당시 만주국군 중위였다. 해방 후 한국광복군 제3지대 평진대대 제2중대 중대장이 되었으며, 이듬해 부산항으로 귀국하였다.[19] 전직 대통령이 친일반민족행위자로 『친일인명사전』에 등재되어 있다는 사실 자체가 한국 현대사의 아픔이라고 할 수 있다.

박정희가 자신의 만주국군 시절 인맥을 적극 활용하여 5·16 군사 정변을 일으키고, 이후 만주 인맥을 정국 운영에 적극 끌어들여 우리 사회 친일 청산의 과제를 가로막으면서 그들을 우리 사회의 '주역'으로 만들었던 점도 평가되어야 한다. 5·16 군사 정변 직후 설립된 국가재건최고회의에는 육군 중장 박임항(신경 1기), 육군 소장 이

---

[19] '박정희 비밀독립군' 설이 한때 정치권에서도 언급된 적이 있으나, 이는 사실이 아니다. 박정희가 한국광복군 제3지대에 편입된 것은 일본이 패망한 이후였다.

주일(신경 2기), 육군 준장 최주종(대전현충원 장군 묘역, 신경 3기), 해병 준장 김윤근(신경 6기) 등 신경군관학교 출신이 4명이나 들어 있었다. 5·16 군사정변 직후 구성된 군사혁명위원회의 5명 중 한명이었던 윤태일(신경 1기, 장군 제1묘역)과 김동하(대전현충원 장군묘역, 신경 1기)도 빼놓을 수 없다. 윤태일은 5·16 군사 정변 직후 서울시장을, 김동하는 나중에 국가재건최고회의의 고문과 운영위원장, 국방위원장 등을 맡았던 인물이다. 박정희 군사정권 시절 국무총리를 지낸 정일권(만주국군 헌병 대위, 장군 제3묘역), 초대 해병대사령관을 지낸 신현준(간도특설대, 대전현충원 장군 묘역) 등은 5기생이고 백선엽(간도특설대, 대전현충원 장군 묘역)은 신경군관학교의 전신인 봉천군관학교 인맥이었다. 국방부장관을 지낸 임충식(간도특설대, 장군 제2묘역) 역시 박정희의 만주인맥이었다. 박정희 군사정권 시기 이데올로그 역할을 했던 이선근도 국가유공자 제1묘역에서 살펴보았듯이 만주에서 친일활동을 했던 인물이었다. 박정희는 여기에서 한걸음 더 나아가 기시 노부스케(만주국 산업상, 1896-1987) 같은 일본의 만주인맥을 활용하여 굴욕적인 한일협정을 체결하여 지금까지도 우리의 운신의 폭을 제약하는 근거를 제공하기도 했다.

장군 제3묘역의 이종찬과 정일권

이종찬(1916~1983)은 을사늑약 당시 법부대신이자 일제강점기 중추원 고문이었던 이하영(1858~1929, 자작 작위 받음)의 손자이자 조선귀족회 이사와 부회장을 지낸 자작 이규원(1890~1945)의 아들이다. 1937년 일본 육사를 49기로 졸업한 후, 중일전쟁에도 참여한 이종찬은 1942년 2월 일본군 최고의 영예인 공功 5급 욱旭 6등의 금치훈장 金鵄勳章을 받았다. 조선인 출신 일본군 장교 가운데 '특별한 무훈'이 있는 경우에만 주어지는 금치훈장을 받은 인물은 일제 강점기 내내 이종찬이 유일했다. 이종찬은 아시아-태평양 전쟁 당시에는 뉴기니에서 육군공병 소좌로 있었는데, 종전 후 현지에 한동안 억류됐다가 1946년 6월에야 한국에 돌아올 수 있었다.[20]

이종찬의 묘비 뒷면에는 일본육군사관학교를 졸업한 경력도 소개하고 있지만, 묘비명 앞면에 "호국의 큰별 이종찬 장군은 (…) 조祖는 정2품 정헌대부 외부대신 법부대신 휘 하영 공이며, 부父는 종2품 가선대부 대종원 대종이었던 휘 규원 공이니라. 명문의 혈통으로 지인용을 겸비한 품질稟質로서 일찍이 건군의 포부를 지녀 (…)"라고 적혀 있어 친일의 역사를 전혀 드러내지 않는 방식으로 집안의 역사를 정리해놓고 있는 점도 눈에 띈다.

해방 후 국군에 참여한 이종찬은 육군참모총장을 맡기도 했는데, 1952년 이승만이 벌인 부산정치파동 때 군대동원 요구를 거부해 해임되면서 '참군인'으로 불리기도 했다. 장군 제3묘역에는 이종찬의 묘(제3장군-1) 말고도 『친일인명사전』 등재 기준 친일파 묘 5기가 더 있다.

①봉천군관학교와 일본육사를 졸업하고 만주국군 헌병 상위에 올라 간도헌병대 대장을 지낸 정일권의 묘(1917-1994, 제3장군-4), ②봉천군관학교를 4기로 졸업하고 만주국군 중위였던 김응조의 묘(1909-1996, 제3장군-52), ③봉천군관학교 8기로 졸업하고 만주국군 소위였던 김용국의 묘(1920-1984, 제3장군-20), ④대동학원 출신으로

---

20 친일반민족행위진상규명위원회, 『친일반민족행위진상규명보고서IV-14』269-276 참조

만주국 세관 사무관과 동남지구특별공작후원회의 봉천지부 위원을 지낸 김일병의 묘(1901-1986, 제3장군-40), ⑤친일문예단체인 조선문예회 위원과 조선음악협회 평의원 등을 지내며 최남선 작시 〈김소좌를 생각함〉 등 친일음악을 작곡하고 지휘한 이종태의 묘(1904-1986, 제3장군-42)가 그 무덤의 면면이다.

이 중 정일권에 대해서는 간단하게나마 짚고 넘어갈 필요가 있다. 그는 한국전쟁 직후 미국 참모대학 유학을 마치고 귀국해 육군참모총장 겸 3군총사령관에 임명되었던 인물이고, 박정희 군사정권 시절에는 국무총리와 국회의장까지 역임했다. 만주 봉천군관학교 출신으로 동기생 김석범과 함께 성적 우수자로 일본육사에 추천돼 1940년 55기로 졸업했고, 이후 만주국군 헌병 상위(대위)에 올라 간도헌병대 대장을 지냈다. 그의 일본육사 후배였던 장창국(1924~1996)은 만주국군 시절의 정일권에 대해 다음과 같이 회고한 바 있다.

> 정일권의 존재는 만주에 있는 모든 군인과 조선 청년들의 선망의 대상이었다. 봉천군관학교와 일본육사에서 수석을 했고 일본인 장교들도 들어가기 어려운 만주고등군사학교를 나와 만주군총사령부의 고급부관으로 근무할 때 그는 화려한 견장에 말을 타고 출근했다. 그때 계급은 대위.
> 이 같은 견장이나 승마 출퇴근은 고등군사학교 출신에게 주어지는 명예였다. 고등군사학교란 일본의 육군대학과 같은 격의 현역장교 교육기관인데 그곳을 거치면 중장까지의 진급은 보장되는 것이 관례였다.[21]

---

21 〈중앙일보〉, 「만주군관학교 한인생도」(1982. 11. 08)

일제 패망 이후 소련군의 포로가 되었던 정일권은 시베리아 유형 처분을 받고 끌려가던 중 탈출하는 데 성공하여 한국군 창설의 주역 중 한 명이 되었다. 하지만 일본군이나 만주국군 출신이 상급자로 있고 광복군 등 독립군 출신이 하급자로 있는 현실은 초기 한국군의 형성 과정에서 크고 작은 '하극상' 사건이 발생하는 한 요소로 작용했다. 1946년 제1연대 중대장으로 근무하던 시절 정일권도 광복군 출신 등 부하들에게 폭행을 당하는 '하극상 사건'을 경험해야 했다.[22] 정일권은 이를 문제 삼지 않고 '없었던 일'로 처리했는데, '처세의 달인'답게 이를 문제 삼을 경우 자신이 더 곤란한 상황에 몰릴 수 있다고 판단했던 것으로 보인다.

친일음악인이었던 이종태는 해방 이후에 한국군에서 군가 작곡 활동 등을 계속 했는데, 국군묘지와 국립묘지 시절 묘지관리소 소장을 장기간(1957-1965) 역임하여 국립서울현충원과는 남다른 인연을 가지고 있는 인물이기도 하다. 1965년에는 국립묘지 소장으로서 이승만의 묏자리 선정과정에도 개입하였다.

한편, 장군 제3묘역에는 『친일인명사전』에 등재되지는 않았지만, 만주국군 장교를 지낸 유원식의 묘(1914-1987, 제3장군-47)도 있다. 유원식은 5·16 군사 정변에 참여하여 정변 당일 박정희와 함께 윤보

---

22 일본군 특별지원병 제1기 출신인 함병선은 이 '하극상 사건'과 관련하여 "그때는 정일권 장군께서 오해를 받아 하사관들에게 모욕을 당한 일이 있습니다. 이렇게 창군 당초에 험악한 가운데서도 유쾌한 일도 있었지만, 한마디로 말해서 고통이 더 컸습니다."(국방부 군사편찬연구소, 『6·25전쟁 참전자 증언록』(2003) 49쪽

선 대통령을 만나 대통령을 설득하는 데 성공한 인물이기도 했다. 그런데 유원식은 아나키스트 독립운동가 유림(1894-1961)의 아들이다. 유림은 아들이 만주국군 장교가 되었다는 소식을 듣고 죽을 때까지 아들을 보지 않았다고 한다.

장군 제2묘역의 이응준과 신태영, 임충식

장군 제2묘역은 해방 이후 대한민국 국군의 형성과정을 쉽게 이해할 수 있게 해주는 곳이라는 측면에서 주목할 필요가 있는 공간이다.

장군 제2묘역에 있는 여섯 기의 묘 중에는 무덤의 주인공 절반이 『친일인명사전』에 등재되어 있다. 이 중 초대 육군 참모총장을 지낸 이응준 육군 중장(1890-1985, 제2장군-6)과 6·25 한국전쟁 중이던 1952년 국방부 장관을 역임한 신태영 육군 중장(1891~1959, 제2장군-3)이 친일반민족행위진상규명위원회가 규정한 친일반민족행위자로 선정되었고, 간도특설대 준위까지 오른 임충식(1922-1974, 제2장군-2)은 『친일인명사전』에 등재되어 있다.

이응준은 일본육사 26기 출신으로 1914년 소위로 임관한 이래 일제가 패망할 때까지 30년 이상 일본군으로 복무하면서 일본군 대좌까지 올랐다. 1918년 이후 일제의 시베리아 간섭전쟁, 1937년 이후 중일전쟁 등에 참전하는 등 일제에 적극 협력하였다. 그 공으로 일제로부터 1935년에는 훈4등 서보장, 1939년에는 훈3등 서보장을 받았다. 1940년대에는 일제의 아시아-태평양전쟁의 '국민총동원체제'에 부응하여 강연과 언론 기고 등을 통해 조선 청년들이 일본군으로 적극 참전할 것을 요구하였다. 1943년 11월 9일 〈매일신보〉가 부민관 대강당(현 서울시의회 건물)에서 주최한 「선배에게 듣는 저녁」에 초청되어 〈특별지원병제는 반도 민중의 활로, '학도의 중대 책임을 각오하라〉는 제목의 강연을 한 게 대표적이다. 여기서 이응준은 "내지인은 나라를 위하여 일청, 일러전쟁 그리고 금번 대동아전쟁 등에서 이미 많은 희생을 바쳤다."면서 "우선 국민으로서 가장 중요하고 큰 의무인 혈세血稅를 바치라. 제군들이 이 혈세 이 희생을 바치고 난 후에 또다시 제군들이 분격을 느낄 차별대우가 있다면 나도 제군의 선두에 서서 이에 항쟁할 생각으로 있다."는 궤변을 늘어놓으면서 젊은이들에게 특별지원병이 되어 일본군으로 참전할 것을 요구했다.[23]

1917년 사망한 독립운동가 이갑(1877~1917)의 사위이기도 했던 이응준은 나중에 한국광복군 총사령관이 되는 일본 육사 동기 지청천(1888~1957)과 1920년대 만주에서 '백마 탄 김장군'으로 맹위를 떨쳤던 선배 김경천(1888~1942) 등과 3·1운동 직후 중국 망명을 모의하기도 했었다. 하지만, 김경천과 지청천이 만주로 탈출하여 독립운동에 헌신한 것과 달리 이응준은 끝내 일본군으로 남아 일제를 찬양하다 광복을 맞았다. 이응준은 1919년 당시 "중국으로 망명계획을 세웠으나 본인은 실행하지 못했다"고 하여 마치 어쩔 수 없는 사정이 있었던 듯 설명한다.[24] 하지만 김경천의 기억은 다르다. 김경천의 3·1 운동 직후 탈출을 모의하던 상황에 대한 묘사는 꽤 구체적인데, 그에 따르면 "아는 벗들이 나더러 '칼을 빼시오 인제는 별 수 없으니 칼을 빼시오' 하며 여럿이 권"하는 상황에서 자신의 사직동 집에서 연일 회

---

23 이응준, 『회고 90년-이응준자서전』(산운기념사업회, 1982) 216-221쪽
24 이응준, 같은 책 16-18쪽

의를 열어 "서간도^{西間島}, 북간도^{北間島}, 러시아령^{俄領}의 3곳으로 망명^{出奔}하는 문제"를 논의하였는데, "지군(지청천=이청천)은 본의로 응낙하며 외지로 망명하게 되나 이군은 마지못하여 대답하는 것"이었다고 하여 이응준이 '실행하지 못'한 것이 아니라 애당초 실행 의사가 없었음을 분명히 했다.[25]

이응준은 구체적인 설명 없이 '8·15 광복 직전 민족운동가들과 협력을 했다'고 자신의 이력으로 소개하기도 했다. 이응준이 백낙준·주요한 등과 더불어 1936년 감옥에서 나온 독립운동가 안창호를 비롯한 흥사단 성원들과 노량진 용양봉저정에서 있었던 야유회에 참석한 적은 있었다.[26] 그런데 백낙준과 주요한은 이후 친일파로 전향한 인물이었기 때문에 이것을 이응준이 '민족운동가들과 협력'한 사례로 소개하는 것은 난센스다.

이응준은 1955년 군에서 물러난 후 체신부 장관을 지냈으며, 1967년엔 한국 반공연맹 이사장에 취임했는가 하면 1972년엔 반공유공자 보국훈장 통일장을 수여받았다. 이응준이 해방 이후 어떤 논리로 친일 논란을 피해갔는지 이해할 수 있게 해주는 대목이다. 1979년엔 국정고문위원, 1980년엔 국방정책 고문위원장, 국토통일원 고문 등도 역임했다.

이응준은 말년에 〈조선일보〉에 '창군'이라는 제목의 글을 연재하기도 했다. 아래는 그 연재글의 서두 부분이다.

해방이 우리의 힘만으로 된 것이 아니고 연합국 전승의 부산물이었

---

25 김경천, 『경천아일록 읽기』 91쪽
26 〈경향신문〉, 「내가 겪은 20세기」(1973. 9. 22)

기 때문에 우리나라의 앞날을 낙관만 할 수 없었던 게 당시의 실정이다. 특히 군 출신들은 그렇게 생각했고, 광복군이 대일선전포고를 실기, 연합군이 인정하는 전적을 못 올린 것이 끝내 아쉬웠다. 만일 광복군이 적어도 전쟁 중에 선전포고를 하고 연합군이 인정할만한 군사행동을 보였다면 그들도 우리나라를 무시할 수는 없었을 것이다. 천추의 유감이다.[27]

일제가 패망할 때까지 일본군 장교로 있던 인물이 '대일선전포고의 실기' 운운하면서 광복군을 비판하고 있는 점이 놀랍다. 대한민국 정부가 정식으로 수립된 이후 초대 육군총참모장을 지낸 인물이 대한민국 임시정부가 1941년 12월 10일에 대일선전포고를 한 사실조차 모르고 있었다니 놀라움을 넘어 충격적이기까지 하다.

이응준의 사위는 한국군 군번 1번이자 1956년 육군참모총장을 지낸 이형근(1920~2002)이다. 그 역시 1942년 일본육사를 졸업하고 일제 패망 당시 일본군 포병 대위로 있었다.[28]

장군 제2묘역의 신태영 역시 일본육사 26기 출신으로 일본군 중좌에까지 오른 인물인데, 1914년부터 광복 직전인 1944년까지 30여 년을 일본군 장교로 있었다. 이후 예비역 중좌로 해주 육군병사부에 근무하면서는 조선의 젊은이들에게 징병에 자발적으로 참여할 것을 요구하는 강연활동을 왕성하게 벌였다. 신태영은 조선총독부 기관지인 〈경성일보〉(1943. 11. 17)에 1918년 시베리아 간섭전쟁에 참전할 때

---

27 〈조선일보〉, 「전환기의 내막 〈95〉 창군①」, 1981. 5. 17)
28 『친일반민족행위진상규명보고서IV-13』(친일반민족행위진상규명위원회) 784-802 참조

자신의 첫 출진의 목표가 '야스쿠니 신사에 묻히는 것'이었다고 회고해 일찍이 일본화된 인물임을 고백하기도 했다.[29] 장군 제1묘역의 신응균은 바로 신태영의 아들이다. 신태영은 해방이후 자신의 행태에 부끄러움을 느낀 나머지 한동안 움직이지 않다가 1948년 '10·19 여순 사건'을 계기로 군에 자진 입대했다는 '신화'로 유명하지만, 이는 실제 사실과는 어느 정도 거리가 있다. 신태영은 이응준 등 다른 동료들과 달리 일제강점기인 1944년부터 이미 예비역 신분이었다. 신태영이 다시 공식 행보를 시작하여 국방부 총참모장 보좌관으로 임명된 것도 여순 사건이 발발하기 1개월 전이었다. 신태영은 이승만 정부 시절 육군참모총장과 국방부장관도 역임하였다.

임충식은 1941년 만주 간도특설대의 3기로 자원입대해 중사를 거쳐 준위까지 올랐다. 간도특설대는 앞에서 살펴보았듯이 동북항일연군과 팔로군을 상대로 일제 패망 직전까지 전투를 벌인 특수부대였다. 해방 후 귀국하여 1946년 2월 국방경비대 제4연대 사병으로 입대하였다가 연대장 추천으로 국방경비대사관학교에 입교하여 제1기로 졸업하였다. 6·25 한국전쟁에 참전하였으며, 1968년 육군대장으로 예편하였다. 예편과 함께 박정희 군사정권 시절 국방부장관을 역임하였으며, 민주공화당 소속으로 국회의원(8대)도 지냈다. 임충식이 간도특설대에 복무한 이력의 소유자임에도 단지 계급이 준위였다는 이유로 친일반민족행위자 명단에 포함되어 있지 않은 것은 참으로 유감스러운 일이다.

---

29 친일반민족행위진상규명위원회,『친일반민족행위진상규명보고서Ⅳ-9』 302-315 참조

국가유공자 제2묘역의 안익태와 조진만

국가유공자 제2묘역에는 친일반민족행위진상규명위원회가 규정한 친일반민족행위자의 묘는 없지만, 『친일인명사전』에 등재되어 있는 인물의 묘 2기가 있다. 애국가의 작곡가이기도 한 안익태(1906-1965)의 묘가 하나이고, 일제 강점기 부장판사까지 지내면서 독립운동가의 재판에도 관여했던 조진만(1903-1979)의 묘가 다른 하나다.

국가유공자 제2묘역에는 제1묘역과 같이 독립운동가와 친일파가 나란히 안장되어 있는 경우는 없지만, 독립운동가 김홍일의 묘와 조만식의 묘 바로 위편에 조진만의 묘와 안익태의 묘가 자리 잡고 있어 마치 친일파가 독립운동가를 내려다보고 있는 듯한 모양새이다.

안익태는 애국가의 작곡자이어서 가장 큰 논란의 대상이다. 국립서울현충원의 서달산 고개 너머에 자리한 숭실대에는 건물 하나가 안익태기념관으로 이름 붙여져 있고, 한국기독교박물관에 있는 숭실역사실에는 '자랑스런 숭실인'의 하나로 안익태를 소개하고 있기도 하다.

안익태가 애국가를 작곡한 것은 안익태가 아직 친일로 전향하기 전인 1936년 미국 체류 시절이었는데, 대한민국 임시정부가 '북미 대한인국민회 중앙집행위원회로부터 안익태가 작곡한 애국가 신곡보의 사용 허가를 요구'해옴에 따라 1940년(대한민국 22년) 12월 20일 '국무회의에서 내무부로서 그의 사용을 허가하기로 의결'하였다.[30] 이로써 스코틀랜드 민요 〈올드랭사인 Auld Lang Syne〉의 곡조 말고도 안익태의

---

30 임시정부 비서처, 「大韓民國臨時政府公報 第69號」, 『대한민국임시정부자료집1-1권 헌법·공보』(국사편찬위원회)

〈애국가〉가 1941년 대한인국민회의 서른두 번째 창립기념일(2월 1일) 연주를 시작으로 북미지역에서 공식적으로 사용되기 시작했다. 이후 안익태의 〈애국가〉는 대한민국 정부가 정식으로 수립된 이래 관습에 의해 국가 대신 불리고 있지만, 법으로 정해진 국가는 아니다. 한편, 안익태의 〈애국가〉는 1964년부터 불가리아 노래 〈오! 도브루잔스키 크라이〉$^{O.\ Добруджански\ край}$〉를 표절했다는 지적을 받았다. 최근 김정희(한국예술종합학교 전통예술원 한국음악작곡과 강사)는 "〈애국가〉의 출현음 총 57개 중 맥락과 음정이 일치하는 음은 모두 33개(58%)이며, 변주된 음까지 포함하면 그 개수는 모두 41개(72%)로, 유사도는 58~72%"라면서 "이처럼 높은 유사도는 결과적으로 표절임을 부정하기 어렵다."고 지적한 바 있는데, "노랫말의 뜻이 제대로 전달되지 못하거나 노랫말의 뜻과 선율형이 심각하게 어긋나는 부분이 있는데, 이는 〈오! 도브루잔스키 크라이〉의 해당 구절 선율을 변주하면서 초래된 것으로 보인다."고 지적했다.[31]

안익태는 일본 유학과 미국 유학에 이어 주로 유럽에서 활동했는데, 이때 '에키타이 안'이라는 일본식 이름을 사용했다. 1938년에는 일왕(천황)에 대한 충성을 주제로 하는 〈에텐라쿠〉를 발표했고, 1942년에는 일제의 괴뢰국인 만주국 건국 10주년을 경축하는 〈큰 관현악과 혼성합창을 위한 교향적 환상곡 '만주'〉(만주환상곡)를 4개의 악장으로 완성했다. 안익태는 유럽에서 1940년부터 〈에텐라쿠〉와 〈만주환상곡〉은 물론 독일 나치제국의 제국음악원 총재이자 나치 협력자였던 리하르트 슈트라우스가 작곡한 〈일본축전곡〉 등을 계속 연주했다. 안

---

31 김정희, 「안익태 애국가 무엇이 문제인가 - 법정(法定) 국가(國歌) 제정을 위한 시론」, 『한국예술연구 제31호』(한국종합예술학교 한국예술연구소, 2021)

익태는 최근 이해영(한신대 교수)의 연구[32]로 다시 한 번 언론의 주목을 받았다. 안익태가 1941년에 '기미가요'를 피아노로 연주한 사실을 지난 2015년에도 밝혀냈던 이해영은 한발 더 나아가 안익태를 일본 군국주의는 물론 나치에도 부역한 인물이었다고 문제제기했다. 1943년 괴벨스가 주도해 만든 나치의 나팔수 '음악가 조직' 제국음악원의 정회원이 되기도 했던 안익태의 유럽 활동이 나치의 외곽조직인 독·일협회의 후원을 받아 진행됐다는 것이다.

조진만은 일제 강점기 부장판사까지 지내면서 독립운동가의 재판에도 관여했던 경력이 있음에도 정부수립 후 법무부장관(1951)과 5·16 군사 정변 이후 대법원장(1961)을 지냈다는 이유로 현충원에 묻혀있다. 조진만은 1925년 12월 조선인 최초로 일본 고등문관시험 사법과에 합격해 해주지법에서 판사 업무를 시작했다. 1928년 11월에는 쇼와천황 즉위기념 대례기념장을 받기도 했으며, 평양복심법원 판사로 재직 중이던 1930년 3월에는 고려혁명당 만주총부장으로 활동하던 황욱(일명 황금술)이 징역 5년을 선고받을 때 배석판사로 참여했다. 1939년 8월에는 조선인 최초로 부장판사에 임명되기도 했다. 조진만은 1928년에는 쇼와천황 즉위기념 대례기념장을 받았고, 1942년에는 훈5등 서보장도 받았다.

조진만이 5·16 군사 정변 직후 대법원장에 전격 발탁된 데에는 육영수 집안과의 특별한 인연 때문인 것으로 알려져 있다. 일제강점기 옥천에서 차를 몰고 다니던 지주 출신의 육종관(육영수의 아버지)

---

32 이해영, 『안익태 케이스-국가의 상징에 대한 한 연구』(삼인, 2019)

은 해방 이후 토지개혁을 통해 합법적으로 토지를 획득한 자신의 경작인들을 상대로 6·25 한국전쟁 중 '빨갱이'로 몰아 토지를 강탈했다고 한다. 전쟁이 끝난 후 경작인들이 육종관을 상대로 소송을 걸어 1심에서 승소하지만, 고등법원에서 변호사 조진만이 개입하여 화해조서 작성을 이끌어냄으로써 육종관이 승소할 수 있도록 도와, 이후 박정희가 '은인'으로 생각했다는 것이다.[33]

독립운동가 묘역의 친일파들(김홍량·이종욱·윤익선·임용길)

2011년 4월 5일 대한민국 정부는 '시일야 방성대곡是日也 放聲大哭' 논설로 유명한 언론인 장지연과 초대 내무부장관을 지낸 윤치영을 비롯하여 19명(장지연, 윤치영, 김응순, 강영석, 김우현, 김홍량, 남천우, 박성행, 박영희, 유재기, 윤익선, 이동락, 이종욱, 이항발, 임용길, 차상명, 최준모, 최지화, 허영호)의 '친일행위가 확인되었다'면서 독립유공자 서훈을 취소하였다. 소송 중이어서 보류되었던 고려대 설립자이자 부통령을 역임한 김성수에 대한 서훈은 2018년에 취소했다. 특히 장지연은 1905년 을사늑약 직후 황성신문에 유명한 항일 논설을 실었던 우국지사로 배웠던 우리로서는 그가 이후 조선총독부의 기관지 〈매일신보〉에 식민 지배를 미화하는 글을 게재하는 등 일제에 협력했던 인물이라는 사실 자체만으로도 큰 충격이 아닐 수 없었다.

2011년 서훈 취소를 당한 19명 중 한 명인 김홍량(1885-1950)도 2015년 10월까지 애국지사 묘역(현 독립유공자묘역)에 묻혀 있었다. 김

---

33 〈뉴스타파〉, 「민국100년 특별기획」 3부 사법부 '로열 패밀리」

홍량은 황해도 안악 출신으로 1907년부터 비밀결사 신민회에 가입하여 활동하다가 안명근의 안악사건에 백범 김구와 함께 연루되어 1911년 징역 15년형을 언도받고 옥살이를 하다 1915년 11월에 가석방되기도 했던 인물이다. 하지만 1920년대 중반이후 변절하여 황해도도회 부의장, 조선임전보국단 황해도 발기인 등으로 친일단체에서 활동하면서 조선군애국부에 전투기 헌납기금 10만 원을 내는 등 해방 직전까지 친일행위를 하였다.

김홍량과 관련한 일화는 1942년 조선어학회 사건으로 구속되어 징역 6년형을 선고받았던 이극로의 공소장에도 다음과 같이 등장한다.

> 1936년 1월에 경성 화동정 이윤재 집에서 그에게 조선어학회 창립에 대한 결의를 말하고 그 찬동을 받아 황해도 안악의 부자 김홍량에게 자금을 제공하라고 하여 이 단체를 조직할 방침을 협의하였으나, 출자하지 않으므로 이 계획은 백지화되었다.[34]

이미 친일파로 전락한 김홍량은 이극로의 절박한 요청을 냉정히 거절했던 것이다. 결국 이극로는 동향(경남 의령) 사람 이우식(1891-1966)의 지원을 대안으로 하는 돌파구를 모색하게 되고, 이극로의 요청에 호응했던 이우식은 이극로와 함께 조선어학회 사건으로 구속되어 고초를 겪어야만 했다.

해방 이후 친일파 김홍량에게 면죄부를 준 것은 이승만이었다. 해방정국에서 대규모 정치자금이 필요했던 이승만은 김홍량 등을 내세

---

34 이극로, 『고투40년』(범우, 2008)

위 대한경제보국회(위원장 이승만)라는 경제인단체와 보국기금실행위원회(위원장 김홍량)를 만들게 하여 과거 친일행위에 대한 면책과 새로운 사업기회 마련이 절실했던 친일경제인들로부터 대규모 정치자금을 받아냈던 것이다. 그럼에도 노태우 정부 시절 건설부 차관까지 지낸 김대영은 아버지 '김홍량에 대한 독립유공자 서훈 취소가 부당하니 이를 취소해달라'고 법원에 소송을 제기하였다. 무려 5년을 끈 이 소송은 2015년 3월 30일에 "서훈 취소는 정당하다"는 최종 판결이 내려진다. 그럼에도 이장을 거부하던 김홍량의 후손들은 언론의 집중공격을 받은 다음인 그해 10월에야 파묘하였다.

친일언론 〈동아신문〉을 발간한 임용길과 월정사 주지 출신 친일승려 이종욱, 고려대의 전신 보성법률상업학교 교장을 역임한 윤익선의 묘는 김홍량의 묘와 달리 2011년 정부의 서훈취소 발표가 나오자마자 독립유공자 묘역에서 곧바로 이장했다.

이에 앞서 1996년에도 정부는 서춘 매일신보 주필을 비롯한 5명(서춘, 김희선, 박연서, 장응진, 정광조)의 서훈을 취소한 바 있다. 이때도 국립대전현충원 독립유공자 묘역에 묻혀 있던 서춘의 유족들이 이장을 거부하였는데, 대전지역 시민단체들의 끈질긴 노력 끝에 2004년에야 파묘한 일도 있었다.

2019 4월 29일 MBC는 대전현충원 독립유공자 묘역에 묻혀 있는 송세호가 상하이에서 일본군 위안소를 운영하고 일제의 밀정 노릇을 한 것으로 의심되는 인물이라고 보도했다. 송세호 역시 대한민국 임시정부 수립 당시 임시의정원의 강원도 대표 의원으로 선출되기도 했고, 대한민국청년외교단 활동 등 독립운동에 참여했던 인물로 의친왕 이강을

중국으로 탈출시키려 했던 대동단 활동으로 징역 3년을 언도받기도 했다. 하지만 이후 일제의 밀정으로 전락했고, 상하이에서 일본군 위안소까지 운영했다는 사실을 뒷받침하는 여러 자료가 나온 것이다.

2019년 8월 15일 KBS 〈시사기획 창〉은 무후선열제단의 이정(1895-1943)과 독립유공자 묘역의 우덕순(1876-1950)에 대해 밀정 의혹을 제기했다. 이정은 청산리 전투의 영웅 김좌진 장군 부대에서 활동했고, 우덕순은 안중근과 함께 이토히로부미 저격 사건에 참여했던 인물이었다. 이정은 친일행적이 분명한 데 반해, 우덕순에 대해서는 좀 더 신중할 필요가 있다는 의견도 제시되고 있다.

독립유공자에 대한 전수조사가 필요하다는 주장을 마냥 외면할 수 없는 이유가 또 다시 등장한 셈이다.

일송정의 추억, 가곡 〈선구자〉의 조두남과 윤해영

국립서울현충원 독립유공자 묘역 남쪽 언덕을 내려가면 아담한 정자 하나가 서 있다. 이 정자의 원래 이름은 '일송정'이었다. 가곡 〈선구자〉에 등장하는 그 일송정을 연상케 하려는 목적이었을 텐데, 실제로 가곡 〈선구자〉의 노랫말이 작사자 윤해영(1909~?)과 작곡자 조두남(1912~1984)의 이름과 함께 나무패에 새겨져 2013년부터 2015년까지 2년 넘게 정자 처마 안쪽에 달려 있었다.

가곡 〈선구자〉는 가사에 등장하는 '말 달리던 선구자'가 만주에서 독립운동하던 독립군을 묘사한 것으로 알려져 한 때 한국민에게 가장 인기 있는 노래로 애창되기도 했고, 1991년에는 중국 용정에 〈선구자〉 노래비가 설치되기도 했다. 하지만 〈선구자〉 노래비 설치는 노랫말이 일제의 '만주개척'을 칭송하는 내용이라는 사실을 이미 알고 있던 현지 조선족들의 분노를 사면서 '수난'을 당해야 했다. 조선족들이 비에 새겨진 노랫말을 알아볼 수 없도록 정으로 쪼아버렸던 것이다.

조두남과 윤해영은 1940년대 만주에서 짝을 이뤄 오족협화의 낙토를 찬양하는 〈아리랑 만주〉, 〈룡정의 노래〉 등을 발표했던 사실이 확인되었다. 조두남은 1933년 '낡은 외투 차림에 깡마른 체구, 초췌한 젊은이'가 자신을 찾아와 〈용정의 노래〉라는 노랫말을 넘겨줘 작곡을 하게 되었다고 했고, 여기에 "윤씨가 그때 무척 몸이 약해 보였습니다. 바쁜 걸음으로 떠나는 그가 단순한 장사꾼이 아니라는 생각도 들더군요. 아마 그해 겨울을 못 넘기고 세상을 떠난 것 같아요."[35]라는 말로 신비주의를 덧칠하기도 했다. 하지만 〈선구자〉의 원 노래인 〈룡정의 노래〉는 1933년에 만들어진 노래가 아니었고, 1944년 '윤해영 작사·조두남 작곡 신작가요 발표회'에서 처음 소개된 노래였다. 윤해영은 세상을 떠나기는커녕 해방이후 바뀐 환경에 적응하여 닝안寧安의 동북인민민주대동맹에서 일하면서 〈동북인민행진곡〉(김종화 작곡) 등 30여 편의 노랫말을 작사했고, 1946년 7월에는 북한으로 이주하여 토지개혁정책을 찬양하는 노래인 〈분여받은 땅〉을 발표하기도 했다고 한다.[36]

한국에서도 2000년대 초부터 〈선구자〉를 작사·작곡한 윤해영과 조두남의 친일행적은 물론 〈선구자〉 역시 일제의 만주 개척을 칭송하

---

35 〈경향신문〉, 「명시 명곡을 찾아서(6) 선구자」(1976. 4. 24) 조두남은 1년 전인 1975년에 조두남 수상집 『선구자』(세광출찬사, 1975)를 통해 이미 같은 주장을 펼친 바 있었다.
36 친일인명사전편찬위원회, 『친일인명사전』(2009) '윤해영'편 참조

는 〈룡정의 노래〉의 일부 가사를 바꿔 발표한 노래[37]라는 사실이 알려졌고, 이제는 라디오 방송에서조차 사라진 노래가 되고 말았다.

동작구의 지역단체와 민족문제연구소, 〈연합뉴스〉 등의 문제제기가 이어지자 국방부는 2015년 11월 〈선구자〉 노래패를 철거했다. '자라 보고 놀란 가슴, 솥뚜껑 보고도 놀란' 탓일까. 이후 어느 시점에 '일송정'이라는 정자의 이름이 새겨진 현판조차 사라져 버렸다. 아무 죄 없는 정자 '일송정'이 지금과 같이 이름 없는 정자로 바뀌게 된 사연이다.

가곡 〈선구자〉의 작사·작곡자인 윤해영과 조두남은 『친일인명사전』에 등재되어 있다.

현충원 친일파 묘 정리 없이 친일청산 없다!

일제강점기 명백한 친일행위를 한 친일파가 국립서울현충원에 묻혀 있는 것이 정당한가에 대해서는 우리 사회에서 엇갈린 주장이 존재한다. 문제가 되지 않는다는 입장은 '이들이 과거 친일행위를 한 것은 사실이지만, 해방 이후 국가 발전에 기여한 것 역시 사실이 아니냐'고 반문한다. 하지만 이러한 주장은 동농 김가진(1846~1922)이 일제강점기인 1919년부터 상하이로 망명해 독립운동에 헌신했음에도 1910년 일제로부터 남작 작위를 받았다는 이유로 여전히 독립유공자로 인정받지 못하고 있는 현실과도 극명하게 대비된다는 점에서 설득력이 떨어진다. 동농 김가진의 경우는 남작 작위를 받았음에도 여전

---

[37] 조두남은 해방 이후 〈선구자〉로 이름을 바꾸어 발표할 때 2절의 '활을 쏘던 선구자', 3절의 '조국을 찾겠노라 맹세하던 선구자'라는 표현을 새로 삽입했다고 스스로 밝힌 바 있다.(《경향신문》, 「명시 명곡을 찾아서(6) 선구자」, 1976. 4. 24)

히 일제가 지배하는 상황에서 이를 박차고 오히려 독립운동에 뛰어들어 헌신한 경우다. 그 때문에 독립유공자로 인정하는 게 마땅함에도 보훈처는 아직도 인정하지 않고 있다.

지금 논란이 되고 있는 친일파들은 일제 강점기 내내 일제를 위해 헌신하다 일제가 패망한 이후에야 대한민국을 위해 헌신한 경우이기 때문에 해방 이후 아무리 큰 기여를 했다고 하더라도 그 적용 기준을 좀 더 엄격히 했어야 했다. 그들이 해방 이후 대한민국에 기여한 일은 '과거의 잘못에 대한 반성과 사죄'로 받아들이면 되지, 그들에게 감사의 마음을 전하면서 국립묘지에 안장하는 특혜까지 부여할 일이 아니었다. 사실 대한민국이 그들에게 '새조국 건설에 동참할 자격'을 부여한 것만 해도 파격적인 혜택이었다.

탐방 3

여성 길

▶ 여성 길 안내 ◀

① 김란사의 위패(현충탑 위패봉안관) → ② 김현숙·이영희의 묘(국가유공자 제3묘역) → ③ 안경신·김마리아·유관순의 위패(무후선열제단) → ④ 남자현·권기옥·양방매·오건해·정정산·이은숙·임수명·오광심·김은주·김병일·신순호·오희영의 묘(독립유공자 묘역)) → ⑤ 김우락·박신일·윤용자·이의순의 묘(임시정부요인 묘역) → ⑥ 김마리아의 묘(국가유공자 제2묘역) → ⑦ 박병선(충혼당) → ⑧ 이태영의 묘(국가유공자 제1묘역) → ⑨ 프란체스카·이희호·육영수의 묘(국가원수 묘역)

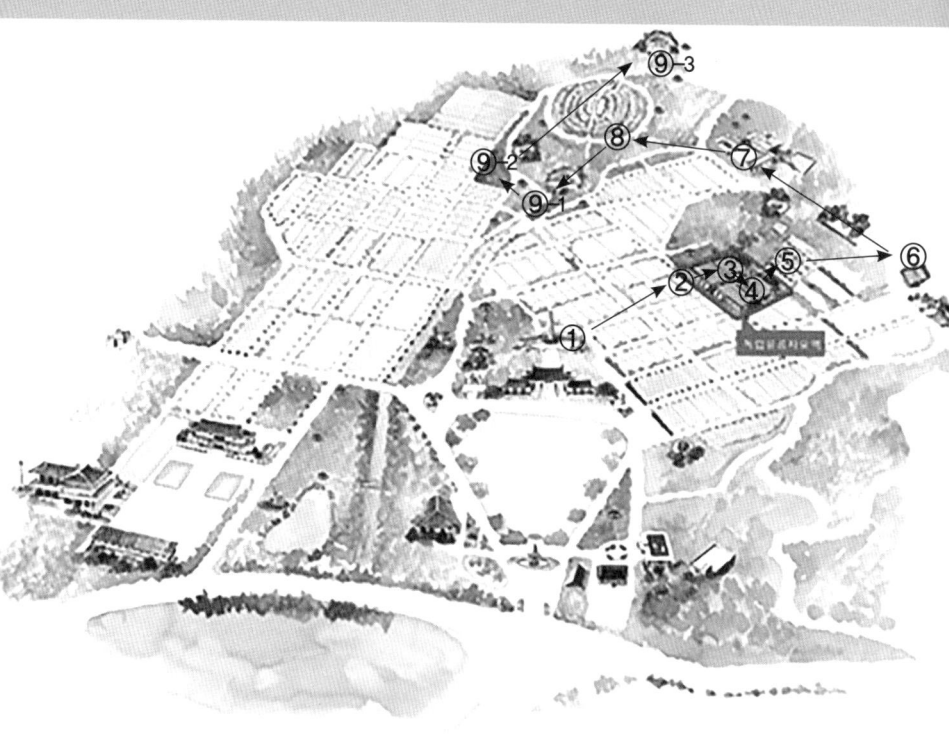

애국은 남성만의 전유물인가

1907년 황해도 안악에서 부인(여성) 단체인 국채보상탈환회脫環會를 발기한 공씨와 엄씨는 그 취지서에서 국채보상운동에서 해야 할 여성의 역할과 남녀동등권 확보의 향후 전망에 대해 다음과 같은 입장을 밝혔다.

(…) 사람은 남녀가 일반이라. 우리는 한국의 여자로 학문에 종사치 못하고 다만 방적에 골몰하고 반찬에 분주하여 사람의 외무를 알지 못하더니 근일에 들리는 말이 국채 일천삼백만 원에 전국 흥망이 갚고 못 갚는 데 있다고 떠드는 말을 듣고 생각하니 (…) 나라 한 번 위태하고 보면 당상에 늙은 부모는 장차 어느 곳에 장사하며 강보의 어린 아이는 장차 누구의 종이 될는지요. (…) 대법 이천만 중 여자가 일천만이요, 일천만 중에 지환(손가락지-인용자) 있는 이가 반은 넘을 터이니 지환 매 쌍에 이원씩만 셈하고 보면 일천만 원이 여인 수중에 있다 할 수 있습니다. (…) 이렇듯 국채를 갚고 보면 국권만 회복할 뿐 아니라 우리 여자의 힘을 세상에 전파하여 남녀동등권을 찾을 것이니 (…)[1] (현대어 표기법으로 수정-인용자)

1907년 당시 국채보상운동에 나섰던 한국의 여성들은 애국은 남성의 전유물이 아님을 분명히 했을 뿐만 아니라 남녀동등권 확보에 대한 열망을 강하게 표출하였다. 이들이 만든 국채보상탈환회라는 단체 이름

---

[1] 〈대한매일신보〉,「탈환회 취지서」(1907. 4. 23)

도 재미있다. 탈환은 '빼앗겼던 것을 되찾는다'는 뜻으로 오해할 수도 있지만, 실은 '가락지의 속박에서 벗어난다'는 의미를 담고 있다. 이는 "지환 한 번 벗게 되면 일천만 명 무명지에 속박한 것 벗음으로 밖으로는 수모를 알지 못하고 자유국권 회복하여 독립기초의 날이니 (…)"라는 취지서의 한 대목을 보아도 알 수 있다. 당시 국채보상운동에는 안악의 국채보상탈환회 만이 아니라 30개 가까운 여성단체들이 활동하였다. 그래서 국채보상운동을 근대 여성운동의 효시로 주목하는 것이다.

국채보상운동을 시작으로 이후 여성들은 3·1 혁명을 비롯한 독립운동에도 헌신적으로 참여하였다. 그 결과 이들의 '남녀동등권'에 대한 열망은 3·1 혁명의 결과로 탄생한 대한민국 임시정부가 1919년 4월 11일 공포한 '임시헌장' 제3조에 "대한민국의 인민은 남녀 귀천 급빈부의 계급이 무하고 일체 평등임."이라는 문구로 표현되었고, 대한민국정부가 정식으로 수립되는 기초가 되는 1948년의 제헌헌법 제8조에는 "모든 국민은 법률 앞에 평등이며 성별, 신앙 또는 사회적 신분에 의하여 정치적, 경제적, 사회적 생활의 모든 영역에 있어서 차별을 받지 아니한다."라는 문구로 반영되었다.

하지만 1907년 국채보상운동에 참여했던 여성들의 선언이 있은 후 115년이 지난 2022년 "대한민국에서 '남녀동등권'이 온전히 실현되고 있는가"라고 묻는 질문에 "그렇다!"라는 답변을 하기는 쉽지 않다. 심지어 국립서울현충원에 서면 애국은 여전히 남성의 전유물이 아닌가 하는 착각에 빠질 정도다. 국립서울현충원의 수많은 무덤 중에 그 주인이 여성인 무덤은 손에 꼽을 정도에 불과하기 때문이다. 물론 이는 결코 애국이 남성의 전유물이라는 걸 입증하는 근거로 사용되어서는 안 된다. 국립서울현충원의 현실은 단지 우리 사회가 그동안 얼마나 남성

중심으로 운영되어 왔는지를 반증하는 근거로 될 수 있을 뿐이다. 이는 국립서울현충원에 '여성 길'을 조성한 이유이기도 하다.

'신여성'의 선구자 김란사, 여성 해방의 새 장을 열다

김란사(1872-1919)의 위패는 그의 죽음 99주년에 즈음한 2018년 3월 9일 현충탑 위패봉안관(48-8-119)에 봉안되었다. 현충탑 위패봉안관은 독립운동가 길의 마지막 코스에서 경험했듯이 현충문을 통과하여 우뚝 솟아 있는 현충탑 안으로 들어가면 만날 수 있다.

김란사는 미국 웨슬리언 대학에 유학하여 1906년 한국 여성 최초로 문학사 자격을 취득한 '신여성'이었다. 김란사는 1894년 청일전쟁에서 청이 패하는 것을 보고 교육의 중요성을 자각하여 24세의 나이에 이화학당에서 신학문을 공부하였고, 미국 유학을 마치고 돌아와서는 이화학당에서 교사로 재직하면서 학생들에게 민족의식을 고양시키는데 앞장섰다. 그가 지도한 학생동아리 '이문회' 회원 중에는 유관순도 있었다.

김란사는 기혼 여성으로는 최초로 이화학당에 입학한 여성이다. 처음 이화학당에서 입학을 거부하자 프라이[Lulu E. Frey] 교장 앞에서 등잔불을 직접 끄면서 "제 인생은 이렇게 밤중처럼 캄캄합니다. 저에게 빛을 찾을 수 있는 기회를 주지 않으시렵니까. (…) 어머니들이 배우고 알아야 자식을 가르칠 수 있지 않겠습니까."라면서 설득했다고 한다.[2]

김란사가 미국 유학을 마치고 돌아와 이화학당에서 교편을 잡고

---

2 〈국민일보〉, 「"하란사 바른 이름은 김란사 기생 출신 첩 아니다"… 남동생 손자 김용택씨 "신상 기록 잘못" 증언」(2016. 1. 29)

김(하)란사 귀국환영회 기사와 김란사

있던 1909년 당시 황성신문은 여성교육과 관련하여 다음과 같은 기사를 싣기도 했다.

> 부인사회와 각 여학교에서 윤정원씨와 朴에스더씨와 하란사 삼씨가 외국에서 수업 귀국하여 여자교육에 종사함과 생명에 근무함을 감복하여 지난달 28일에 서궐(경희궁-인용자)에서 환영회를 개최하고 삼씨를 영접하여 예식으로 거행하였는데, 기존 역사와 순서를 보건데 우리나라 오백여 년 부인계에서 외국에 유학하여 문명한 지식으로 여자를 교육함은 초유의 미사라 여자 학업이 장차 발달됨은 가히 찬하 하겠도다.[3] (현대맞춤법으로 수정)

이 기사에 등장하는 하란사가 바로 김란사인데, 미국 유학 당시 남편

---

3 〈황성신문〉, 「환영회 성황」(1909. 5. 5)

의 성을 묻는 질문에 하씨(인천감리서 책임자 하상기)라고 답한 것이 하란사로 불리게 된 계기가 되었다고 한다. 이날의 환영회는 대한부인회, 자혜부인회, 한일부인회와 각 여자학교가 연합하여 개최한 행사였는데, 당일 참석한 숙녀신사와 여학생이 7백~8백여 명에 달했다고 한다.[4]

여성교육의 목적과 관련하여 1911년 김란사가 개화파 정치인이자 교육자였던 기독교계 인사 윤치호(1865~1945년)[5]의 글을 공개적으로 반박한 일은 여성해방 운동의 역사에서 획기적인 사건으로 기록될만 하다. 사건은 그해 7월 『The Korea Mission Field(한국선교현장)』[6]라는 영문선교잡지에 윤치호가 기고한 「A Plea For Industrial Training(직업훈련을 위한 간청)」이라는 제목의 글에서 학당에 다니는 신여성을 비판하면서 시작되었다. 윤치호는 당시 『The Korea Mission Field』에 가장 많은 글을 기고하는 가장 영향력 있는 한국인 중 한 명이었다. 윤치호는 1910년 미국 방문 당시 목격한 미 공교육의 직업교육체계를 소개하면서 "(미국) 터스키기^{Tuskegee} 학교에서는 여성들에게 방을 빗질하는 간단한 기술에서부터 여성용 모자를 만드는 정교하고 복잡한 기술까지 가르친다."고 소개했다. 이어 국내 신학교 여성 교육의 불만 사항 여섯 가지를 나열하면서 "여성들이 요리, 바느질, 빨래, 다림질을 할 줄 모른다."고 비판했다. 윤치호는 한 발 더 나아가 여성들이 "시어머니에

4　대한흥학회, 「휘보」, 『대한흥학회 제3호』(1909. 5. 20)
5　윤치호는 1911년 신민회 사건(105인 사건)으로 징역 10년형을 선고받기도 했는데, 1937년 중일전쟁을 전후하여 일제의 전시 체제가 강화되자 국민정신총동원 조선연맹 상무이사와 국민총력조선연맹 이사를 맡아 친일 활동을 하였다. 이어 1941년에는 친일 세력을 총망라한 조선임전보국단의 고문을, 1945년에는 귀족원 의원을 지내 2009년 친일반민족행위자로 규정되었다.
6　『The Korea Mission Field』는 현 대한기독교서회의 전신인 기독교서회가 1905년 11월부터 1941년 11월까지 월간으로 발간하여 한국의 언어와 역사, 문화 등을 다룬 영문선교잡지이다.

게 순종적이지 않다."느니 "학당에 다니는 여성들은 그렇지 않은 여성들에 비해 육체노동을 꺼린다."느니 하는 '여성 혐오 발언'도 서슴지 않았다. 윤치호는 "평균적인 여성들에게 필요한 것들"이라며 한복 만들기, 설거지, 다림질, 요리, 자수, 뜨개질, 빗질, 먼지 털기 등 열두 가지 교육 과정을 제안하기도 했다. 김란사는 4개월 뒤 같은 잡지 12월호에 윤치호의 견해를 신랄하게 비판하는 내용을 담은 「A Protest」(항의)라는 제목의 반박문을 기고하였다. 김란사는 "그가 슬프게도 정보를 잘못 알고 있거나 맹목적인 편견을 갖고 있다는 확신이 든다."고 전제한 후, "이화학당이나 정신여학교 졸업생들이 요리할 줄 모른다고 해서 비난받아서는 안 되며, 옷감 재단, 바느질, 빨래, 다림질을 모르는 것에 불만을 가져서는 안 된다."고 지적했다. 김란사는 나아가 "미국이나 유럽에서도 고등학교 졸업생들이 요리와 바느질을 잘 하지는 않는다는 것을 깨달아야 한다."면서 여성 교육의 목적이 윤치호의 주장처럼 '집안일 잘하는 가정주부, 순종적인 며느리'를 기르는 데 있지 않다고 했다. 김란사는 윤치호가 이전의 서양 교육과 교화에도 불구하고 여전히 전통적인 동양적 여성관에 머물러 있다는 점을 분명히 지적했던 것이다. 하지만 이 논쟁은 윤치호가 신민회 사건(105인 사건)으로 같은 해 일제에 구속되는 바람에 더 이상 이어지지 못했다.

김란사는 제1차 세계대전 종결과 함께 국제사회에서 제국주의에 대한 반성으로 인도주의가 부상하는 것과 때를 같이하여 의친왕 이강과 함께 고종의 밀서를 가지고 파리강화회의에 참석할 계획이었던 것으로 전해진다. 하지만 고종의 갑작스러운 죽음으로 현실화되지 못했다는 것이다.

그와 별도로 여성계에서는 파리강화회의에 파견할 대표로 김란사를 선정하였다. 하지만 파리강화회의 참석을 위해 북경으로 건너갔던 김란사는 1919년 3월 10일 급작스럽게 사망했다. 김란사의 사망 소식에 여성계는 이화학당 고등과 교사로 있던 신마실라(1892-1965)를 제2의 대표로 선정하여 파리강화회의에 파견했다. 역할 수행을 위해 길을 떠난 신마실라는 파리행이 여의치 않게 되자 경유지였던 미국에 머물면서 독립운동을 계속 이어나갔다. 이로써 한국 여성계의 파리강화회의 파견은 끝내 좌절되고 말았다.[7]

김란사의 급작스러운 죽음은 많은 이들을 안타깝게 했다. '일제 밀정 배정자에 의한 독살설'이 제기되고 있는 이유도 이와 무관치 않은 것으로 보인다. 하지만 당시의 기록은 김란사가 병사했음을 이미 밝히고 있었다. 한 달 보름 후인 4월 24일에야 김란사의 사망 사실을 전했던[8] 국민회 기관지 〈신한민보〉는 석 달 후에는 김란사의 사망을 "악마의 병을 얻어 황천의 나그네가 되었다."[9]고 하여 병사로 보도했다. 김란사가 사망할 당시 북경의 '감리교회소영병원' 현장에 있었던 독립운동가 현순(1880-1968)도 당시의 상황에 대한 기록을 남겼다. 현순은 "하란사 여사도 내유 중에 우연히 유행성 감모(감기)에 걸려 고통하다가 불행 병사하매 경성으로부터 그 남편 하상기가 와서 중국인 예배당에서 장례식을 행하고 북경성 바깥에 안장하였다."[10]고 했다. '보훈처 공훈록'도 김란사의 안타까운 죽음을 감염병에 의한 사망으로 설명하고 있다.

---

7   황애덕은 『신천지』 1권 2호(서울신문사, 1946)에 기고한 「3·1운동과 여성의 활약」에서 1919년 2·8 독립선언 직후 "조선 안 여학생을 조직해 운동을 일으킬 겸 파리회의에 하란사 씨를 파견할 기금모집을 할 겸 귀국했고, 하란사 여사는 상해까지 갔다가 뜻을 이루지 못한 채 그곳에서 작고하시고 그 후 2차로 파견한 동지도 여의치 못해 미국으로 건너가고 말았"다고 했다.
8   〈신한민보〉, 「하란사 여사는 중로에서 별세」(1919. 4. 24)
9   〈신한민보〉, 「신마실라 여사의 활동」(1919. 7. 26)
10 현순, 『玄循自史』(독립기념관 소장 자료). 원문은 "河蘭史 女士도 來留 中에 偶然히 流行性 感冒에 걸리어 苦痛하다가 不幸病死하매 自京城으로 其夫 河相琦가 來하여 華人 禮拜堂에서 葬式을 行하고 北京城 外에 安葬하였다."인데, 필자가 현대어로 수정하여 인용하였다.

국가유공자 제3묘역의 여성들

국가유공자묘역은 우리나라의 정치·경제·외교·안보·과학 등의 분야에서 국가 발전을 위해 헌신한 국가유공자를 모신 곳으로 제1, 제2, 제3묘역으로 조성돼 있다. 이곳 국립서울현충원 국가유공자묘역에는 총 68위의 국가유공자가 안장되어 있는데, 이 중 국가유공자 제3묘역에는 김현숙과 이영희 등 두 명의 여성이 안장되어 있다.

김현숙(1915-1981)은 한국 여군으로서는 최초로 대령으로 진급했는가 하면, 초대 여군처장으로 전역하기까지 여군 창설과 발전의 주역으로 활약한 인물이다.

1940년에 성립한 한국광복군에도 여군이 있었지만, 이들은 한국 여군의 모체 역할을 하지는 못했다. 대신 대한민국 정부가 정식으로 수립된 1948년 이후 사회적 혼란기에 조직된 중등학교 이상 학도호국단의 교련교사로 양성된 여자배속장교가 한국 여군의 모태 역할을 했다. 당시 정부는 중등학교 이상 학교에 학도호국단을 조직하고, 이를 지도할 교련교사를 육성하기 위해 전국 중고교와 대학의 체육교사를 대상으로 '배속장교 양성반'을 설치 운영했다. 이때 배속장교 3기는 여학교와 여자대학교의 학도호국단 간부를 훈련시킬 교관요원 양성을 목적으로 전원 여자로 구성됐는데, 1949년 3주간의 '여자청년호국대지도자 훈련'을 마친 32명이 그해 6월 30일부터 1개월간 배속장교 제3기 교육을 거쳐 7월 30일자로 육군예비역 소위로 임관했다. 이들의 훈련을 담당한 훈련대장이 바로 김현숙 초대 병과장이었다. 이때 배출된 여자배속장교 중 박을희·현성원 등 11명이 김현숙과 더

여군 창설의 주역으로 김현숙을 소개한 기사(1971. 05. 27. 동아일보)

불어 초창기 여군 창설의 주역이 되었다.

김현숙보다 먼저 간호장교로 임관된 최초의 여군도 있었다. 1948년 5월 1일 제1육군병원(당시 서울 영등포구 대방동 위치)이 창설된 후 군병원에 필요한 전문 간호인력을 확보하기 위해 면허를 소지한 간호사를 간호장교로 임관시켰다. 이때 김감은을 비롯한 31명이 소위로 임관했다. 이들 31명 중 12명은 임관 즉시 제1육군병원에 배치됐고, 나머지 19명은 미 제382후송병원에서 3개월의 군사훈련과 실무교육을 이수한 후 제2·제3육군병원에 각각 배치되었다.[11]

평양출신으로 1934년 일본 동경 체육전문학교를 졸업하고 평양강동여자중학교 체육교사로 근무한 김현숙은 해방 후 1946년 5월 여경훈련소 교관으로 한국 여자경찰 창설에도 기여했는데, 1949년 7월 여자배속장교 사감을 거쳐 예비역 소위로 임관되면서 본격적인 여군의 길을 걸었다. 중앙 학도청년훈련소 교관으로 있으면서 지리산 빨치산 토벌 작전에 참전하여 생포된 여자 빨치산의 전향 공작도 담당하던

---

11 육군군사연구소, 『국방여군 60년사』(2010)

김현숙은 1950년 6·25 한국전쟁 발발 직후에는 이승만 대통령에게 여자의용군 모집을 건의해 관철시켰고, 1950년 9월 1일 육군 제1훈련소 안에 여자의용군 교육대를 창설하여 초대 교육대장으로 취임했다. 이 교육대에서는 여자배속장교 출신들을 교관으로 하여 여자의용군 1, 2기 874명을 양성했는데, 이들은 전쟁기간 동안 국군의 일원으로 활약했다.

김현숙은 1950년 10월 23일부터 현역에 정식 편입되어 활동했다. '국군의 누나'로 통하면서 1951년 11월에는 육군본부에 여군과가 창설되면서 여군과장이 됐다. 이후 편제 개편에 따라 여군부장으로 있으면서 1955년 7월 여군훈련소(서울 용산)를 창설하고 초대 소장을 겸했다. 김현숙은 1960년 9월 초대 여군처장으로 전역하기까지 여군 창설과 발전의 주역으로 활동했지만, 1953년 3월에 대령으로 진급한 이후 끝내 장군으로 진급하지는 못한 채 예편해야 했다.

김현숙은 예편 후 공화당 부녀분과위원장을 거쳐 제8대 국회의원 선거(1971)에서 전국구 국회의원이 되면서 정치인으로 활동하기도 하였다. 묘비에 '전 국회의원 김현숙의 묘'라고 씌어 있는 이유이기도 하다.

최초의 여성 장군은 김현숙이 전역한 지 42년이 지난 뒤에야 탄생했다. 간호병과에서 양승숙이 2002년 1월 1일자로 준장 계급을 달면서 비로소 여성 장군 시대가 열린 것이다.

이영희의 바늘과 실타래가
무명과 비단의 지도 위에서
하 세월 길을 묻고
힘겹게 길을 열더니

이제는 동양과 서양을

이어주는 문화의 끈이 되었더라

'바람의 옷'을 만들었다는 찬사와 함께 '색의 마술사'로 불리기도 한 이영희(1936-2018)의 묘비에 새겨져 있는 김남조 시인의 시구다.

대구 출신으로 결혼과 함께 전업주부로 지내던 이영희가 한복 디자인 일을 시작한 것은 나이 마흔 살이던 1976년의 일이다. 부업으로 솜과 이불을 팔며 남은 실크로 한복을 지어 입었는데, 그 능력이 소문으로 퍼지면서 주변의 권유가 이어졌다. 이영희는 이듬해인 1977년 '이영희 한복의상'을 열었다. 1983년에는 백악관 초청 미국 독립기념 패션쇼를, 1986년에는 톺불 수교 100주년 기념 패션쇼를 열기도 했다. 47세부터는 성신여대 대학원에서 염직공예학을 공부했는데, 이를 통해 천연염색의 색감을 한복에 접목시키기도 했다.

이영희가 전 세계 패션계에서 명성을 얻은 것은 1993년 프랑스 파리 프레타포르테 패션쇼에서였다. 당시 이영희가 출품한 작품은 다양한 색감으로 이루어진 치맛자락을 저고리 없이 드레스처럼 선보여 한복이 원색의 옷이란 고정관념을 깨는 데 크게 기여했다. 당시 〈르 몽드〉의 수석 패션기자 로랑스 베나임으로부터 '바람을 옷으로 담아낸 듯 자유와 기품을 한 데 모은 옷'이라는 찬사를 받았다.

2000년에는 뉴욕의 카네기홀에서 패션쇼를 열었고, 2001년에는 평양에서 패션쇼를 열기도 했다. 2004년에는 뉴욕에 이영희한국문화박물관을 개관했다. 2005년에는 한국에서 열린 APEC 정상회담 당시 노무현 당시 대통령이 각국 정상들에게 한복을 선물했는데, 바로 이영희의 작품이었다. 2007년에는 워싱턴의 스미스소니언 박물관에 12

벌의 한복을 영구 전시했고, 2008년에는 구글^{Goole} 아티스트 캠페인에 '세계 60인의 아티스트'로 선정됐다. 2018 평창 동계올림픽 개막식에서는 전통 한복을 현대적인 감성으로 재해석해 디자인한 공연 의상을 내놓는 등 한복의 현대화와 세계화에 기여해 한국의 대표적인 디자이너로 자리 잡았다.

'색의 마술사'로 불리기도 한 이영희는 2018년 5월 18일 82세를 일기로 타계했다. 정부는 한복 디자이너인 그가 문화 발전에 크게 공헌한 점을 기려 2018년 10월 15일 열린 '2018 한복문화주간' 개막식에서 금관문화훈장을 추서했다.

2021년 봄, 독립유공자 묘역에 불기 시작한 변화의 바람

여성의 독립운동은 더 깊숙이 묻혀왔습니다. 여성들은 가부장제와 사회·경제적 불평등으로 이중삼중의 차별을 당하면서도 불굴의 의지로 독립운동에 뛰어들었습니다. 광복을 위한 모든 노력에 반드시 정당한 평가와 합당한 예우를 받게 하겠습니다. 정부는 여성과 남성, 역할을 떠나 어떤 차별도 없이 독립운동의 역사를 발굴해 낼 것입니다.(문재인대통령의 2018년 8·15 경축사)

문재인 대통령은 지난 2018년 8·15 경축사에서 여성 독립운동의 역사를 적극 발굴하겠다고 약속한 바 있다. 하지만 그로부터 2년 여가 지난 2021년 3월 현재 국가보훈처가 인정하는 독립유공자 16,685명 중 여성 독립유공자는 526명(3.15%)에 불과하다. 그나마 문재인 정부의 의지가 반영되어 지난 2년 동안 여성독립운동가의 비율이 2%

대에서 3%대로 높아진 것을 위안 삼아야 하는 상황이다. 물론 여성 독립유공자의 비율이 지극히 낮은 현실은 남성중심으로 운영되어 온 사회에서 독립운동 역시 남성중심으로 벌어졌다는 역사적 사실의 반영이기도 하다. 하지만 독립운동의 역사에서 여성이 한 역할에 대한 평가가 제대로 이루어지지 않은 현실이 반영된 결과라는 점 역시 부인할 수 없다. 그래도 2019년 3·1 운동 100주년을 계기로 여성독립운동가에 대한 '정당한 평가와 합당한 예우'를 위한 노력이 이곳저곳에서 본격적으로 이루어지기 시작했다는 점은 긍정적이다. 우정사업본부가 3·1 운동 100주년을 기념하여 안경신, 김마리아, 권기옥, 박차정 등 여성 독립운동가 4인의 모습을 담은 기념우표를 발행한 일이나, (사)항일여성독립운동기념사업회를 중심으로 한 여성독립운동가 발굴과 여성독립운동가의 삶을 재조명하는 사업 등이 대표적이다. 한국문화예술위원회의 연극 〈여성독립운동가열전1, 2〉(예술감독 이기연)도 여성 독립운동가의 삶을 재조명하는 활동으로 주목받았다.

이 변화의 바람은 2021년 봄 마침내 '혁명적 변화'의 바람이 되어 독립유공자 묘역에도 불기 시작했다.

안경신·김마리아·유관순 등 무후선열제단의 여성 독립운동가들

현재 국립서울현충원의 독립유공자 묘역에 안장되어 있거나 위패로 안치되어 있는 여성 독립운동가는 손에 꼽을 정도로 적다. 먼저 무후선열제단을 둘러봐도 무후선열 135위 중 안경신, 김마리아, 유관순 등 여성 독립운동가 세 명의 위패만 볼 수 있다.

안경신(1888 - ?)은 평양에서 3·1운동에 참여한 후 대한애국부인 회에 가담하여 대한민국 임시정부에 독립군자금을 지원하는 활동을 했고, 중국으로 망명한 이후에는 확고한 무장투쟁론자답게 대한광복 군 총영에 가담하여 활동했던 인물이다. 1920년 필리핀, 중국, 일본 등을 방문·시찰하는 미국의원시찰단이 한반도도 그 여정에 포함하 고 있다는 소식을 접한 대한민국 임시정부는 이를 기회로 세계여론 에 한국 독립의 필요성을 호소하고자 했다. 이에 호응하여 안경신이 속해 있던 광복군 총영도 서울과 평양, 신의주 등 세 도시에서 폭탄거 사를 실행하기로 결정했다. 이때 안경신은 임신 중이었음에도 평양으 로 침투하여 거사를 벌이는 제2대에 속해 활동했다. 제2대는 평남도 청과 평양경찰서, 평양부청에 폭탄을 투척하여 조선인들이 일제에 반 대하고 있다는 점을 부각시키는 데 성공하였다.

하지만 사건 직후 다른 대원은 곧바로 만주로 피신하였음에도 안경신은 임신 중이었던 관계로 만주로 복귀하지 못한 채 함경남도 이원에 은신해 있다가 이듬해인 1921년 3월 출산한 지 12일 만에 일경에 체포되고 말았다. 1심에서 사형을 언도받은 안경신은 2심에 서 징역 10년이 확정되면서 1927년까지 감옥살이를 해야 했다. 안경 신과 함께 송죽회에서 활동했던 동지 최매지(최금봉, 1896-1983)는 안경신의 확고한 항일투쟁 의지를 회고하면서 다음과 같이 증언한 바 있다.

독립투쟁가가 많이 있고 여성투쟁가도 수없이 있다. 그러나 안경신 같이 시종일관 무력적 투쟁에 앞장서서 강렬한 폭음과 함께 살고 죽 겠다는 야멸찬 친구는 처음 보았다. 너무 강폭한 투탄 폭살 투쟁으로 오히려 해를 받는다면 항일투쟁에 가담하지 아니함만 같지 못할 게 아니냐고 물으면 그녀는 잔잔한 미소만 띠고 긍정하지 않았다.[12]

혁명여걸로 불리기도 했던 김마리아(1892-1944)는 일본 유학 중 동경여자유학생친목회 회장을 맡아 『여자계^{女子界}』를 발간하면서 남녀평등사상에 기반한 여성운동과 독립운동을 펼치던 중 2·8 독립선언에도 참여했고, 조선으로 들어오자마자 최초의 항일여성독립운동단체인 대한민국애국부인회를 조직하기도 한 인물이다. 김마리아가 회장으로 있던 대한민국애국부인회는 서울과 대구를 비롯하여 부산·전주·진주·평양·원산 등 15개 지방에 지부를 설치하고 2천여 명의 회원을 확보하는가 하면, 6,000원의 군자금을 임시정부에 전달하는 등 활발한 활동을 벌였다. 하지만 배신자의 밀고로 1919년 11월 김마리아를 포함한 52명이 일경에 체포되고 만다. 일제의 모진 고문으로 죽음 직전까지 몰린 상황에서 선교사들의 노력으로 병보석으로 나온 김마리아는 세브란스 병원에서 치료 중 감쪽같이 인천에서 배를 타고 위해위를 거쳐 상하이로 탈출한 '김마리아 탈주사건'의 주인공이 된다. 이 김마리아 탈주 사건은 독립운동의 역사에서 전설로 내려오는 박헌영 탈주 사건에 비견되기도 한다.

상하이에서 김마리아는 대한민국 임시정부 임시의정원에서 최초의 여성의원으로 활약하기도 했다. 1923년 열린 국민대표회의에서는 안창호와 함께 개막연설을 하기도 했다.

미국 유학 중에도 근화회를 조직하여 독립운동에 참여한 김마리

---

12 국가보훈처, 「독립운동가 안경신」(2015)

옛 정신학교 교정(연지동)의 김마리아 동상

아는 1932년 망명생활을 정리하고 조선으로 들어와 교육운동에 헌신했는데, 1919년 두 차례 구속되어 당한 모진 고문의 후유증을 끝내 극복하지 못하고 해방을 불과 1년 앞둔 1944년 평양에서 사망하고 말았다. 김마리아의 유해는 화장하여 대동강에 뿌려졌다.

리더십이 뛰어나 '만약 해방 후까지 살았다면 대한민국 최초의 여성대통령이 되었을 만한 인물'로 인구에 회자되기도 한 김마리아는 여성운동의 개척자로 높게 평가받고 있다.

유관순(1902-1920)은 3·1 운동의 표상이자 여성독립운동가의 상징적 인물이다. 특히 3·1 운동 100주년이었던 2019년에는 유관순의 삶과 죽음을 되새기게 하는 굵직한 일이 두 차례나 있었다. 하나는 서대문형무소에서의 '3·1 만세운동 1주년기념투쟁' 이야기를 다룬 영화 〈항거: 유관순 이야기〉가 개봉된 일이고, 다른 하나는 1962년 건국훈장 독립장을 서훈 받았던 유관순에게 대한민국장이 추서된 일이다.

서대문형무소에서 옥사한 유관순의 시신은 원래 이태원 공동묘지에 묘비도 없이 안장되었다. 그런데 이태원 공동묘지가 일제의 군용기지로 쓰이게 됨에 따라 망우리 공동묘지로 이장하는 과정에서 유관순의 유해는 흔적도 없이 망실되고 말았다. 유관순의 무덤을 포함해 이름 없는 2만8천여 분묘를 한꺼번에 화장하여 합장시켰던 탓이다. 결국 유관순의 유해는 찾을 길이 없었고, 다만 합장한 자리에 '유관순열사 분묘 합장 표지비'가 세워져 있을 뿐이다. 옛 이태원 공동묘지가 있던 이태원부군당 공원에도 2015년에 유관순 추모비가 세워졌다.

고향인 천안 병천(아우내)에는 1989년 10월 12일 유관순의 영혼을 위로한다는 취지로 초혼묘(유골이 없는 분의 혼백을 모신 묘)를 조성했다. 육각뿔 형태로 만들어진 초혼묘의 각 면에는 기도문·어록문 등의 비문이 적혀 있고, 묘 뒤편에는 유관순의 부조가 새겨져 있다.

이렇게 바뀌는 데 56년이 걸렸다

독립유공자 묘역에는 2021년 4월 31일 현재 남자현을 비롯하여 양방매, 임수명, 오건해, 정정산(정현숙), 이은숙, 권기옥, 신창희, 안혜순, 김은주, 오광심, 김병일, 신순호, 오희영 등 14명의 여성 독립운동가가 안장되어 있다. 독립유공자 묘역에는 전부 224위의 독립운동가가 안장되어 있으니 여성 독립운동가가 6.3%를 차지하고 있는 셈이다. 특히 이들 14명 중 10명의 여성 독립운동가는 역시 독립운동가의 삶을 살다 돌아가신 남편과 합장되어 있는데, 2021년 3월에 분 '혁명적 변화'의 바람의 진원지도 바로 이곳이었다.

독립유공자 묘역에 안장된 여성 독립운동가 중 처음부터 '독립운동가 ○○○의 배위'로서가 아니라 자신의 이름으로 안장된 인물은 남자현(1872~1933)과 권기옥(1901~1988) 둘 뿐이다. 남자현과 권기옥은 독립운동가 길에서도 언급했듯이 영화 〈암살〉(2015)의 주인공 안옥윤의 롤모델로 많이 알려졌다.

남자현은 1925년 국내로 잠입해 당시 조선총독 사이토 마코토를 저격하려다 뜻을 이루지 못했는데, 남자현의 이 점을 포착하여 영화 〈암살〉의 주인공 안옥윤의 기본틀이 만들어졌다고 한다.

남자현의 묘에는 남편 김영주도 함께 안장되어 있다. 남편 김영주는 1896년 영양의병장 김도현 의진에 의병으로 참전해 일제에 맞서다 전사한 인물로 알려져 있는데, 독립유공자로 인정받지 못해 '순국선열 남자현'의 '배위 김영주'로 합장되어 있다. 유복자를 키우던 남자현은 1919년 서울에서 3·1 운동에 참여한 후 만주로 망명해 본격적으로 독립운동에 나선다. 이때 남자현은 '만주 독립군의 어머니'로 불리면서 남만주 지역의 독립운동가들 내부의 갈등을 풀어내는 데 큰 역할을 했다고 한다.

1932년, 일제의 만주침략에 대한 진상조사를 위해 만주에 국제연맹조사단(단장 리튼 경)이 왔다. 남자현이 그들에게 '일제가 조선민중의 의사에 반해 조선을 식민지화했다'는 사실을 폭로하기 위해 혈서로 '朝鮮獨立願조선독립원'이라고 쓴 흰 천에 잘라낸 왼손 무명지 2절을 함께 싸서 전달한 사건도 유명하다. 이로 인해 최근에는 '여자 안중근'이라는 별칭을 새로 얻기도 했다. 1933년 주만주국 일본전권대사 무토 노부요시武藤信義를 제거하기 위한 계획을 실행하던 중 일제에 잡힌 남자현은 17일간의 단식투쟁 끝에 보석으로 석방되었지만, 아들 성삼에게 중국화폐 248원을 내놓은 뒤 '우리나라가 독립이 되면 독립축하금으로 이 돈을 희사하라'는 유언을 남긴 채 사망하고 말았다. 이 유언에 따라 아들 성삼은 1946년 3월 1일 서울운동장에서 거행된 3·1절 기념식에서 이를 실행하였다고 한다.

권기옥도 남자현과 더불어 영화 〈암살〉의 주인공 안옥윤의 롤모델 중 한 명으로 알려져 있다. 숭의여학교 재학 중 3·1 만세운동에 참여하기도 했던 권기옥은 대한애국부인회 사건으로 6개월간 감옥살이를 한 뒤 중국으로 망명해 한국인 최초의 여성비행사가 됐다. 비행기를 몰아 조선총독부와 일왕이 있는 궁성을 폭파하겠다는 열망으로 비행사가 된 그였다.

1923년 단지 여성이라는 이유로 세 군데에서 입학을 불허당한 끝에 어렵사리 입학한 윈난육군항공학교를 1925년 3월 제1기로 졸업한 권기옥은 대한민국 임시정부의 소개로 중국 풍옥상 부대에서 한국 최초의 여성비행사로 복무하였다. 이즈음 권기옥의 활약상은 식민지 조선에도 알려져 국내 언론에 여러 차례 보도되기도 했다.

오직 한사람뿐이던 조선 여자비행가로 한 번 진중에 나타날 때에는 군인의 정신을 빼리만큼 미인의 용모를 가진 권기옥 양도 (…) 금년 2월에 상해로부터 광동을 거쳐 북경으로 들어가 국민군 제일비행대에 나서서 남다른 천재를 발휘하여 많은 공로를 나타냈었는데 (…)[13]

위 〈동아일보〉의 기사 말고도 〈조선일보〉는 권기옥의 사진과 함께 그의 이력과 활약상을 소개하였고[14], 〈중외일보〉는 안창남(1900-

---

13 〈동아일보〉, 「중국 창공에 조선의 붕익」(1926. 5. 21)
14 〈조선일보〉, 「풍진 어지러운 중국 공중에 이채 창연한 조선 여장부」(1926. 5. 21)

1930)[15], 최용덕(1898~1969)[16] 등과 함께 권기옥의 활약상을 연이어 소개하였다.[17]

권기옥은 1927년 장개석이 북벌을 벌일 때 최용덕과 함께 동로 항공사령부의 일원으로 가담하는 등 10여 년 동안 중국 공군에 참여했다. 1928년 5월 31일 난징에서 일본 경찰에 체포되어 옥고를 치르기도 한 권기옥은 1937년 중일전쟁이 발발하자 충칭에 있는 중국 국민정부 육군참모학교의 교관으로 임명되어 적의 정보를 연구해 직접 가르치는 등 후진양성에 힘썼다. 1943년에는 충칭의 대한민국 임시정부의 직할로 김순애·방순희·최선화·최애림·최형록 등과 함께 대한민국애국부인회(회장 김순애)를 재조직하여 사교부장으로 활동하였다. 광복 후에는 장개석의 국민정부와의 외교에 힘쓰다 1949년에 귀국했다.

2005년 영화 〈청연〉이 개봉될 때 권기옥도 소환되었다. 영화의 주인공 박경원이 탄 비행기 이름을 제목으로 한 영화 〈청연〉이 박경원을 한국인 최초의 여자비행사로 홍보했기 때문이다. 하지만 이는 사실이 아니었다. 박경원은 최초의 여자비행사 권기옥보다 2년 뒤진 1927년에 일본에서 비행사가 된 인물이었다. 영화 〈청연〉은 박경원의 친일 행위를 미화하고 있다는 지적도 받았다.[18] 당시로서는 파격적인 120억의

---

15 안창남은 한반도 항공을 난 한국인 최초의 비행사였으며, 1924년 중국으로 망명하여 권기옥과 함께 풍옥상 부대에서 활약하였다. 1928년 최양옥·신덕영·김정련 등과 함께 대한독립공명단을 조직하는 한편, 이듬해인 1929년 비행학교 설립과 군자금 확보를 위해 최양옥과 김정련 등에게 600여 원을 제공하면서 이들을 국내로 잠입시켰으나, 최양옥·김정련·이선호 등이 경기도 마석에서 우편수송차량을 습격한 이후 붙잡히는 바람에 실패하고 말았다.
16 최용덕은 독립운동가 길에서 이미 소개했다.
17 〈중외일보〉는 「조선인 비행가 제씨 중국 전선에서 활약」(1927. 8. 28) 「풍군 진중에서 활동하는 여비행사 권기옥」(1928. 5. 28) 등 권기옥 관련 기사를 여러 차례 실었다.
18 박경원(1901-1933)은 1925년에 도쿄 가마다에 있는 비행학교에 입학해 1927년 고등비행

제작비를 들인 야심작이었던 영화 〈청연〉은 역사의식의 결여로 49만 관객을 불러들이는 데 그치면서 결국 흥행에 실패하고 말았다.

'홍일점 의병' 양방매

양방매(1890-1986, 독립유공-124)는 대한제국기 여성 의병이었다. 호남지역에서 활동한 대표적인 후기의병장 가운데 한 사람인 강무경(1878-1910)의 부인으로 남편을 따라 항일전에 투신하였다. 호남의 3대 의병장으로 불리는 심수택(독립유공-8, 1871-1910) 의진의 선봉장으로 활약하고 있던 강무경이 영암으로 이동하여 아버지 양덕관의 집에 잠시 머문 것이 계기가 되어 1908년에 결혼하였다. 강무경이 일본군의 공세를 피하기 위해 영암을 떠나게 된 상황에서 집에 남을 것을 권유했으나, "언제 무슨 일을 당할지 모르는 남편, 살아도 같이 살고 죽어도 같이 죽겠다"면서 주위의 만류를 뿌리치고 강무경을 따라 의병의 길에 나섰다. 양방매는 1909년 3월 70여 명의 일본 헌병을 사살한 나주 남평 전투 등에 직접 참여했다고 한다. 하지만 양방매는 1909년 9월부터 일제의 이른바 '남한대토벌 작전'으로 호남의병에 대한 파상적 탄압이 이어질 때 10월 9일 남편 강무경과 함께 체포되었

사 3등 비행사, 1928년에 2등 비행사 자격증을 취득, 여성 비행사로 활동하였다. 그러나 1933년 8월 7일 도쿄-서울-평양-만주 루트의 동해 횡단 비행에 나섰다가 이륙한 지 50분 만에 원인 모를 사고로 하코네산에 추락해 33세의 나이에 사망하고 말았다. 박경원이 친일 인사로 비난받게 된 것은 1931년 자신의 비행기 '청연(靑燕, 푸른 제비)을 소유할 때 당시 일본 체신장관인 고이즈미 마타지로(고이즈미 전 총리의 할아버지)의 도움을 받기도 했고, 고이즈미 마타지로와 함께 신사참배를 하고 일본군의 선전비행에 동원되는 등 친일 행동이 두드러졌기 때문이다. 그녀의 마지막 비행조차 '일만친선 황군위문' 행사였다.(pmg 지식엔진연구소,『시사상식사전』, 박문각)

다. 강무경은 1910년 심수택과 함께 대구감옥에서 사형 당했고, 양방매는 석방되었다. 2005년에 독립유공자로 인정받은 양방매는 그동안 '순국선열 강무경'의 '배위'로 합장되어 있었는데, 2021년 3월에야 '애국지사 양방매'로 새롭게 태어났다.

그동안 여성 의병의 대표적 인물로 윤희순(1860-1935)이 주로 부각되었다. 윤희순은 시아버지 유홍석이 의병을 일으켰을 때 〈안사람 의병가〉, 〈의병군가〉 등을 지어 보급하는 활동을 하였는가 하면 1907~1908년에는 여성 의병 30여 명을 조직하여 군자금을 모금 활동 등을 한 최초의 '여성 의병 지도자'로 불리고 있다. 국립서울현충원 독립유공자 묘역에서 만날 수 있는 양방매도 이제부터는 윤희순과 더불어 대표적 여성 의병의 한 사람으로 기억되기를 기대한다.

비극적 죽음으로 삶을 마감한 임수명

임수명(1894-1924, 독립유공-35)은 1912년 서울 모병원에서 간호원으로 근무하고 있을 때 환자로 위장하여 입원해 있던 신팔균(1882-1924)과 알게 되어 1914년 결혼하였다. 대한제국 육군 무관(정위) 출신으로 신흥무관학교 교관을 지내기도 했던 신팔균은 1920년대 만주 독립군의 3천(신동천, 김경천, 지청천) 중 한 명으로 불리며 항일무장투쟁의 지도자로 활약한 인물이다. 임수명은 1910년대부터 북경으로 망명한 남편의 비밀문서 연락을 맡아 독립운동에 참여했고, 1921년에는 밀명을 띠고 입국한 남편을 따라 만주로 망명하여 독립운동을 이어나갔다. 임수명의 죽음은 당시에도 많은 이들의 '창자를 끊어내는 듯'했을 정도로 비극적이었다. 1924년 남편 신팔균이 일제의 사주를 받아 통의부 사령관 본부를 습격한 중국 마적과 전투를 벌이다 전사하는 일이 벌어졌고, 충격 속에 태중의 아이를 가진 채 귀국한 임수명은 서울 종로구 사직동의 셋방에서 생활하던 중 아들까지 병으로 죽자 비관하여 태어난 지 두 달밖에 안 된 딸과 함께 자결하여 생을 마감하고 만 것이다.[19] 임수명은 1977년에 독립유공자로 인정받았지만, 독립유공자 묘역에서는 2021년 3월에야 '배위 임수명'에서 '애국지사 임수명'으로 다시 태어났다.

임시정부요인의 뒷바라지 도맡았던 오건해

오건해(1894-1963)는 남편이자 동지였던 신건식(1889~1963)과 함께 안장되어 있다. 충북 청주 출신의 유명한 4형제 독립운동가(신정식, 신규식, 신건식, 신동식) 집안의 넷째였던 신건식은 대한민국 임시정부의 임시의정원 의원과 재무부 차장 등을 지냈다.

오건해는 1926년 5살짜리 딸 신순호를 데리고 일찍이 1911년에 망명한 남편 신건식이 있는 중국 상하이로 망명했다. 사위 박영준의 회고[20]에 따르면 '독립운동가 치고 오건해 여사의 음식을 먹어 보지 못한 사람은 독립운동가가 아니라는 말이 있을 정도로 음식 솜씨가 좋은 오건해 여사는 독립운동가의 뒷바라지에 평생을 보낸 분'이었다. 오건해는 망명 이후 줄곧 대한민국 임시정부의 안살림과 독립운동가의 뒷바라지를 도맡아 했던 것이다.

1937년 전후에는 병약해진 당시 임시정부 주석 이동녕의 병환 치

---

19 〈동아일보〉, 「모녀 비관 자살 – 독립단 수령 신씨 유족」(1924. 11. 4)
20 박영준, 『한강물 다시 흐르고: 박영준 자서전』(한국독립유공자협회, 2005) 105쪽

료에 정성을 다했고, 만주에 가족을 두고 홀로 충칭으로 와서 독립운동을 하고 있던 미래의 사돈 박찬익의 뒷바라지에도 힘썼다. 특히 김구가 창사에서 총격을 당해 사경을 헤맨 이른바 '남목청 사건' 때도 오건해는 백범 김구를 돌봤다. 남목청 사건은 1938년 5월 6일, 조선혁명당 본부가 있는 남목청에 조선혁명당의 이청천과 유동열, 현익철, 한국독립당의 조소앙과 홍진, 조시원, 한국국민당의 김구와 이동녕, 이시영 등이 모여 통합 논의를 하던 중 조선혁명당 간부 이운한이 회의장에 뛰어 들어 권총을 난사한 사건이다. 이때 현익철은 현장에서 사망했고, 유동열, 이청천과 함께 총상을 당한 김구도 이때 목숨을 잃을 뻔했다. 사건 직후 김구를 진찰한 중국 의사는 소생할 가망이 없다고 판단하고 응급처치도 하지 않은 채 문간방에 방치해 둔 상태였다. 그런데 김구가 기적적으로 소생하면서 응급 치료가 이루어져 가까스로 회생할 수 있었다. 김구가 퇴원 후 요양할 때 식사 등의 뒷바라지를 맡은 것도 오건해였다. 김구가 충칭 시기 홀로 시내에 머물며 임시정부를 이끌 때도 거의 모든 숙식을 오건해가 책임졌다고 한다.

    오건해가 독립운동가의 뒷바라지만 한 것은 아니었다. 오건해는 1940년 6월 17일 충칭에서 창립된 한국혁명여성동맹의 일원이었고, 1942년부터는 한국독립당원으로 참가해 활동했다. 그럼에도 오건해가 독립유공자로 인정받은 것은 남편 신건식이 1977년에 독립유공자로 인정받은 지 40년 만인 2017년의 일이었고, '독립유공자 오건해'로 새겨진 묘비가 세워진 것은 2019년의 일이었다. 그로부터 또 2년이 지난 2021년 3월, 마침내 묘비 뒷면 '약력란'에도 남편 신건식의 약력과 나란히 오건해의 약력도 새겨졌다.

우여곡절 끝에 현재의 모습으로 바뀐 오광선·정정산의 묘와 묘비

용인 출신으로 본명이 정현숙인 정정산(1900~1992)은 남편 오광선(1896-1967)과 함께 독립유공자 묘역에 안장되어 있다. 경기도 용인의 유명한 독립운동가 집안의 일원인 남편 오광선은 신흥무관학교를 졸업한 후 서로군정서 별동대장과 경비대장으로 활동했고, 조중연합군을 형성해 일본군을 궤멸시킨 1933년의 수분하 대전자 전투에 지청천 장군과 함께 참전하기도 했다. 오광선의 아버지이자 정정산의 시아버지인 오인수도 의병운동으로 서대문형무소에서 8년간 옥살이를 한 인물이다.

먼저 만주로 간 남편 오광선을 만나기 위해 감옥에서 나온 시아버지를 모시고 1918년께 만주로 망명한 정정산은 1935년까지 만주 길림성 일대에서 독립군의 뒷바라지와 비밀 연락임무를 수행하는 등 독립운동에 참여했다. 북만주 액목현에 있을 때 나중에 광복군에서 활약하는 두 딸 오희옥, 오희영도 낳았다. 1935년 이후에는 중국 난징에서 대한민국 임시정부 요인들의 뒷바라지를 하는 한편, 1940년에는 한국혁명여성동맹 결성에 참여해 맹원으로 활동하고 한국독립당 당원으로 활동하는 등 독립운동에 헌신했다.

오광선·정정산의 묘(독립유공-36)에 있는 묘비가 지금의 모습으로 바뀌는 과정은 우여곡절의 연속이었다. 정정산은 1992년 별세하면서 이미 독립유공자 묘역에 안장돼 있던 남편과 함께 합장되면서 '배위 정정산 합장'으로 새겨졌고, 1995년에 독립유공자로 인정받게 되면서 어느 시점에 오광선의 묘비 왼편에 '배위 애국지사 정정산 합장'이라는 문구를 작게 새겨 넣은 묘비로 교체되었다가 2020년 5월에야 '애국지사 정정산'이라 새겨진 묘비로 교체되었다. 뒤늦게나마 남편 오광선과 나란히 '애국지사 정정산'이라고 새겨진 묘비가 세워졌으니 얼마나 다행한 일인가마는 그래도 여전히 바뀌지 않은 게 있었다. 남편 오광선의 약력만 새겨져 있는 묘비명은 그대로였던 것이다.

오광선·정성산의 묘비 뒷면의 묘비명에 정정산의 약력도 함께 새긴 것은 그로부터 다시 일 년이 지난 2021년 3월에 분 '혁명적 변화'의 바람 덕분이었다.

조선혁명군과 한국광복군의 여전사 오광심

평북 선천 출신의 오광심(1910-1976)은 조선혁명군 참모장과 한국광복군 제3지대장을 지낸 남편 김학규(1900~1967)와 함께 안장돼 있다.

오광심이 독립운동가의 길을 본격적으로 걸은 것은 만주에서 배달학교 교사로 있다 조선혁명당에 가입한 1930년부터였고, 1931년 이후에는 일제의 만주침략이 벌어지자 교직을 접고 독립운동에 전념했다. 조선혁명당 산하 조선혁명군의 사령부 군수처에서 복무하던 오광심은 이후 유격대 활동과 한중연합 항일전에도 참여했다. 이때 오광심이 주로 한 역할은 '비밀연락 업무'였다. 남편 김학규를 만난 것도 이 비밀연락 업무를 수행하던 과정에서였다.

1934년 5월에는 조선혁명당과 조선혁명군의 전권대표로 중국 관내와 연계하는 역할을 수행하기 위해 남편 김학규와 함께 농부로 감쪽같이 변장하여 난징으로 이동했다. 이때도 난징과 만주를 오가며 비밀연락 업무를 수행하였는데, 이때의 일화가 전해진다. 오광심과 김학규가 난징에 도착했을 때는 통일적인 새로운 정당조직의 필요성이 대두되고 있었고, 조선의열단·한국독립당·신한독립당·조선혁명당·대한

인독립당 등이 연합하는 민족혁명당에 대한 논의가 진행되고 있었다. 이에 만주의 본부와 긴밀한 논의가 필요하다고 판단한 김학규는 방대한 보고서를 작성했다. 그런데 문제는 어떻게 전달할 것인가였다. 몸에 지니고 가다 위험한 상황을 맞을 수도 있었기 때문이다. 이때 오광심은 보고서의 내용을 전부 외운 채 일제의 감시망을 뚫고 만주의 본부에 무사히 도착하여 보고서의 내용을 그대로 기술했다고 한다.

이후 오광심은 한국광복진선청년공작대(1939)와 한국광복군(1940)의 창설 멤버로 참여했다. 오광심은 1940년 9월 17일 충칭 자링빈관에서 한국광복군을 창설하면서 개최한 '한국광복군 성립 전례식'에 조순옥, 김정숙, 지복영 등과 함께 여성광복군으로 참석한 4명 중 한 명이었다. 오광심은 한국광복군에서 선전 업무와 학도병 등으로 일본군에 끌려갔다 탈출한 청년 등을 광복군으로 모집하는 초모공작 활동을 벌였다.

오광심은 여성들의 광복군 참여를 독려하는 활동을 벌이는 한편, 독립운동 대오에서 여성을 조직하는 활동도 주도했다. 1935년 통일전선운동의 결과 탄생한 민족혁명당에서는 부녀부 차장을 맡았고, 1940년에 창립된 한국독립당의 외곽단체인 한국혁명여성동맹에도 함께했다.

애국지사 김학규의 묘가 독립유공자 묘역에 처음 조성된 것은 김학규 장군이 서거한 직후인 1967년의 일이었는데, 1976년에 오광심이 서거하면서 합장하여 오광심-김학규의 묘가 되었다. 그런데 오광심은 서거 당시 독립유공자로 인정받지 못하고 있었다. 오광심이 독립유공자로 인정받은 것은 1977년. 오광심이 처음 독립유공자 묘역에 안장될 때는 단지 애국지사 김학규의 배우자 자격이었던 것이다.

1976년 이래 애국지사 김학규의 묘 왼편에 '배위 오광선 합장'이라고 조그맣게 새겨 놓았던 묘비가 애국지사 오광심과 애국지사 김학규를 나란히 새긴 지금의 모습으로 바뀐 것은 오광심이 독립유공자로 인정받은 날로부터 무려 37년이 지난 2014년의 일이었다. 그럼에도 오광심·김학규의 묘에서 일어난 이러한 묘비 교체는 독립유공자 묘역에서 처음 일어난 '놀라운 변화'였다. 더군다나 오광심·김학규의 묘는 묘비 뒷면의 아래편에 있는 약력란에도 2014년 묘비 교체 당시 둘의 약력을 나란히 새겨 넣는 '파격'(?)을 단행했다. 오광심·김학규의 묘는 2021년 3월 독립유공자 묘역의 변화가 있기 전에 부부의 약력을 함께 소개한 유일한 묘비가 있는 묘였다.

아래 소개하는 독립군 노래 〈님 찾아 가는 길〉의 노랫말도 오광심이 남편 김학규와 함께 만주에서 난징으로 대한민국 임시정부를 찾아가면서 지었다고 하는데, 애국에 남녀가 따로 있을 수 없다는 것을 다시 한 번 절감하지 않을 수 없게 한다.

님 찾아 가는 길

비바람 세차고 눈보라 쌓여도
님 향한 굳은 마음 변할 길 없어라
어두운 밤길에 준령을 넘으며
님 찾아가는 이 길은 멀기만 하여라

험난한 세파에 괴로움 많아도
님 맞을 그날 위하여 끝까지 가리라

민족해방운동에서 여성의 역할을 강조한 여성 독립운동가들

오광심은 한국광복군 내에서 여성의 역할에 대한 생각을 정립하는 데 앞장 선 인물이기도 했다. 대한민국 임시정부와 한국광복군에 참여하고 있던 여성 독립운동가들이 민족해방운동 선상에서 여성의 역할을 어떻게 봤는지에 대해서는 1940년 방순희, 정정산, 오건해, 오광심 등이 주도하여 결성한 한국혁명여성동맹의 「한국혁명여성동맹 창립선언」과 오광심이 『광복』 창간호(1941. 2. 1.)에서 쓴 「한국여성동지들에게 일언을 들림」 등을 통해 어느 정도 파악할 수 있다.

한국혁명여성동맹에 참여한 맹원들은 「한국혁명여성동맹 창립선언」에서 여성과 여성운동의 역할에 대해 다음과 같이 주장하였다.

우리가 처한 상황이 특수하기에 한국여성운동은 본질적으로 구미의 여성운동과는 다를 수밖에 없습니다. 남성들을 상대로 한 여성해방운동, 부녀참정권운동과 같은 구미의 여성운동과 우리의 여성운동은 본질적으로 다른 것입니다. 우리의 투쟁대상은 일본제국주의입니다. 따라서 우리의 여성운동은 일본제국주의 침략세력 박멸을 목표로 삼아야 하며, 한국민족해방운동의 일부분이 되어야 합니다. … 우리는 절대 우리 여성의 역량을 가벼이 보아서는 안 됩니다. 전 세계 20억 인구 가운데 절반 이상이 여성입니다. 우리 3천만 한국민족 가운데 절반 이상이 여성 아닙니까? 남녀의 역량을 합하여 각기 맡은 바 직분과 책임을 다할 때 비로소 아름다운 세계, 진선진미의 한국을 건설할 수 있는 것입니다.(맞춤법 등을 현대어에 맞게 고침)

이러한 인식은 한국혁명여성동맹의 일원이었던 광복군 오광심이 쓴 「한국여성동지들에게 일언을 들림」에서 좀 더 구체적으로 드러난다.

조국의 광복과 민족의 자유를 위하여 국내에서 만주에서 혹은 관내에서 각 단체의 활동이 맹렬하였지만 그는 다 남자동지들이 하였다 하여도 과언이 아니요. 그 중에 우리 여성동지들은 몇 사람이나 되었습니까? 만일 있다고 하면 극소수일 것입니다. 필자는 이것을 우리 운동으로 보아 큰 유감으로 생각하는 동시에 또한 우리 여성을 대표하여 참괴한 땀이 등에 흘려집니다.

우리가 남녀평등을 아무리 부르짖지만은 또는 여권을 찾아보자는 구호가 운소에 높았지만 원래 이런 혁명적 임무를 지지 못하면서 어찌 권리를 말할 수 있으리오. 평등과 권리를 찾으려면 먼저 자체의 분투와 능력이 있고 국가와 사회의 임무를 남자와 같이 부책하고야 될 것입니다.

여성의 평등과 권리는 실제 노력과 행동으로 쟁취해야 하는데, 그 실제 노력과 행동은 조국의 광복과 민족의 자유를 위한 혁명적 임무(민족해방운동)를 남자와 같이 책임지고 벌이는 일이라고 인식하고 있음을 알 수 있다. 이는 한국광복군에 대한 여성의 참여를 촉구하는 과정에서도 일관되게 나타난다. 여성의 위대함을 망각하지 말자고 강조하면서 봉건시대의 전통적인 여성상에서 벗어나 여성도 광복군에 적극 참여하자고 호소하고 있다.

광복군은 범 삼천만의 광복군이며 삼천만 가운데 일천오백만의 여성도 포함되어 있는 줄을 알아야 됩니다.

그럼으로 이 광복군은 남자의 전유물이 아니요, 우리 여성의 광복군도 되오며 우리 여성들이 참가하지 아니하면 마치 사람으로 말하면 절름발이가 되고 수레로 말하면 외바퀴 수레가 되어 필경은 전진하지 못하고 쓰러지게 됩니다. 우리는 우리 혁명을 위하여 또는 광복군의 전도를 위하여 우리 여성자신의 권리와 임무를 위하여 이 위대한 광복군사업에 용감히 참가합시다. 그리고 총과 폭탄을 들고 전선에 뛰어 나아가서 우리 여성의 피가 압록·두만강 연안에 흘리며 이 선혈 위에 민족의 자유화가 피고 여성의 평등 열매를 맺게 합시다.

(…) 우리 여성의 임무는 중요합니다. 남성의 능력으로써 믿지 못할 일을 우리가 할 수 있습니다. 간첩·교통·구호 등은 능히 우리 여성으로야 능률을 낼 수 있습니다.

여성동지들! 우리 여성의 임무가 어찌 집안에서 아이나 양육하고 밥이나 해주고 길쌈이나 하는 것뿐이겠습니까? 우리에게 어떻게 위대한 능력이 있는 것을 망각합니까?

반면, 아쉬운 대목도 보인다.

여자는 남자의 부속물, 완롱물, 기생충 등등의 치욕되는 명사는 어느 남자가 준 것이 아니라 우리 여성들이 자취한 것이라 합니다. 동성동지들! 말로 평등과 권리를 부르짖지 말고 실제 노력과 행동을 함으로써 그를 쟁취합시다. 남자와 같이 피 흘리고 남자와 같이 국가와 사회에 부책하고 남자와 같은 능력과 인격이 있다면 누가 능히 우리 손에서 평등과 권리를 빼앗겠습니까?

오광심의 글이 여성들에게 남성과 같이 혁명적 임무에 나설 것을 호소하는 데 기본 목적이 있었다는 점을 인정하더라도, 명백한 남성의 잘못마저 여성의 책임으로 돌리는가 하면 여성의 평등과 권리는 '여성이 하기 나름'이라고 이해할 수 있는 대목도 보인다. 남성중심의 가부장적 이데올로기에 맞서 남녀평등과 여성의 권리를 주장하는 견해를 긍정적으로 수용하려고 하기보다는 이를 비판하고 있는 듯한 인상을 주고 있는 대목 역시 아쉽다. 아무튼 한국혁명여성동맹의 '한국혁명여성동맹 창립선언'과 오광심의 '한국여성동지들에게 일언을 들림'은 당시 민족주의계 여성 독립운동가들의 여성운동에 대한 인식의 일단을 엿볼 수 있다는 점에서 대단히 소중한 자료들이다.

대를 이어 독립운동에 나선 신순호

한국광복군에서 활약한 신순호(1922-2009)는 부모인 신건식·오건해 부부의 묘 바로 위편에 남편 박영준(1915-2000)과 함께 안장되어 있다.

1922년생인 신순호는 태어난 과정도 극적이다. 아버지 신건식이 1920년대 초 임시정부의 임무를 띄고 국내에 잠입해 있던 시기에 어머니가 임신을 하면서 세상에 나올 수 있었다. 이후 5살 때인 1926년에 어머니 오건해와 함께 상하이로 망명하여 아버지 신건식과 극적으로 상봉한다. 임시정부의 안살림꾼으로 유명한 정정화의 회고[21]에

21　정정화,『장강일기』(학민사, 1998) 183쪽

따르면 고운 용모의 신순호는 임시정부에서 일하던 여러 젊은이들의 선망의 대상이었다고 한다. 하지만 신순호의 아버지 신건식과 박영준의 아버지 박찬익은 호형호제하는 사이로 양 집안의 교류가 긴밀했던 관계로 일찍이 인연이 맺어졌다고 한다. 신순호가 박영준과 충칭 임정청사 대례당에서 결혼식을 올린 것은 1943년이었다. 박영준의 회고[22]에 따르면 "이 당시 중경의 한인 사회는 400명을 넘지 않았기 때문에 동지 간에 결혼을 한다는 것은 다소 드문 일이기도 했다. 결혼식장인 임시정부 강당은 우리의 결혼을 축하하기 위해 백범을 비롯한 임시정부 가족들과 중경에 있는 한인들로 발 디딜 틈도 없었다"라고 했다.

신순호는 10대의 어린 나이에 한국광복진선청년공작대(1939)와 한국광복군(1940)에서 독립운동가의 길을 걷기 시작했다. 한국광복군에서는 선전활동을 맡았고, 임시정부 외무부 정보과에서 근무하면서는 중국 중앙방송국의 한인 상대 한국어 방송 관련 업무를 수행하기도 했다.

신순호·박영준의 묘도 묘비 앞면의 '평등'은 일찍부터 실현되고 있었지만, 묘비 뒷면 아래 약력란의 '불평등'(박영준의 약력만 기록)은 2021년 3월의 '변화의 바람'이 불기 전까지 지속되고 있었다.

3대에 걸친 독립운동가 집안의 한국광복군 오희영

오희영(1924-1969)은 한국광복군에서 함께 활동한 동지이자 남편 신송식(1914-1973)과 함께 안장되어 있다. 오희영의 할아버지는 의병

---

22 박영준, 『한강물 다시 흐르고: 박영준 회고록』(한국독립유공자협회, 2005) 105쪽

장 출신 오인수이며, 애국지사 정정산-오광선 부부가 부모이다. 생존해있는 여동생 오희옥(1926-)[23]과 함께 3대에 걸쳐 독립운동에 헌신한 집안의 인물이다.

오희영은 불과 열여섯의 나이에 오광심·김효숙 등과 중국 류저우에서 한국광복진선청년공작대(1939)에 입대하여 활약했고, 1940년부터는 한국광복군에도 참여했다. 오희영이 광복군에서 한 역할은 오광심과 더불어 제3지대가 있던 중국 푸양에서 일본군에 징병된 한국인 사병을 탈출시키는 초모공작 활동이었다. 1944년 광복군 총사령부가 있는 충칭으로 이동한 오희영은 한국독립당에 가입한 뒤 광복이 될 때까지 항일운동을 계속했다.

1969년에 별세한 오희영이 독립유공자로 인정받은 것은 비교적 빠른 시기인 1963년의 일이다. 그러나 독립유공자 묘역에 안장된 것은 남편 신송식이 별세하고도 1년이 지난 1974년이었고, 당시 언론을 통해 확인할 수 있는 것은 남편 신송식의 국립묘지 이장 소식만을 확인할 수 있을 뿐, 오희영의 이장 소식은 아예 나오지 않는다. 오희영·신송식의 묘에 있는 묘비 역시 앞면의 평등과 달리 뒷면 하단의 약력란은 2021년 3월까지는 남편 신송식의 약력만 담겨 있어 '평등'과는 거리가 멀었다.

이은숙(1889-1979)은 2018년에야 뒤늦게 독립유공자로 인정받았다. 이은숙은 1908년 상동교회에서 이회영과 결혼한 후 국권이 일제에 의해 강탈당하자 1910년 남편과 함께 전 가족을 이끌고 만주로 건너가 황무지를 개간하며 독립운동기지 건설에 참여하였다. 이은숙·

---

23 여동생 오희옥(1926~)은 현재 몇 안 되는 생존 여성 독립운동가 중 한 분이다.

이회영 일행은 1911년 교민자치기관인 경학사를 조직하고 이듬해에는 독립군 양성기관인 신흥무관학교를 설립하기도 했다. 1919년 대한민국임시정부 수립 이후에는 남편 이회영과 함께 베이징으로 이주하여 남편 이회영과 아들 이규창(1913-2005)[24]의 독립운동을 지원하는 일을 하였다. 이은숙은 서간도 망명 이래 자신이 겪은 독립운동의 역사를 회고록 형식의 책 『서간도 시종기』로 묶어내 독립운동의 역사를 상당부분 복원해냈다는 평가를 받기도 했다.

그럼에도 독립유공자 이회영·이은숙의 묘에 있는 묘비는 묘비 뒷면의 약력란은 물론이고 묘비 앞면조차 '순국선열 이회영의 묘'에 '배위 이은숙 합장'이라 새겨져 있는 상태가 2021년 3월까지 지속되었다. 지금 우리 앞에 있는 묘비는 변화의 바람이 분 2021년 3월에 전면 교체된 묘비다. 남달리 '평등'을 강조했던 무정부주의자 이회영의 정신과도 정면으로 배치되는 이러한 '불평등'이 주변의 변화에도 아랑곳하지 않고 장기간 계속되고 있었다는 것 자체가 참으로 어색했던 대목이었으나 이제라도 그런 불편함에서 벗어날 수 있게 된 것은 참으로 다행스러운 일이다.

한편, 한국혁명여성동맹과 한국독립당에 참여했던 김병일(1905-1971)의 묘비도 2021년 3월 1일에야 이루어진 뒤늦은 독립유공자 인정으로 '애국지사 김병일·채원개의 묘'로 바뀌었다. 김병일은 그동안 한국광복군 참모처장과 제1지대장 등을 지냈던 남편 채원개(1895-1974)의 묘에 배위로 합장되어 있었다. 반면, 여전히 바뀌지 않고 있는 묘비도 있다. 한국독립당에서 활동한 신창희(신명호, 1906-1990)

---

24 아들 이규창의 묘도 국립서울현충원 독립유공자 묘역(215)에 있다.

와 한인애국부인회에서 활동한 안혜순(1903-2006)에게도 2018년과 2019년에 각각 건국포장이 추서되었다. 그럼에도 신창희는 애국지사 민필호(1901-1963), 안혜순은 애국지사 문일민(1894-1968)의 '배위'로 합장되어 있다.

임시정부 요인 묘역에는 왜 여성 독립운동가가 없을까?

여성 독립운동가들은 서울현충원 독립유공자 묘역 뿐 아니라 대전현충원 독립유공자 묘역에도 안장되어 있다. 백범 김구의 어머니 곽낙원(1859~1939), 광복군에서 활약한 김효숙(1915~2003)·김정숙(1916~2012) 자매와 조순옥(1923~1973), 한국광복군 사령관 지청천의 딸로 한국광복군에서 활약한 지복영(1920~2007), 1920년대 사회주의계 여성 독립운동가의 대표주자 박원희(1898-1928), 1930년대 사회주의계 노동운동에 헌신한 여성독립운동가 이효정(1913~2010)과 이병희(1918~2012) 등이 대표적이다. 그런데 국립서울현충원 독립유공자 묘역을 둘러보면서 또 하나의 특이점을 발견하게 된다. 임시정부요인 묘역에는 임시정부요인의 자격을 갖춘 여성 독립운동가가 한 명도 안장되어 있지 않다는 사실이다.

한 명도 안장되어 있지 않다는 말은 한 면에서는 정확한 말이 아닐 수 있다. 독립유공자 김우락(1854-1933)이 임정의 첫 국무령을 역임한 이상룡과 합장되어 있고, 독립유공자 박신일(1879~1968)은 임시의정원 의장을 역임한 손정도와 합장되어 있다. 여기에 독립유공자 윤용자(1890-1964)가 한국광복군 총사령관을 역임한 지청천과 합장되어 있고, 독립유공자 이의순(1895-1945)도 임시정부 법무총장 등을 역임한 오영선과 합장되어 있기 때문이다. 하지만 이들 네 인물은 임시정부요인 자격은 물론 독립유공자 자격을 갖춘 상황에서 이곳 임정요인묘역에 안장되었던 경우가 아니다. 다만, 독립유공자 이상룡(1858-1932)과 손정도(1882-1931), 지청천(1888-1957)과 오영선(1886-1939)의 배우자 자격으로 이곳 임정요인묘역에 안장되었다가 뒤늦게 독립유공자로 인정된 경우이다.

안동 임청각의 종부이기도 했던 김우락이 없었다면 남편 이상룡과 아들 이준형, 손자 이병화가 독립운동에 헌신하기는 쉽지 않았을 것이다. 그럼에도 김우락은 2019년에야 뒤늦게 독립유공자로 인정받았고, 2020년에는 임정요인묘역의 묘에 있는 묘비도 '배위 김우락 합장'에서 '애국지사 김우락'이라고 새겨진 지금의 모습으로 바뀌었다. 한동안 남편 이상룡의 약력만 기록되어 있던 뒷면 약력란은 2021년 5월에야 김우락의 약력을 포함한 새로운 모습으로 바뀌었다.

박신일은 대한민국 임시정부의 임시의정원 의장 등을 지낸 남편 손정도와 중국 길림에서 여러 독립운동가들의 생활을 지원했던 활동을 뒤늦게 인정받은 경우이다. 그동안 남편과 자식이 독립운동에 직접 뛰어들어 헌신할 수 있도록 뒷받침한 여성들의 역할이 무시되어 왔지만, 이제 독립유공자 선정 기준이 바뀌면서 박신일도 2020년 대통령표창 대상이 되면서 독립유공자로 인정받을 수 있었다.

1940년 6월 정정화·김병인·이헌경 등과 함께 대한민국임시정부 산하 한국혁명여성동맹 창립에 참여하는 등 항일독립운동을 지속하는 한편, 남편 지청천, 아들 지달수, 딸 지복영 등이 독립운동을 계속 전개할 수 있도록 헌신한 윤용자가 독립유공자로 인정받은 것도 2017년의 일이다. 1962년에 독립유공자로 인정받은 남편 지청천과 달리 55년이 지나서야 독립유공자로 인정받은 것이다. 묘비 역시 2020년에야 지금의 모습으로 바뀌었고, 2021년 3월이 되어서야 묘비 뒷면의 약력란에 윤용자의 약력도 새겨졌다.

대한민국 임시정부의 초대 국무총리를 지낸 이동휘(1873-1935, 무후선열제단-60)의 둘째 딸이기도 한 이의순이 독립유공자로 인정받은 것은 1995년의 일이다. 임시정부요인 묘역이 조성된 직후였다. 그럼에도 이의순은 최근까지 단지 남편 오영선의 '배위'로 임시정부요인 묘역에 안장되어 있었고, 2021년 3월에야 '애국지사 이의순'이라는 제대로 된 호칭을 부여받았다.

1913년 가을 부친을 따라 두만강을 건너 국자가에 이주한 이의순은 민족학교 명동학교의 교사를 하면서 마을마다 야학을 설치하여 운영하는 한편, 명동여학교를 함께 세우는 등 간도지역 여성 민족교육의 발전에 크게 기여하였다. 이후 연해주로 이주한 이의순은 그곳 신한촌新韓村 삼일여학교에서 교사로 활동하면서 애국부인회를 조직하여 회장으로 활동하였고, 미래 독립전쟁에서 활동할 간호부의 양성을 위하여 적십자회를 조직하여 활동하기도 하였다. 이의순은 1920년 할아버지 이발과 함께 아버지가 임시정부 국무총리로 있는 상하이로 이주하였고, 그곳에서 임시정부요인 오영선과 결혼하였다. 오영선은 1914년 이동휘와 함께 만주에서 동림무관학교를 설립하여 독립군 양성에 나섰는가 하면, 상하이로 활동무대를 옮겨서는 대한민국 임시정부에서 법무총장과 외무부장, 군무부장 등을 역임한 인물이다. 이의순은 이동휘가 임시정부와 결별하고 다시 연해주로 활동무대를 옮길 때도 남편 오영선과 함께 상하이에 계속 남아 독립운동을 전개하였다. 1930년에는 상해여성청년회 조직에 앞장서기도 하고, 1932년에는 상하이애국부인회 집사장으로 활동하는 등 상하이에서 여성조직을 이끌었던 이의순은 일제가 패망하기 3달 전 남편 오광선이 폐병으로 병사한 지 2년 후에 조국 해방도 보지 못한 채 이역 땅에서 서거하였다.

해외에서 독립운동을 하면서 파란만장한 삶을 살다간 독립운동가의 유족은 해방 이후에도 귀국하지 못하고 중국과 연해주, 카자흐스탄 등지에 흩어져 사는 경우가 많았다. 1995년 8월 12일 독립유공자묘역에서 거행된 '외국인 독립유공자 합동추모식'에서 이의순·오영선의 아들 오도영(당시 71세, 상하이 거주)과 이의순의 오빠(이동휘의 장남) 이영일의 딸 이루드밀라(당시 62세, 카자흐스탄 거주)가 극적으로 상봉하는 일도 있었다.

그럼에도 임정요인묘역에는 임정요인으로 활약한 여성독립운동가는 한 분도 안장되어 있지 않다는 지적은 여전히 타당하다. 물론 임시정부에서 활약한 여성 독립운동가가 전혀 없었던 것도 아니다. 여성 최초의 임시의정원 의원이었던 김마리아, 임시정부의 안살림을 맡았던 정정화와 오건해, 임시의정원 의원을 지낸 양한나와 방순희, 최혜순과 신정완 등이 곧바로 떠오르니 말이다. 18위만이 모셔져 있는 임시정부요인 묘역의 안장 공간이 부족한 것도 아닐 텐데, 임시정부요인 묘역에 마땅히 모셔야 할 여성 독립운동가를 발굴해 안장하는 일에 너무 긴 시간을 낭비하지 않기만 바랄 뿐이다.

국가유공자 제2묘역의 김마리아

국가유공자 제2묘역에 있는 국무총리를 지낸 남편 이범석과 합장으로 안장되어 있는 김마리아도 '독립운동가 길'에서 이미 살펴본 대로 1920년대부터 고려혁명군 정치공작대원이 되어 만주와 연해주 일대에서 무장투쟁에도 참여하였고, 이후 한국광복군에서도 활약한 인물이다.

    김마리아는 이범석보다 2년 앞선 1970년에 별세하는데, 그때까지 독립유공자로 인정받지 못한 상황이었기 때문에 국립묘지에 안장될 수 없었다. 김마리아는 1972년 이범석이 별세하면서 국가유공자 제2묘역에 안장되면서 경기도 광주 선영에서 이장하여 '배위 김마리아'로 합장되었다. 김마리아가 독립유공자로 인정받은 것은 1977년의 일이다. 하지만 그 후로도 지난 50년간 국무총리 이범석의 '배위 김마리아'의 자격은 국립서울현충원에서 변경되지 않았다. 2021년 3월 성평등의 관점을 반영한 독립유공자 묘비와 묘비명의 전면 교체가 단행되었을 때도 김마리아의 묘비와 묘비명은 그 대상에 포함되지 못했다. 독립유공자 묘역이 아닌 국가유공자 묘역에 안장되어 있다 보니 국방부가 미처 파악하지 못했던 것이다.[25] 국가유공자 제2묘역의 독립유공자 김마리아는 지금(2021년 6월 현재)도 '애국지사 김마리아'가 아니라, 국무총리를 지낸 이범석의 '배위 김마리아'로 합장되어 국가유공자묘역에 안장되어 있다.

외규장각 「의궤」 반환의 주역, '직지 대모' 박병선

    독립유공자 묘역에서 남쪽으로 나와 국가유공자 제1묘역으로 가다보면 오른편에 있는 제1충혼당(108-075)에 역사학자 박병선(1928-

---

25 국가유공자 제2묘역의 김마리아는 2021년 3월까지 국립서울현충원 홈페이지 '안장자 찾기'에서도 검색되지 않았다. 그러다보니 2021년 3월의 '혁명적 변화'의 바람도 피해나갈 수 있었다.

2011)이 안치되어 있다.

145년 만에 이루어진 외규장각 『의궤儀軌』 반환의 주역이자 '직지 대모'로 불리는 박병선은 역사와 문화재에 대한 관심과 열정을 가진 한 사람이 어떤 결과를 만들어낼 수 있는지 보여준 상징적 인물이다.

박병선이 외규장각 『의궤』와 『직지심체요절直指心體要節』을 프랑스에서 발견한 것은 그가 파리국립도서관 사서로 근무할 때였다. 1955년 파리 유학을 떠났던 박병선은 한국에서 유학 비자를 받은 최초의 여성이기도 했다. 파리대학교(소르본대학교)에서 역사학 박사와 프랑스 고등교육원에서 종교학 박사학위를 받은 박병선은 1967년 박정희 군사독재 시절 정권안보를 위해 유럽 유학생들을 간첩으로 조작한 이른바 '동백림 사건'[26]으로 귀국하지 못하는 신세가 되었다. 박병선은 결국 프랑스로 귀화하여 파리국립도서관 사서로 근무하게 되면서 한국 출입도 가능하게 되었다.

박병선이 발견해 세상에 알린 『직지심체요절』은 1377년 고려 공민왕 때 청주 흥덕사에서 발간한 상·하권으로 이루어진 불교 경전으로 현존하는 금속활자로 만든 책 중에서 가장 오래된 책으로 인정받고 있다. 박병선은 사서 근무 첫해인 1967년에 『직지심체요절』을 발견하였고, 5년간의 연구 끝에 1972년 파리에서 열린 '책의 역사' 전람회에서 이를 전 세계에 처음 알렸다. 이로써 그때까지 현존하는 가장 오래된 금속활자본으로 알려져 있던 독일의 구텐베르크 『42행 성서』보다 78년 앞선 금속활자본임이 확인되면서 세계사의 한 페이지가

26　1967년 7월 8일 중앙정보부(당시 중앙정보부장 김형욱)는 "동백림을 거점으로 한 북괴대남적화공작단"을 검거하였다면서 관련자의 총 수가 174명에 달하고 피의자가 107명이나 된다고 발표하였다.(《매일경제》, 「북괴대남적화공작단 적발 정보부장 발표」, 1967. 7. 8.)

다시 씌어지게 되었다. 『직지심체요절』은 여전히 프랑스에 있지만, 많은 이들의 노력으로 2001년에는 유네스코 세계기록유산에 등재 되었다. 2004년에는 세계기록문화유산 보호에 이바지한 사람들에게 주는 '직지상'도 유네스코에서 제정하였다.[27]

박병선이 외규장각 『의궤』를 찾아낸 과정은 더 드라마틱하다. 박병선은 1955년 프랑스로 유학을 떠날 때 스승인 이병도로부터 프랑스에 가면 외규장각 『의궤』를 찾아보라는 당부를 듣고 프랑스의 도서관을 뒤지며 살았다. 1975년 우연히 베르사유 궁전에 파손된 책을 보관하는 곳이 있다는 얘기를 듣고 찾아갔다가 푸른 천을 씌운 큰 책을 만났는데, 그것이 바로 도서관 창고에서 파지로 분류돼 잠자고 있던 외규장각 『의궤』였다. 외규장각 『의궤』는 1866년 병인양요 당시 프랑스군이 강화도에 있던 외규장각(왕실 기록물 보관소)에서 약탈해 간 어람용 『의궤』였다. 박병선은 이를 한국에 알리다가 프랑스보다 한국을 위해 활동하는 '반역자'로 취급되기도 했고, 1979년 도서관 측으로부터 권고사직 형식의 해고까지 당해야 했다. 이후 10년간 개인 자격으로 『의궤』를 비롯한 297권의 외규장각 도서를 열람하면서 내용을 정리하여 국내에 호소한 끝에 1991년 당시 서울대 규장각 도서관 리실장 이태진 교수를 중심으로 외규장각 도서 반환운동이 본격화되었다. 2011년 한·불 양국 대통령이 5년마다 계약을 갱신하는 임대 형식으로 대여에 합의하면서 외규장각 『의궤』가 145년 만에 고국 땅을 밟게 된 것은 박병선의 이런 노력의 결과였다. 하지만 박병선은 "프랑스 법원도 외규장각을 약탈했다는 부분을 인정했는데, '대여' 형식으

---

27 한국의 청주에서 발간된 『직지심체요절』이 프랑스에서 발견된 이유는 조선시대 말 프랑스 공사가 이를 수집하여 프랑스 국립도서관에 기증한 결과였다.

로 되돌려 받는 것이 말이 되느냐. 온 국민이 힘을 합쳐 '대여'를 하루 빨리 '반환'으로 바꾸어야 한다."고 주장했다.[28]

박병선은 『직지심체요절』과 외규장각 『의궤』의 발견 말고도 김규식 일행이 1919년 파리강화회의에 파견되었을 때 설치한 대한민국 임시정부 파리위원부의 청사를 찾아냈는가 하면 1919년 당시 서울에 근무했던 프랑스 공사 등이 남긴 3·1 운동 관련 문서를 비롯한 한국의 독립운동 관련 자료도 수집하여 인천가톨릭대에 기증하기도 하였다.

박병선은 귀중한 문화재 발견과 반환에 기여한 공을 인정받아 1999년 대한민국 문화훈장, 2007년 국민훈장 동백장, 2011년 국민훈장 모란장을 수상하였다.

국가유공자 제1묘역의 이태영, 한국 최초의 여성 법조인

국가유공자 제1묘역에는 이태영 박사·정일형 박사 묘가 있다. 이태영(1914-1998)은 한국 최초의 여성 법조인으로 한국가정법률상담소를 세우고 여성에 대한 불평등과 인습에 맞서 싸운 인물로 유명하다. 함께 안장돼 있는 남편 정일형(1904~1982)은 이미 독립운동가 길에서 소개한 바 있다.

이태영은 평양정의고등보통학교를 졸업하고 1936년 이화여전 가사과를 수석으로 졸업한 뒤 평양여자고등학교에서 교사생활을 하던 중 정일형 박사와 결혼했다.

이태영에게는 '여성 최초'라는 수식어가 많이 따라 붙는다. 결혼

---

28 〈여성신문〉, 「'직지의 대모' 고 박병선 박사의 일생」(2011. 12. 23)

이후 감옥에 간 남편 정일형의 옥바라지를 위해 삯바느질에 누비이불 장수, 행상을 하면서 혼자 생계를 꾸려야 했던 이태영이 '여성 최초'의 타이틀을 처음으로 얻는 것은 여성도 법학을 공부할 수 있는 길이 열린 해방 이후의 일이었다. 1946년 네 자녀를 둔 서른둘의 나이에 여성 최초로 서울대학교 법학과에 입학했고, 6년 뒤인 1952년에는 여성 최초로 사법고시에 합격했다. 하지만 '여성 최초의 판사'라는 지위는 당시 대통령 이승만이 '여자는 아직 시기상조이니 가당치 않다'는 쪽지를 붙여 이태영의 임용을 거부함으로써 좌절되고 말았다. 시보 이태영이 당시 대법원장이던 김병로에게 정식으로 이의를 제기하자 김병로가 이승만을 면담해 설득했지만, 이승만은 '야당집 마누라를 판사 자리에 앉혀 놓았다가 무슨 일이 생길지 모른다'며 고집을 꺾지 않았다. 당시 야당 정치인으로 있던 정일형의 아내라는 점이 중요한 임용거부 사유였던 것이다. 결국 이태영은 한국 최초의 여성변호사가 되는 데 만족해야 했다. 덕분에 한국 최초의 여성판사는 2년 뒤인 1954년 판사에 임용된 황윤석(1929~1961)으로 남게 되었다.

이태영은 남녀간의 불평등을 가정에서부터 개혁하기 위해 변호사로 개업한 1952년부터 각종 청원과 진정 등을 통해 가족법개정운동을 시작했다. 1956년에는 한국가정법률상담소의 전신인 여성법률상담소도 여성문제연구원 부설기관으로 세웠다. 불우하고 소외된 여성들을 위한 법률구조기관인 이 상담소는 1966년 8월에 (사)가정법률상담소로 발전하면서 여성뿐 아니라 남녀 모두의 권익을 위한 인권기관이 되었고, 1976년에는 한국가정법률상담소로 다시 이름을 바꿔 공익법인으로 거듭났다. 이태영이 시작한 가족법개정운동은 1989년에는 이혼여성의 재산분할청구권 인정과 모계·부계 혈족을 모두 8

촌까지 인정하도록 하는 결실을 봤고, 2005년에는 호주제 폐지로 이어졌다. 이태영은 1969년 55세의 나이에 서울대학교에서 법학박사 학위를 받았으며, 1963~1971년에는 모교인 이화여자대학교에서 법정대 교수 겸 학장을 지내기도 하였다.

이태영은 박정희 유신독재의 광풍에 맞서는 민주회복 국민선언(1974. 11. 27.), 3·1 민주구국선언(1976. 3. 1.) 등 민주화운동과 인권운동에 여성계를 대표해 적극 참여했는가 하면 세계여성법률가협회 부회장(1958~1971)을 맡는 등 실천적 지식인의 면모도 보여줬다. 그가 1971년 법을 통한 세계평화상(1971)을 비롯해 막사이사이상(1975), 유네스코 인권교육상(1982), 세계감리교 평화상(1984), 국민훈장 무궁화장(1990) 등을 연이어 수상한 데에는 여성해방운동과 민주화운동 등에 헌신한 공로를 인정받았기 때문이다.

자신의 일에 대한 열정이 무던히도 높았던 이태영은 81세인 1995년에야 가정법률상담소 소장직을 마치고 퇴임했다. 이태영은 『가정법률상담실기』(1958), 『여성을 위한 법률상식』과 『한국이혼연구』(1969), 『북한의 여성생활』과 『여성으로 태어나서』(1991), 『가족법개정운동 37년사』(1992) 등의 저서도 남겼다.

국가유공자 이태영·정일형의 묘에 있는 묘비는 전면이든 뒷면이든, 심지어 옆면까지 성평등의 관점이 정확히 반영되어 설치되어 있다. 이태영·정일형의 묘는 독립유공자 묘역의 김학규·오광심의 묘와 더불어 2021년 3월 변화의 바람이 거세게 불기 이전에 이미 성평등의 관점을 반영하고 있었던 것이다.

다만 아쉬운 부분이라면 이태영을 '한국 여성운동의 선구자'로 묘사한 묘비 전면부의 글이다. 한국 여성운동의 선구자는 이미 앞에서 살펴본 대로 국채보상운동을 이끌었던 여성 지도자들이었고, 김란사와 김마리아 등 여성 독립운동가들이었다. 이태영은 해방과 분단으로 이어진 우리의 아픈 현대사 속에서 '한국 여성운동 부활의 선구자' 역할을 한 인물로 설명하는 게 더 적절해 보인다. 분단과 단절의 한국 현대사는 이태영의 묘비에도 이렇듯 생채기를 내고야 말았다.

이승만 전 대통령 묘에 합장되어 있는 프란체스카 여사

1992년 3월 노환으로 서거한 프란체스카 여사(1900-1992)는 이승만 전 대통령의 묘에 합장되었다.

1900년 오스트리아 빈 교외의 인처스도르프에서 태어난 프란체스카 여사는 빈 상업전문학교를 졸업한 뒤 영국 스코틀랜드로 유학을 가서 영어통역사와 타자-속기사 자격을 취득하였다. 1920년 자동차 경주 선수인 헬무트 뵈링거와 결혼했으나 곧 이혼했다.

프란체스카 여사가 이승만을 처음 만난 것은 1933년 2월 어머니와 함께 스위스 여행을 하던 중 머물렀던 제네바의 한 호텔 식당에서였다. 만남은 저녁 식사 때 붐비는 호텔 식당의 자리가 모자라 부득이 합석하게 되면서 이루어졌다. 이승만은 제네바에서 열리는 국제연맹 총회에서 독립 외교활동을 벌이고 있었다. 프란체스카 여사는 나중에 "나는 이 동양신사에게 사람을 끄는 어떤 신비한 힘이 있는 것을 느꼈다."고 회고했다. 이때 이승만은 58세, 프란체스카는 33세로 두 사람 간에는 25세의 나이 차이가 있었다. 프란체스카 여사와 이승만은 곧 사랑에 빠졌고, 어머니의 반대를 무릅쓰고 미국으로 이주한 프란체스카 여사는 1934년 10월 뉴욕에서 이승만과 결혼했다. 이때 미국인 목사 존 헤인스 홈즈와 공동 주례를 선 윤병구 목사(?-1949)는 국립서울현충원 독립유공자 묘역에 안장되어 있다.

이후 프란체스카 여사는 이승만의 독립운동을 옆에서 돕는 역할을 했는데, 이승만이 미국 정부에 대한 로비와 독립운동자금 모금을 위해 1942년에 워싱턴에서 조직한 한미우호협회와 한미기독교우호협회에서 모금 활동을 주도하기도 했다.

프란체스카 여사는 해방 직후인 1945년 10월 16일 서둘러 귀국한 이승만보다 한참 늦은 이듬해 3월에 귀국하여 이승만의 비서실장과 같은 역할을 계속했다. 프란체스카 여사가 귀국하기 전 대한여자국민당 당수 임영신(1899-1977)은 부당수이자 윤치영의 부인 이은혜 등과 함께 돈암장을 자주 드나들며 이승만을 돕고 있었다. 당시 돈암장에서 윤치영 비서실장 체제에서 비서실에 근무하고 있던 최기일의 증언에 따르면 "윤치영 씨와 더불어 리박사의 신임을 받았던 사람이 바로 임영신 여사"였고, "그는 비서실의 일원은 아니었으나 누구의 허락도 없이 리 박사가 사시던 별관에 마음대로 출입할 수 있었다."[29] 이 무렵 이승만과 불륜관계라는 소문이 확산되었다. 임영신은 자신의 호를 '이승만이 머무는 집'을 뜻하는 승당承堂이라고 지을 정도로 이승만을 따르는 인물이었다. 이 소문은 미국에서 독립운동을 하던 이승만이 미국 캘리포니아대에 유학 중이던 그에게 청혼했다가 거절당한 사실이 알려지면서 확대 재생산되었다. 한국에 들어오라는 답신을 기다리던 프란체스카 여사에게도 이 박사와 임영신의 관계에 대한 낯 뜨거운 소문이 전해졌다. 소문을 접한 프란체스카는 크게 노하여 한국

---

29 최기일, 『자존심을 지킨 한 조선인의 회상』(생각의나무, 2002) 390쪽

행을 서둘렀다. 귀국 후 프란체스카는 임영신을 냉대했고, 끝내 임영신의 돈암장 출입을 금지하기까지 하였다. 이에 대해 임영신은 "H씨가 보낸 모략 편지" 때문이었다고 회고했다.[30]

1948년 5월 미군정에 의해 공포된 '국적에관한임시조례'로 한국 국적을 취득했지만, 프란체스카 여사와 이승만의 혼인신고는 1950년 4월에야 뒤늦게 이루어졌다. 이승만이 본부인 박승선과의 호적관계를 비밀리에 정리하는 작업이 생각보다 오래 걸렸기 때문이다.[31] 프란체스카 여사는 한국어를 못했기 때문에 영어를 잘하는 이들과 친하게 지냈다. 특히 이화여대 영문과 교수이자 이기붕의 부인이었던 박마리아와 절친한 사이였다. 1949년 2월 결성된 반관반민 성격의 대한부인회(회장 박순천)의 총재를 맡는 등 여성단체에도 관여했다. 하지만 회장 박순천이 이승만의 뜻과 달리 자유당 참여를 거부하여 갈등이 빚어지자 이승만이 대신 나서 1953년 10월 모든 부인단체의 '총재나 명예회장의 명의는 사면하겠다'고 공표하면서 관련 활동을 중지하였다. 1952년 이화여대에서 명예법학박사 학위를 받았으며, 1955년에는 중앙대학교에서 명예법학박사 학위를 받았다.

프란체스카는 4·19 혁명 직후인 1960년 5월에 이승만과 더불어

---

30 〈경향신문〉,「내각 겪은 20세기 - 승당 임영신 여사」(1972. 2. 23) 395쪽
31 1965년 이승만이 서거한 후 호적 정리 과정의 불법성에 대한 논란이 일어났다. 이승만의 호적부는 1916년부터 '창신동 625번지'에 있었는데, 1949년에 부인 박승선과 양자 이은수 등 7명의 호적을 모조리 삭제한 후 이승만의 호적만 이화장으로 옮겨진 다음 1950년 4월에 프란체스카 여사가 여기에 입적된 사실이 확인되었다. 이는 당시 이승만이 경무대 경호실장이던 이기붕을 대리인으로 내세워 서울지방법원(재판장 한격만)에 '친족관계 부존확인 소송'을 내서 승소한 데 따른 조치였다. 하지만 재판 과정에서 '이혼소송'이 아닌 '친족관계 부존재확인 소송'의 적절성에 대한 문제제기와 피고 박승선 등도 부르지 않은 상황에서 불과 27일 만에 원고승소 판결을 내린 것이 적절한 절차였는지 등 그 불법성에 대한 논란이 일었던 것이다.

하와이로 망명해 1965년 7월에 이승만이 사망할 때까지 함께 생활하였다. 이승만 서거 후에는 고국인 오스트리아 빈으로 거처를 옮긴 다음 이승만의 기일 때마다 한국을 방문하였고, 1970년 5월에 한국으로 영구 귀국하였다. 1992년 사망할 때까지 이화장에서 양아들인 이인수의 가족과 더불어 생활하였다.

프란체스카 여사에 대해서는 냉정한 인물이었다는 평가가 많다. 최기일은 프란체스카 여사를 '인색한 사람'이자 '예의가 없는 사람'이었다고 회고했다. 이승만의 최측근이었던 윤치영 부처와 임영신도 '의견의 일치를 보았던 것은 프란체스카 여사가 성가신 존재라는 사실이었다.'고 했다. 주변사람에게 함부로 대하는 경우도 많았는데, 특히 이승만의 '단독정부 수립론'을 반대하며 다른 길을 걸어온 '안재홍 씨가 프란체스카 여사에게 푸대접을 받고 가시는 것을 보고 나는 조선 사람으로서 분한 마음이 들었다.'고 회상하기도 했다.[32] 1951년 1·4 후퇴 당시에 대한 프란체스카 여사의 다음과 같은 회고는 그가 어떤 스타일의 인물이었는지 읽을 수 있게 해준다.

6·25 전란 뒤에 대통령이 내주고 싶어 하는 것을 말리면 으례 '당신이 그토록 아껴두는 바람에 공산당 좋은 일만 시키지 않았느냐?'면서 타박하는 것이었다. 그때 경무대 안에 공산당 좋은 일 시킬 수 있는 것은 오직 김칫독 속의 김치뿐이었다. 고용인들을 시켜 인근의 피난 못가는 노인들에게 미처 나누어주지 못하고 그대로 김칫독 속에 담아둔 채 부산으로 떠나게 되었다.[33]

---

32   최기일, 『자존심을 지킨 한 조선인의 회상』(생각의나무, 2002)
33   프란체스카, 『6·25와 이승만 – 프란체스카의 난중일기』(기파랑, 2011) 348쪽

반면, 프란체스카 여사는 남편 이승만에 대해서는 냉정하지 못했던 것으로 보인다. 1950년 프란체스카 여사는 미국에 있는 올리버에게 쓴 편지에서 '귀하는 대통령이 젊은 시절 감옥에서 사형을 언도받고 수감되어 있다가 7년의 옥고를 치른 뒤에 풀려난 사형수였던 사실을 기억하고 계실 줄 믿습니다.'[34]라고 썼다.

하지만 이는 역사적 사실과는 꽤 거리가 있는 내용이다. 이승만은 1899년 1월 대한제국 경무청에 체포되어 '거포구인절상拒捕毆人折傷'죄(체포를 거부하고 관원을 때려 상해를 입힌 죄)로 종신형을 언도받은 사실은 있어도 사형수였던 적은 없었다. 이승만은 독립협회와 만민공동회에서 활동하던 중 '고종황제 폐위음모 사건'으로 체포된 강성형의 입에서 이승만의 이름이 나오면서 대한제국의 경무청에 체포되었다. 하지만 대질신문 결과 혐의가 없다는 것이 확인되었고, 절차상 불가피하게 재판을 거쳐 무죄로 풀려나올 상황이었다. 그런데 사형을 걱정하여 탈옥을 준비하던 서상대, 최정식의 계획에 합류하여 함께 탈옥에 나섰다가 서상대만 성공하고 이승만과 최정식은 체포되고 말았다. 결국 '거포구인절상죄'로 주범 최정식은 교수형에 처해지고, 종범 이승만은 종신형을 언도받는다.[35] 이후 거듭된 감형을 거쳐 특사로 나올 때까지 감옥에 있었던 기간도 7년이 아니라 5년 7개월 정도였다. 이승만이 '조선의 진실한 애국자이자 지도자' 이미지를 만들기 위해 과장한 경력을 프란체스카 여사는 사실로 믿고 있었던 것으로 보인다.

---

34 로버트 올리버, 『이승만 없었다면 대한민국 없다』(동서문화사, 2008)
35 국사편찬위원회, 「최정식을 교수형에 처하도록 하다」(고종 36년 7월 27일 양력), 『고종실록』, 『조선왕조실록』 39권)

당시 이승만의 경력과 관련하여 프란체스카 여사만 그렇게 믿었던 것은 아니었던 모양이다. 이승만 전 대통령의 서거 소식을 전한 당시 〈동아일보〉도 이승만 전 대통령의 약력을 "왕위폐지 정부타도를 획책하다가 체포·사형선고를 받다."[36]라고 하여 프란체스카 여사가 올리버에게 쓴 편지 글과 같은 내용으로 소개하고 있으니 말이다.

김대중 전 대통령의 묘에 합장되어 있는 이희호 여사

2019년 노환으로 서거한 이희호 여사(1922-2019)는 서울현충원 김대중 전 대통령 묘에 합장되었다. 이희호 여사는 단순히 대통령 영부인이 아니라, 여성운동가이자 민주투사, 평화전도사로 기억되고 있다.

1922년 9월 서울에서 태어난 이희호 여사는 이화여자고등보통학교와 이화여자전문학교(이화여대의 전신)를 졸업하였다. 이후 충남 예산에서 여자청년연성소 지도원으로 근무하다가 해방 후인 1946년 서울대 사범대에 입학하였다. 그리고 1950년 졸업해 미국 유학을 준비하던 중 6·25 한국전쟁을 맞아 피난길에 올랐다. 이희호 여사는 부산에서 피란 생활을 할 때 친구 김정례와 함께 여성의 사회적 진출과 권익신장을 위해 대한여자청년단을 만들어 여성운동을 시작하였다. 이어 1952년에는 전쟁 중 가장 큰 피해자인 여성의 인권보호 필요성을 절감하고 당시 여성계 지도자였던 황신덕·박순천·이태영과 함께 여성문제연구원(이후 여성문제연구회로 명칭 변경)을 창립하였다. 휴전 이후 미국 유학을 떠나 1954년부터 4년 동안 미국 테네시주 램버스대

---

36 〈동아일보〉, 「고 이승만 박사 약력」(1965. 7. 20)

학과 스캐릿대학에서 사회학 석사 과정을 밟은 후 36세의 나이로 귀국한 이희호 여사는 모교인 이화여대에서 사회학 강사 생활을 하면서 대한여자기독교청년회(YWCA)연합회 총무, 여성문제연구원 간사, 한국여성단체협의회 이사 등을 역임하였다.

1950년 부산 피난 시절 이상하리만큼 말이 잘 통했던 야당 정치인 김대중과 1961년 다시 만나 1년 후 결혼하였지만, 결혼 이후에도 여성문제연구원 회장 등을 지내며 여성운동을 지속하였다.

김 전 대통령은 1971년 박정희 당시 대통령과 치른 대선에서 95만 표 차이로 낙선했음에도 일약 야권의 지도자로 부상했지만, 이때부터 박정희 정권의 탄압이 계속되면서 이희호 여사에게도 엄청난 시련이 닥쳐왔다. 김대중은 유신이 선포되면서 미국 망명생활(1972년)을 선택해야 했고, 중앙정보부가 일본에서 벌인 김대중 납치사건(1973년)으로 자칫 대한해협에서 물고기밥이 될 뻔하기도 했다.

동교동에서 연금생활을 시작한 이후에도 김대중은 반유신투쟁에 나서는데, 특히 1976년 김대중·함석헌·문익환·윤보선 등 재야인사들이 중심이 되어 박정희 유신정권(유신체제)을 비판한 3·1민주구국선언(일명 명동사건) 직후 이희호 여사는 남편과 함께 남산 중앙정보부로 끌려가기도 했다. 이후 남편 김대중이 투옥 생활을 이어가는 시기 내내 재야인사의 부인들과 함께 석방운동을 벌였다. 김대중은 박정희 유신정권의 종말 이후에도 전두환 신군부 세력의 탄압을 받았는데, 특히 1980년 5월 김대중 내란음모 조작사건으로 김 전 대통령이 사형 판결을 받았을 때 이희호 여사는 당시 지미 카터 미국 대통령에게 구명을 청원하는 편지를 보내는 등 국제적 구명 운동에 앞장서기도 했다. 이희호 여사는 김대중이 1982년 석방과 함께 미국으로 망명할 때 함께 했고, 귀국 후에도 가택연금(1985~1987년)을 당하는 등 탄압의 연속이었던 김대중과 함께 인고의 세월을 견뎌냈다.

1997년 12월 정치인 김대중이 네 번째 도전 끝에 대한민국 제15대 대통령에 당선되면서 영부인이 된 이희호 여사는 김 대통령 재임 시 여성의 공직 진출 확대를 비롯해 여성계 인사들의 정계 진출의 문호를 넓히는 데 힘썼다. 또 영부인으로서 남북교류 확대를 통한 한반도 평화와 인권 신장에 기여했다는 평가도 받는다. 김대중이 2009년 8월 서거한 이후에도 이 여사는 재야와 동교동계의 정신적 지주로서 큰 역할을 했다. 특히 2009년 9월에는 김대중평화센터 이사장으로 취임하여 남북관계의 증진과 평화 정착, 빈곤 퇴치 등을 위해 힘썼다. 2011년 12월 북의 김정일 국방위원장이 사망했을 때는 방북하여 조문했고, 2015년 8월에는 각계 인사들과 함께 북한을 방문하여 북한 어린이들을 위한 물품을 전달하는 등 한반도의 평화와 통일을 위해 노력하였다.

이희호 여사는 자서전 『동행』을 남겼다. 『동행』에서 이희호 여사는 1987년 대선에서 국민의 여망이었던 '군정종식을 위한 후보단일화'에 실패하면서 학살자 전두환의 후계자 노태우의 당선을 용인했던 사실에 대해 김대중을 대신해 사과했다.

투표 이틀 전 후보단일화 결단을 내릴 수 있는 마지막 기회가 있었지만 '4자필승론', '승리는 필연'이라고 끝까지 주장한 사람들이 있었다. 전날 보라매공원의 흥분이 독이 되었던 것이다. … 나 역시 국민 앞에 큰 죄를 지은 느낌이었다.

이희호 여사는 김대중 정부 말기에 아들 김홍업과 김홍걸이 알선수재 등의 혐의로 구속되면서 큰 고통을 겪었다. 이희호 여사 역시 신문을 볼 때마다 겁이 났고 본인이 죄인이 된 것 같이 괴로웠다고 한다. 김대중도 5월 6일 새천년민주당을 탈당하고 아들들이 물의를 일으킨 것에 대해 사과했다. 이희호 여사와 김대중 전 대통령도 자식 문제는 어쩌지 못했던 것으로 보인다.

박정희 전 대통령과 나란히 안장되어 있는 육영수 여사

1974년 국립극장에서 열린 박정희 당시 대통령의 8·15 경축사 도중 재일동포 문세광의 총에 맞아 숨진 육영수 여사(1925-1974)는 박정희 전 대통령의 묘가 들어서기 5년 전에 먼저 서울현충원에 안장되었다.

육영수 여사는 세 명의 영부인 중 가장 먼저 서울현충원에 안장되었지만, 1925년생으로 가장 늦게 태어난 인물이다. 충북 옥천 출신인 육영수 여사는 옥천 죽향초등학교를 마치고 상경하여 배화여고를 졸업한 뒤 옥천여자중학교 교사로 근무하였다. 육영수 여사가 박정희를 만난 것은 1950년 12월 한국전쟁으로 피난 중일 때 중매를 통해서였다. 육영수 여사는 아버지의 강한 반대를 무릅쓰고 육군중령 박정희와 혼인하였다. 당시 결혼식 주례를 맡았던 대구시장 허억이 신랑과 신부의 이름을 헷갈려 '신랑 육영수군과 신부 박정희양은…'이라고 시작하여 장내가 웃음바다가 되었다는 일화도 전한다.

1961년 박정희가 5·16 군사 정변을 주도하여 성공한 뒤 1963년 10·15 대선에서 6대 대통령에 당선된 것을 시작으로 장기 집권함에 따라 대통령 영부인으로 11년간 내조하였다. 평소 재야의 여론을 수렴하여 대통령에게 건의하는 역할을 계속하여 '청와대 안의 야당'이라는 말도 들었다. 그 과정에서 남편 박정희와 심각한 부부싸움이 벌어지기도 했는데, 시중에서는 이를 '육박전'이라고 불렀다. 육영수 여사는 '육박전'의 상처를 가리기 위해 선글라스를 끼고 다니기도 했다.

1974년 8·15 광복절 기념식장에서 육영수 여사가 맞은 총탄이 문세광으로부터 나온 게 아니라는 주장이 제기되기도 하였다. 당시 서울시경 감식계장으로 재직 중 수사요원으로 현장검증에 참여했던 이건우 씨는 1989년 "당시 7발이었음에도 탄흔이 6개밖에 확인되지 않았다."면서 "이 사건을 둘러싸고 숱한 은폐와 조작이 이뤄졌다."는 주장을 펴기도 했다.[37] 육영수 여사의 억울한 죽음에 애도 인파가 청와대에 연일 쇄도하였는데, 국민장 영결식은 8월 19일 중앙청(현 경복궁) 광장에서 각국 조문사절과 내외 인사 3,000여 명이 참석한 가운데 거행되었다. 이듬해 기념사업회도 발족되었는데, 최근에는 일부 인사들의 박정희에 대한 신격화 움직임과 결합하여 고향 옥천에서 매년 '숭모제'가 열리고 있어 논란이 일고 있다.

육영수 여사는 남산에 어린이회관을 설립하는가 하면 서울 구의동 일대에 어린이대공원을 조성하였고, 정수기술직업훈련원 설립을 비롯하여 사회복지사업에 바쁜 일과를 보내는 등 영부인의 역할을 훌륭히 수행했다는 평가를 받았다. 어린이 잡지『어깨동무』를 창간하였고, 경향 각처의 여성회관 건립은 물론 연말마다 고아원·양로원을

---

37 〈한겨레신문〉,「"육 여사는 문세광이 쏜 총탄에 죽지 않았다"」, 1989. 8. 29). 이와 관련해서는 〈SBS〉의「그것이 알고 싶다」(2005), 〈MBC〉의「이제는 말할 수 있다」(2005)에서도 다룬 바 있다.

위문하여 따뜻한 구호의 손길을 미쳤고, 전국 77개소의 음성나환자촌을 순방하면서 온정을 베풀었다는 점도 긍정적 평가의 대상이다. 실제로 육영수 여사는 대통령 영부인으로서가 아니라 「국립묘지령」 제3조(안장대상) 제1항 제5호 "국가 또는 사회에 공헌한 공로가 현저한 자중 사망한 자로서 국방부장관의 제청에 의하여 국무회의의 심의를 거쳐 대통령이 지정한 자"의 자격으로 국립묘지에 안장되어 있다. 사회의 소외된 곳을 챙기는 육영수 여사의 이러한 역할은 '청와대 안의 야당' 역할, 육영수 여사의 부드럽고 자상한 이미지와 결합하여 독재자 박정희의 부정적 이미지를 보완하는 데 크게 기여했다는 평가를 받기도 한다.

육영수 여사의 '자상한' 이미지는 2016년 김종필 전 총재가 자신의 부인 박영옥이 겪은 이야기를 하면서 많이 훼손되었다. 김종필이 미국에 가 있는 동안 김종필의 부인 박영옥이 "첫 아이를 낳고 쌀이 없어서 쫄쫄 굶었는데, 꼴에 숙모라는 육영수가 자기 식구들에게만 밥을 먹이고 산모였던 자기 조카딸 박영옥에게는 밥을 먹었느냐고 묻지도 않았다"는 것이다. 그래서 김종필이 귀국했을 때 박영옥이 김종필을 붙잡고 서럽게 울면서 그 이야기를 했고, 분노한 김종필이 육영수 여사에게 "남도 아니고 조카딸에게 어떻게 그럴 수 있냐"고 따졌다는 것이다. 김종필은 "대통령 부인이라는 이름에 맞게 행동하는 것처럼 꾸민 것일 뿐, 실제로는 남에 대한 배려가 전혀 없다"고 비판했다는 것이다.[38]

서울현충원 육영수의 묘소에는 대표적 친일 시인 모윤숙(1910-

---

38 〈시사저널〉, 「김종필 전 총리 인터뷰 "5천만이 시위해도 박대통령 절대 안 물러날 것"」 (2016. 11. 14)

1990)이 지은 〈박정희 대통령 영부인 육영수 여사 영전에〉라는 제목의 시가 담긴 시비가 세워져 있다. 세 영부인 중 유독 육영수의 시비만 있는 이유는 그가 유일하게 남편보다 먼저 서울현충원에 안장되었기 때문일 것이다. 모윤숙의 시는 육영수 여사가 신분이 다른 '아씨'로 등장하고 있고, 대통령 영부인으로서 한 역할을 시혜를 베푼 듯이 묘사하고 있다는 점에서 1970년대가 민주주의와는 거리가 먼 시대였음을 보여주는 구실도 하고 있다.

> 박꽃으로 마을 길이 눈부신 밤
> 하얀 몸매로 나타나신 이여
> 조용한 걸음을 옮기시어
> 우리 서로 만나던 그때부터
> 당신을 고운 아씨로 맞이했읍니다
>
> 흰 샘물의 미소로
> 이 땅의 갈증을 풀어주시고
> 길 잃은 늙은이들과 상처 입은 군인들
> 놀이터가 없는 어린이를 껴안아
> 그 삶은 보람차고 또 벅찼읍니다
>
> 때로는 무르익은 포도송이들과
> 장미와 난초들의 향기로 이룬
> 즐거운 모임의 주인으로 임하여
> 부덕과 모성의 거울이 되시었거니

당신의 장미는 아직 시들지 않았고
뽕을 따서 담으시던 광우리는 거기 있는데
저기 헐벗은 고아들과 외로운 사람들이
당신의 어루만짐을 기다려 서 있거늘

홀연 8월의 태양과 함께
먹구름에 숨어 버리신 날
하늘과 땅으로 당신을 찾았읍니다
우리 한목소리 되어 당신을 불렀읍니다
쓰라린 상처와 오한에 쫓기는
당신을 구하려 검은 숲을 헤맸읍니다

사무쳐 그리운 여인이시여
돌아서 당신의 삶을 끝내고 가시는 길
이토록 다 버리고 가시는 길에

비옵니다 꽃보라로 날리신 영이시여
저 먼 신의 강가에 흰 새로 날으시어
수호하소서 이 조국 이 겨레를

탐방 4

4·3길

▶ 4·3길 안내 ◀

①채명신 장군의 묘(2묘역) - ②경찰묘역 - ③이범석의 묘(국가유공자 제2묘역) -④안재홍의 위패(무후선열제단) - ⑤이승만 전 대통령의 묘 - ⑥최치환의 묘(국가유공자 제1묘역) - ⑦김익열의 묘(장군 제1묘역) - ⑧문용채·김정호·채병덕·최석용의 묘(장군 제1묘역) - ⑨박진경의 묘(54묘역) - ⑩ 김명의 묘(33묘역) - ⑪고병선의 묘(29묘역)

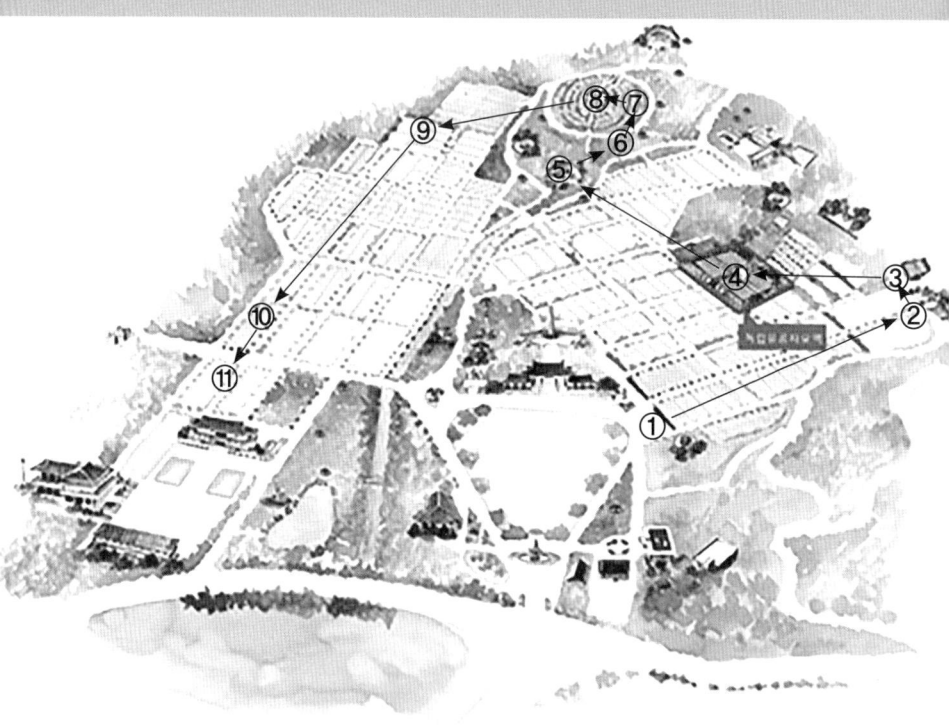

"4·3이 머우꽈?"[1]

1980년대까지만 해도 중고등학교 교과서는 제주 4·3 사건을 '남로당이 일으킨 제주 4·3 폭동'으로 설명했다. 그런데 2000년 1월에 제정된 「제주4·3사건 진상규명 및 희생자명예회복에 관한 특별법」은 '제주 4·3 사건'을 "1947년 3월 1일을 기점으로 하여 1948년 4월 3일 발생한 소요사태 및 1954년 9월 21일까지 제주도에서 발생한 무력충돌과 진압과정에서 주민들이 희생당한 사건"으로 정의하고 있다. '1948년 4월 3일 5·10 선거를 무력화시키고자 남로당이 일으킨 무장폭동'으로 불리던 제주 4·3 사건은 1987년 6월 민주항쟁을 거치면서 진상규명에 대한 요구가 본격적으로 나오기 시작하였고, 결국 국회에서 진상규명과 명예회복을 위한 특별법이 제정되면서 사건의 기점을 1947년 3월 1일로 잡는 등 제주 4·3 사건에 대한 인식의 전환이 이루어지게 되었던 것이다.

본격적인 국립서울현충원 '4·3길' 탐방에 앞서 제주 4·3 사건을 먼저 간략히 짚어보고자 한다.

제주 4·3 사건은 1948년 4월 3일의 봉기가 아니라 1947년 3월 1일의 '3·1 발포 사건'으로 시작된다. 그날 제주북국민학교에서 열린 '제28주년 3·1절 기념 제주도대회'를 마친 군중들은 가두시위에 나섰다. 그런데 시위대가 관덕정을 거쳐 서문통으로 빠져나간 뒤 관덕정 부근에 있던 기마경찰의 말발굽에 어린아이가 치여 다치는 일이 발생했다. 이때 기마경찰이 다친 아이를 그대로 두고 지나가자 흥분한

---

[1] 제주 4·3 70주년 기념사업위원회와 제주 4·3 70주년 범국민위원회가 2018년에 공동으로 발간한 소책자 제목이다.

군중들이 돌을 던지며 항의했다. 그런데 관덕정 부근에 포진하고 있던 무장경찰은 군중을 향해 총을 쏘았고, 경찰의 발포로 주민 6명이 사망하는 사건으로 비화되었다. 이 사건이 기폭제가 되어 그때까지 큰 소요가 없던 제주 사회가 들끓기 시작했다. 제주도민은 1947년 3월 10일부터 세계적으로도 유례가 없는 민·관 합동 총파업을 벌였다. 제주도민의 민·관 총파업에 미국은 제주도를 '붉은 섬'으로 지목했다. 미군정 경무부 주도하에 본토에서 응원경찰이 대거 파견되었고, 극우 청년단체인 서북청년회(약칭 서청. 회장 문봉제[2]) 단원들이 속속 제주에 들어와 경찰, 행정기관, 교육기관 등을 장악하기 시작했다. 그들은 '빨갱이 사냥'을 한다는 구실로 테러를 일삼아 민심을 자극했고, 이는 제주 4·3 봉기의 발발 요인이 된다.

당시 한반도는 분단의 길로 치닫고 있었다. 이러한 상황에서 남로당 제주도당은 이반된 민심에 기반하여 5·10 단독선거 반대투쟁을 경찰과 서청의 탄압에 대한 저항과 단독선거·단독정부 반대의 기치로 묶어 무장봉기를 일으키게 된다. 1948년 4월 3일 새벽 2시, 한라산 기슭 오름마다 봉화가 붉게 타오르면서 남로당 제주도위원회가 주도한 무장봉기가 시작된 것이다. 350명의 유격대는 12개 경찰지서와 서청 등 우익단체 단원의 집을 지목해 습격했다. 봉기 직후 김익열(제주 주둔 조선경비대 9연대장)과 김달삼(유격대 사령관)간의 4·28 평화협상 합의안이 만들어지기도 했지만, 경찰과 우익 청년단체의 방해활동과 미군정의 강경진압 방침에 따라 합의안은 휴지조각이 되었고 무력충돌은 확산되어 갔다. 결국 이 무력 충돌과 토벌대의 무자비한

---

[2] 1946년에 월남하여 1947년부터 서북청년회 회장을 지낸 문봉제(1915-2004)는 국립대전현충원 경찰묘역에 안장되어 있다.

진압으로 무고한 제주 도민 25,000~30,000명이 사망한 사건이 바로 제주 4·3 사건이다.[3]

2000년에 제정된 4·3 특별법에 근거하여 국무총리 소속으로 '제주4·3사건진상규명및희생자명예회복위원회'가 구성되어 제주 4·3 사건의 진상규명과 명예회복을 위한 조사활동이 정부 차원에서 이루어지기 시작했다. 2003년 조사 결과를 보고 받은 노무현 대통령은 그 해 4월 제주를 방문하여 다음과 같이 사과하였다.

국정을 책임지고 있는 대통령으로서 과거 국가권력의 잘못에 대해 유족과 도민들에게 진심으로 사과와 위로의 말씀을 드립니다.

노무현 대통령은 2007년 제주 4·3 위령제에도 참석했다. 여기에서 노무현 대통령은 과거사 정리 작업의 의미를 다음과 같이 설명했다.

아직도 과거사 정리 작업이 미래로 나아가는 데 걸림돌이 된다고 생각하는 분들도 있는 것 같습니다. 그러나 저는 결코 그렇지 않다고 생각합니다. 과거사가 제대로 정리되지 않았기 때문에 갈등의 걸림돌을 지금껏 넘어서지 못했던 것입니다. 누구를 벌하고, 무엇을 빼앗자는 것은 결코 아닙니다. 사실은 사실대로 분명하게 밝히고, 억울한 누명과 맺힌 한을 풀어주고, 그리고 다시는 이런 일이 일어나지 않도록 함께 다짐하자는 것입니다. 그래야 진정한 용서와 화해를 통해서 우리 국민이 하나가 되는 길로 나아갈 수 있을 것입니다. 지난날의

---

[3] 제주4·3평화재단 홈페이지(https://jeju43peace.or.kr)를 참조하였다.

역사를 하나하나 매듭지어갈 때, 그 매듭은 미래를 향해 내딛는 새로운 디딤돌이 될 수 있을 것입니다.

그럼에도 제주 4·3 평화공원 전시실에는 여전히 이름 없는 '백비^{白碑}'가 누워 있다. 이는 2021년 2월 26일 「제주 4·3 특별법」 전부 개정안이 국회를 통과하면서 피해보상의 길이 열렸음에도 여전히 제주 4·3 사건의 진실이 충분히 규명되지 않고 있다는 것을 의미한다. 제주 4·3 사건은 아직도 '제주 4·3 폭동', '제주 4·3 항쟁' 등 다양한 이름으로 불리고 있다. 이 백비는 제대로 된 자기 이름[正名]을 갖고자 하는 제주도민의 열망을 반영하고 있는 상징물인 셈이다.

제주 4·3 사건! 그런데 이 한국 현대사의 아픈 역사는 70년이 지난 지금에도 제주만이 아니라 국립서울현충원에도 무겁게 드리워져 있다. 그래서 우리는 오늘, 국립서울현충원 '4·3길'을 걸으면서 평화와 인권의 소중함을 되새기고자 한다.

제주 4·3 사건과 베트남전쟁은 어떤 관련이 있을까?

국립서울현충원 정문에서 가장 가까운 곳에 위치한 2묘역과 3묘역은 베트남전참전용사 묘역이다.

1964년부터 1973년까지 9년간 이루어진 한국군의 베트남전 참전은 한국의 경제발전과 한국군의 현대화에 크게 기여하는 등 '국익'에 도움이 되었다고 긍정적으로 평가받기도 한다. 하지만 한국군의 베트남 민간인 학살 논란은 '역사를 잊은 민족에게 미래는 없다'며 일본의 진심어린 사과를 요구하고 있는 우리에게 '우리는 반성하고 사과할 일이 없는가'라는 반문과 자성을 요구하고 있다. 그런데 그 정도일까?

베트남전참전용사 묘역 제일 앞에는 유명한 채명신 장군(1926-2013)의 묘가 있다. 국립서울현충원의 묘역은 살아 있을 때의 계급에 따라 죽어서도 묘의 크기가 다른 장군 묘역과 장병 묘역으로 구별되어 있다. 그래서 채명신의 묘는 장군 묘역이 아닌 장병 묘역에 자리 잡고 있다는 것만으로도 주목을 끌기에 충분하다. 2013년 11월 그가 사망하기 전에 남긴 "내가 죽거든 일반 사병 묘역에 묻어달라"는 유언이 수용된 결과 지금의 자리에 묘가 들어서게 된 것이다.[4]

초대 주월 한국군사령부 사령관을 지낸 채명신은 '베트남전 참전의 영웅', '참군인', '참보수' 등으로 불린다. 채명신은 5·16 군사 정변에 가담했지만, 그 자신은 다른 정치군인과 달리 군인으로 되돌아갔다는 점에서도 긍정적인 평가를 받는다. 베트남전 과정에서는 미군에 대해 한국군의 독자적인 작전지휘권 보장을 관철시켰는가 하면 "한국군은 백 명의 베트콩을 놓치는 한이 있더라도 한 명의 양민을 보호한다"는 모토를 내걸고 사령관직을 수행했다는 점에서도 긍정적인 평가를 받기도 한다. 2010년 6·25 한국전쟁 60주년을 맞이하여 백선엽을 한국군 최초로 명예원수로 추대하려는 계획이 무르익고 있을 때, 채명신은 박경석(예비역 준장)과 더불어 "우리 군이 독립운동에 뿌리를 두고 있는데도 불구하고 독립군을 토벌하는 부대에서 근무했던 백선엽 장군을 명예원수로 추대한다는 것은 건군 이념을 훼손하는

---

4 하지만 채명신 장군의 묘가 그의 유언을 제대로 반영한 모습인지에 대해서는 비판의 목소리도 적지 않다. 채명신의 묘가 사병 묘와 '나란히 함께' 있다기보다는 묘역 제일 앞 중앙에 자리 잡고 있어 '죽어서도 사병을 이끌고 있는 사령관'의 지위를 유지하고 있는 모양새이기 때문이다.

것으로 결사반대"한다는 입장을 취해 좌절시킨 인물이기도 했다.[5]

그런데 채명신에게는 제주 4·3 사건과 관련한 이력도 존재한다. 황해도 출신인 채명신은 월남하여 육사 5기로 교육과정을 마친 후, 4·3 봉기가 시작된 직후인 1948년 4월 10일 제주 9연대에 소대장으로 부임하여 군 생활을 시작했다. 그는 부임 후 불과 한 달 만에 연대장 김익열(대령)이 전격 해임되고, 박진경(중령)이 새 연대장으로 부임하는 경험도 했다. 더 나아가 채명신의 상관이었던 박진경이 불과 44일 동안 "약 3,000여 명을 체포하고 심사"하는 등 강경 일변도의 작전을 펼치다 부하에게 살해당하는 현장을 목도하기도 했다. 그럼에도 채명신의 박진경에 대한 기억은 부정적이지도 비판적이지도 않다. 오히려 박진경이 제주 4·3 사건에서 한 역할에 대한 평가는 대단히 긍정적이기까지 하다.

그는 과거 자신의 회고록[6]에서 "남로당의 인민해방군은 주민들의 배타성을 이용, 대규모 폭동을 일으켰다. 1948년 5월 10일 남한 단독 총선거를 앞두고 이를 방해하기 위해서였다."고 제주 4·3사건의 원인을 진단한 바 있다. 하지만 대표적인 우익신문의 하나였던 〈한성일보〉조차 '자타가 공인하는 바 일부 경관과 탐관오리의 비행에서 발달된 4월 3일의 제주도민 봉기는 나날이 확대되어 조선경비대의 출동에까지 이르렀다'고 보도하고 있었다.[7] 채명신은 제주 4·3 사건의 원인을 1947년 3월 1일 삼일절 기념대회 당시 벌어진 경찰 발포 사건으로부터 시작된 경찰의 무자비한 탄압에서 찾지 않고 남로당이 남한만의 단독

---

5 〈한겨레신문〉, 「"백선엽은 조작된 영웅" 참전 군인이 말한다」(2020. 7. 20)
6 채명신, 『사선을 넘고 넘어』(매일경제신문사, 2003) 105~107쪽 "카이(khai)는 베트남어로 '증언하겠다' 혹은 '진술하겠다'는 뜻"이라고 한다.
7 〈한성일보〉, 「총살형은 혹심 요로에 감형진정서」(1948. 8. 18)

선거를 방해할 목적으로 봉기를 일으켰다는 왜곡된 인식을 가지고 있음을 알 수 있다.

그래서일까? 채명신은 4·3 봉기 직후 유격대 대장 김달삼(본명 이승진)을 상대로 평화협상을 벌였던 9연대장 김익열을 '색깔이 불분명하고 미온적인 인물'이라고 평가했다. 그는 박진경을 암살한 문상길 중위에 대해서도 "무모한 토벌을 막고 동족상잔을 피하기 위해 암살을 벌였다."는 주장을 외면한 채, "좌익 사상에 물들어 김달삼의 지령에 따라 연대장을 암살했다"고 한 군법원의 판결을 그대로 수용했다.[8] 반면, 3·1 발포 사건 직후부터 제주로 들어가 경찰과 함께 성폭력과 무자비한 학살을 주도했고, 4·3 봉기가 일어나기 한 달 전인 1948년 3월 한림면에서 박행구를 고문으로 살해하기도 했던 서북청년회의 횡포에 대해서는 오히려 '용맹스럽다'며 높이 평가했다.[9]

'참군인', '참보수'로 일컬어지는 채명신이 이처럼 제주 4·3 사건에 대해 실제 사실과 동떨어진 인식을 말년까지 가지고 있었던 이유는 무엇일까. 이를 이해하기 위해서는 그가 영락교회 장로를 지낸 인물이라는 점에 주목할 필요가 있다. 영락교회는 평북 출신의 한경직 목사가 월남하여 만든 교회였고, 마찬가지로 이북 출신의 월남한 신도들이 주축이 된 교회였다. 한경직 목사는 월남한 신도들에게 공산주의자를 묵시록에 나오는 '붉은 용'과 등치시키면서 정치의 대상의 아니라 박멸해야할 대상으로 설교했다. 해방정국에서 테러를 자행하고 제

---

8 심지어 증인으로 출석한 박진경 대령의 참모장이었던 임부길 대위도 재판정에서 "①조선민족 전체를 위해서는 30만 도민을 희생시켜도 좋다 ②양민 여부를 막론하고 도피하는 자에 대하여 3회 정지명령에 불응자는 총살하라"는 박진경 연대장의 명령에 대해 진술한 것으로 알려져 있다.(한성일보, 〈총살형은 혹심 요로에 감형진정서〉, 1948. 8. 18)
9 제주4·3사건진상조사및희생자명예회복위원회, 『제주4·3사건 진상조사 보고서』(2003)

주 4·3 사건에서도 악명을 떨친 서북청년회는 이러한 분위기 속에서 영락교회의 청년들이 주축이 되어 결성된 조직이었다.[10] 채명신을 서북청년회 출신으로 소개하는 글[11]도 있지만, 당사자가 인정한 바 없고 이를 입증하는 다른 증거가 제시된 바도 없으므로 이에 대한 판단은 유보할 수밖에 없다. 하지만 그가 서북청년회 출신들이 많았던 영락교회에서 장로로 있었다는 점만으로도 그가 왜 제주 4·3 사건에서 보여준 서북청년회의 악행마저 미화했는지 어느 정도 이해할 수 있게 해준다.

채명신이 주월 한국군사령부 사령관 시절 내걸었던 "한국군은 백 명의 베트콩을 놓치는 한이 있더라도 한 명의 양민을 보호해야 한다."는 모토도 실제 현실과는 큰 괴리가 있었다는 지적이 오래 전부터 있었다.[12] 연인원 32만 명을 파병한 한국군 중 5,099명의 젊은이가 전사했다. 문제는 1966년 12월, 4일간(3~6일) 청룡부대(해병대)에 의해 430명의 주민이 죽임을 당한 빈호아마을 학살사건과 같은 민간인 학살 사건이 반복적으로 일어났다는 점이다. 베트남전 기간 한국군의 민간인 학살 규모는 7

---

10 김병희는 『한경직 목사』(규장문화사, 1982)에 다음과 같은 한경직 목사의 증언을 실었다. "그때 공산당이 많아서 지방도 혼란하지 않았지시오. 그때 '서북청년회'라고 우리 영락교회 청년들이 중심 되어 조직을 했지요. 그 청년들이 제주도 반란 사건을 평정하기도 하고 그랬지요. 그러니까 우리 영락교회 청년들이 미움도 많이 사게 됐지요."(55-56쪽)

11 윤정란, 『한국전쟁과 기독교』(한울아카데미, 2017) 257쪽. 윤정란은 "1965년 주베트남 한국군 사령부 사령관으로 임명된 인물은 서북청년회 출신의 채명신이었다."고만 했고, 이에 대한 구체적인 근거를 제시하지는 않았다.

12 모행원(백마부대, 1966년 파병)은 당시를 회고하면서 "사람을 찢어 죽이라는 거예요. 총으로 쏴죽이지 말고, 베트콩을 잡으면, 칼로 쫙쫙 찢어죽이자. 중대장 같이 그렇게 용하신 양반도 그렇게까지 말씀하시더라고요."라고 증언했고, 미대통령 법률보좌관 맥퍼슨은 「월남 현지 보고서」에 "세상에, 한국군은 정말 무서웠다. 일부 민간인들은 한국군이 (…) 너무 잔인해서 민간인의 생명을 아랑곳하지 않는다고 생각한다. 나는 다만 한밤중에 신분증 없이 한국군을 만나는 일이 결코 없기를 바랄뿐이었다."는 글을 남겼다.(〈MBC〉, 『이제는 말할 수 있다 77회 - 월남에서 돌아온 새까만 김병장』(2004. 3. 28))

천~8천 명에 이르는 것으로 추정되고 있다. 이러한 한국군의 민간인 학살은 제주 4·3 사건의 현장에 있었음에도 제주도민 학살에 대한 진지한 반성과 성찰이 없던 채명신이 베트남전 초대 사령관으로 부임하여 전투를 이끌었다는 사실과 어떻게 무관할 수 있을까.[13] 제주 4·3 사건에서 배운 한국군의 민간인 학살 경험이 20년 후 베트남에서 한국군의 베트남 민간인 학살로 이어졌다고 보는 것이 상식적일 것이다. 실제로 채명신은 '절대 이길 수 없는 전쟁'이라며 한국군의 베트남전 참전에 비판적이었지만, 막상 베트남전 초대 사령관으로 부임한 후에는 '전쟁으로 한국이 돈을 엄청 벌고 있으니 전쟁을 계속해야 한다'는 내용으로 베트남에 시찰을 온 대학생을 상대로 강연까지 했다고 한다.[14] 사람을 중심에 놓지 않고 국가를 절대화한 채명신으로서는 어쩔 수 없는 선택이었을지도 모르지만, 우리는 베트남인들에게 크나큰 죄를 짓고 있었던 것이다.

〈바람의 집〉으로 유명한 제주 시인 이종형도 제주 4·3 사건과 베트남전의 충격적인 연관 관계를 알고 있었다. 이종형은 베트남을 방문했을 때, "쯔엉탄 아랫마을 깟홍사 미룡촌에서 태어난 판 딘 란/ 떨리는 목소리로 태어난 지 사흘 만에/ 호랑이 표식을 단 남한 병사에

---

13 채명신에 이어 1969년 2대 주월 한국군 사령관으로 부임했던 이세호 장군도 하필 9연대 소속으로 제주 4·3 사건의 토벌대로 활동한 이력의 소유자였는데, 제주 4·3 사건을 보는 시각도 채명신과 다르지 않다. 다만, 김익열 연대장과 김달삼의 평화협상을 회고하면서 "김익열 연대장의 용기와 결단, 진정한 우국충정, 그리고 군인으로서의 수범은 지금까지도 회자되고 있다."(이세호, 『한길로 섬겼던 내 조국』 126쪽)고 하여 김익열 연대장에 대한 평가는 채명신의 평가와는 사뭇 다르다.
14 채명신과 함께 영락교회에 다녔던 노정선은 "연세대 신학과 3학년 때 학생회장을 했어요. 그때 정부에서 학생들을 모아 베트남 전선 시찰을 보냈죠. 그때 채명신 파병군 사령관이 학생들에게 '전쟁으로 한국이 돈을 엄청 벌고 있으니 전쟁을 계속해야 한다'고 강연을 하더군요. 너무 화가 났어요."라고 증언했다.(《한겨레신문》, 「"밤나무 3억그루만 키우면 북쪽 식량난 완전해결 가능해요"」(2018. 11. 21))

게 어미 잃은 사연을 얘기하는" 것을 들으면서 어쩔 수 없이 "처연한 눈물과 탄식으로 가득 차오르는 동안", "제주의 4월을 다시 떠올리고" 말았던 사연을 담아 〈카이, 카이, 카이khai, khai, khai〉[15]라는 제목의 시를 남겼다.

경찰묘역, 제주 4·3 사건의 의인 문형순의 묘는 어디에?

베트남전 참전용사묘역 위쪽으로 직진해 올라가면 서편 최정상부에 경찰현충탑이 있다. 그 아래 위치한 5묘역, 8묘역, 9묘역이 바로 경찰묘역이다. 현재 제주 4·3 사건 당시 사망한 경찰은 5묘역과 9묘역에 안장되어 있는 최선경 총경, 이세욱 총경을 비롯하여 총 10명이다.[16]

제주 4·3 사건 당시 경찰들이 원성의 대상이었고 4·3 봉기의 직접적인 원인을 제공한 집단임을 아는 사람들에게는 이곳 경찰 묘역을 방문하는 것이 흔쾌하지 않을 수 있다. 마침 9묘역에 안장되어 있는 5·18 민주화 운동의 의인 안병하 치안감(80년 당시 전남도경국장)의 사례와 대비되기도 하면서 경찰 묘역이 '4·3길'에서 평화와 인권의 소중함을 배우는 공간으로 자리 잡기에는 한계가 있어 보인다.

그렇다고 제주 4·3 사건 당시 경찰 중에서도 의인이 없었던 것은 아니다. 제주4·3평화기념관 전시관에는 무고한 사람들의 죽음을 막기 위해 노력했던 제주의 의인으로 김익열 연대장, 문형순 서장, 김성

---

15 이종형 시집, 『꽃보다 먼저 다녀간 이름들』(삶창, 2017)
16 경찰묘역에는 '제주 4·3 사건' 외에도 1946년의 '대구 10월 사건' 당시 사망한 오갑술의 묘(경사, 09-1-294), 1948년의 '10·19 여순 사건' 당시 사망한 이호의 묘(총경, 09-3-62) 등 해방정국에서 사망한 경찰의 묘가 다수 확인된다.

홍 몰라 구장, 강계봉 순경, 장성순 경사, 외도지서의 방 경사, 고희준 서청단원 등 7명이 소개되고 있는데, 이 중 경찰이 4명이다. 그 4명의 의인 중 한 명이라도 국립서울현충원 경찰 묘역에 안장되어 있다면, 하는 아쉬움이 들지 않을 수 없다.

김익열 연대장과 함께 제주 4·3 사건의 대표적인 의인으로 알려져 있는 문형순(1897-1966) 모슬포경찰서장은 현재 제주 평안도 공동묘지에 안장되어 있다.[17] 2018년에는 '올해의 경찰영웅'으로 선정되면서 그해 처음으로 제주경찰청장의 성묘가 이루어지기도 했다.

만약 한국판 쉰들러 문형순 서장의 묘를 국립서울현충원으로 이장할 수 있다면 제주 4·3 사건의 실질적인 복권과 전국화에도 크게 기여할 뿐만 아니라, 경찰과 국민의 관계 개선에도 크게 기여할 수 있지 않을까?

무기력했던 초대 국무총리 이범석

경찰묘역 윗길을 따라 남쪽으로 조금만 가면 오른편 위에 국가유공자 제2묘역이 있다. 이곳에는 독립운동가 길에서 이미 소개한 바 있지만, 제주 4·3 사건 당시 국무총리이기도 했던 이범석의 묘(제2유공자-1)가 있다.

이범석 당시 국무총리는 국방부장관까지 겸직[18]하고 있었지만,

---

17 문형순 서장의 묘비에는 '一平生 抗日 獨立鬪士 大韓民國 樹立 後 慕瑟浦 城山浦 警察署長 歷任'(일평생 항일 독립투사 대한민국 수립 후 모슬포 성산포 경찰서장 역임'이라고 새겨져 있다.
18 이범석은 1949년 3월 21일에야 신성모가 국방부장관에 부임하면서 국무총리직에 전념할 수 있었다.

1948년 8월 24일 이승만 대통령과 주한미군사령관인 하지[John R. Hodge] 장군 사이에 체결된 〈한미군사안전잠정협정〉 때문에 군 작전에 개입할 수 있는 실권이 없었다. 로버츠 미고문단장은 이 사실을 이범석 국방장관에게 분명히 주지시켰고, 때문에 이범석은 1948년 10월 28일 국회 보고에서도 국방장관인 자신조차도 군의 작전 지도를 마음대로 할 수 없다고 실토했을 정도였다. 로버츠 고문단장은 제주도작전에 관한 모든 상황을 제주도에 파견한 고문관 버제스 대위를 통해 보고 받아 이를 다시 매주 정기적으로 주한미군사령관에게 보고했으며, 이범석 총리나 신성모 국방부장관의 군 작전에 대해 일일이 관여했다.[19]

이승만 정부에서 이범석 국무총리가 보여준 모습은 마치 다음에 소개할 미군정 치하 민정장관을 지낸 안재홍의 모습을 보는 듯하다고 해야 할까.

이범석은 1948년 12월 8일 국회에서 "무장폭도 현재 근근 50~60명에 불과"라거나 "도민 중 다수가 폭도의 정신적 가담자라는 것은 참 유감"이라고 한 발언을 통해 비교적 현실을 정확히 인식하고 있었다는 점을 확인할 수 있지만, 현실에서는 무력했다. 실제로 이범석의 국회발언 이후 다음 해 3월까지 벌인 대대적인 초토작전으로 포로 귀순자가 7,641명, 사살이 1,612명에 이르고 있었다. 그런데도 정부 당국이 밝힌 유격대 수는 늘 '250명 가량'이었다.[20]

1949년 3월 10일 신성모 내무부장관을 대동하고 제주 시찰에 나선 이범석 총리는 "토벌을 능률적으로 하는 한편 선무공작을 활발히

---

19 제주4·3사건진상조사및명예회복위원회, 같은 책, 248-251쪽. 특히 로버츠 준장은 1948년 9월 29일 이범석 국무총리 겸 국방장관에게 서신을 보내 "한국 국방경비대의 작전통제권은 여전히 주한미군사령관에게 있으며, 경비대의 작전에 관한 모든 명령은 발표되기 전에 해당 미 고문관을 통과해야 된다는 사실은 매우 중요하다."고 주지시켰다고 한다.
20 같은 책, 325쪽.

하여 관대한 태도로써 폭도의 반성을 촉구하여야 할 것"이라며, 향후 작전 방침을 시사하는 선무공작 방침을 밝혀 제주도민에게 새로운 기대를 갖게 하기도 한다. 하지만 이 역시 중산간 마을들이 이미 초토화되었고 유격대도 거의 궤멸되었다는 상황 인식에서 비롯되었을 뿐 실질적인 의미는 없었다.[21]

안재홍(미군정 민정장관) vs 조병옥(미군정 경무부장)

독립운동가들을 기리는 독립유공자 묘역을 위에서 아래로 내려오다 보면 무후선열제단이 보인다. 독립운동가의 위패를 모시고 있는 무후선열제단 안으로 들어가면 왼편 깊숙한 곳에 다른 납북인사들과 함께 안치되어 있는 안재홍(1891-1965)의 위패를 만날 수 있다.[22] 그는 일제강점기 대한민국청년외교단과 신간회, 조선어학회 등에서 활약하면서 여러 차례 옥고를 치른 독립운동가이기도 했다.

안재홍이 제주 4·3의 역사에 휘말리게 되는 것은 그가 해방 후 미군정 치하에서 민정장관을 맡고 있었기 때문이다. 그는 4·3 봉기가 일어난 지 한달 후인 5월 5일 미 군정장관 딘[William F. Dean]의 주도로 제주 4·3 사건에 대한 대책을 논의할 '5·5 최고수뇌 회의'(제주중학교)에 참석했다. 이 회의에는 송호성(경비대총사령관), 조병옥(경무부장), 맨스필드[John S. Mansfield](제주도 군정장관), 유해진(제주지사), 최천(제주경

---

21 같은 책, 325쪽
22 6·25 한국전쟁 때 납북된 안재홍의 묘는 북한 평양시 룡성구역 재북인사 묘역에 있다. 안재홍은 남한에서는 한동안 잊힌 존재였으나, 1989년 뒤늦게나마 건국훈장 대통령장에 추서되면서 복권되었다.

찰감찰청장), 김익열(제9연대장) 등도 함께 참석했다.

이날 김익열은 5월 1일의 '오라리 방화 사건'이 유격대가 벌인 일이 아니라 협상을 깨기 위한 경찰과 청년단체의 소행이라는 사실을 언급하며 온건 화평 전술을 주장했다. 하지만 경찰의 비행이 드러날 것을 두려워한 조병옥(1894-1960)이 "김익열의 아버지가 공산주의자였고, 김익열과 김달삼이 일본 육군예비사관학교 동기"라는 허위사실과 함께 김익열을 '국제공산당 당원'으로 매도하는 상황이 벌어졌다. 이에 격분한 김익열은 조병옥에게 달려들었고 둘 사이에 주먹다짐까지 벌어졌다.

이날 안재홍은 조병옥과 김익열의 충돌을 지켜보면서 "이게 다 우리가 힘이 없어서 생긴 일"이라면서 눈물을 훔치기만 했다고 한다. 안재홍은 미군정에서 민정장관을 맡고 있었지만 제주 4·3 사건의 평화적 해결을 밀어붙일만한 실질적 힘을 전혀 가지고 있지 못했던 것이다.

반면, 조병옥은 3·1 발포 사건 직후인 1947년 3월 14일에 이미 육지의 응원경찰 421명을 대동하고 제주를 방문하였고, 아무런 근거도 없이 "제주도 사건은 북조선의 세력과 통모하고 미군정을 전복하여 사회적 혼란을 유지하려는 책동으로 말미암아 발생된 것"이라고 매도하면서 3·1 발포 사건에 항의하고 사과를 촉구하는 총파업 관련자들에 대한 대대적인 검거를 주도했던 인물이다.[23]

안재홍과 조병옥의 제주 4·3 사건에 대한 이러한 인식의 차이에

---

23 조병옥은 1914년 미국 유학 시절 안창호의 흥사단에 참여하였고, 1919년 3·1 만세운동 직후에 열린 필라델피아 한인자유대회에도 함께했다. 귀국하여 신간회에 참여한 조병옥은 광주학생독립운동(1929)을 지원하다 3년간의 감옥살이와 수양동우회 사건(1937)으로 2년간의 감옥살이를 하는 등 독립운동에 헌신한 인물이었다. 1950년대에 야당 지도자로 변신하여 1960년에는 민주당의 대통령후보가 되었으나, 선거를 앞두고 미국에서 병사하였다. 조병옥의 묘는 고향인 충남 천안에 있다. 국가유공자 제1묘역에는 6선 국회의원을 지낸 조병옥의 장남 조윤형의 묘가 있다.

는 분단 현실 극복에 대한 '평화적 해결'과 '전쟁 불사'라는 상이한 접근이 그 근저에 깔려 있었다.

제주 4·3 사건에 대해 '가혹한 탄압'을 지시한 이승만

국립서울현충원에서 4·3길을 걸을 때 빼놓을 수 없는 인물이 대한민국 정부가 정식으로 수립된 후 초대 대통령을 지낸 이승만이다. 이후 '대통령 길'에서도 찾을 이승만 당시 대통령의 묘는 국가원수 묘역에 있다.

제주 4·3 사건은 대한민국 정부가 정식으로 출범한 8월 15일 이전에 발생한 사건이다. 따라서 이승만 정부에 발발의 직접적인 책임을 물을 수는 없다. 하지만 제주도민의 봉기가 이승만이 주도한 단독정부 수립을 위한 5·10 선거에 반대한 성격을 가지고 있었다는 점, 제주 4·3 사건에 1947년 3·1 사건 직후부터 개입하여 무자비한 탄압의 선두에 섰던 서북청년회가 이승만의 후원을 받고 있었다는 점 등을 고려한다면 이승만 개인 또는 이승만을 필두로 하는 단독정부 수립 세력들과의 관련성은 피할 수 없다. 더군다나 제주 4·3 사건이 대한민국 정부가 정식으로 출범한 이후에도 지속되었을 뿐만 아니라, 이 과정에서 초토작전이 벌어졌다는 점에서 이승만 정부의 책임은 결코 작다고 할 수 없다. 특히 1948년 11월 17일 이승만 대통령이 제주도에 계엄령을 선포하면서 다음해 3월까지 약 4개월간 계속된 초토작전은 제주 4·3 사건의 전개과정에서 가장 참혹한 상황이 벌어진 시기였다. 이 기간 동안 가장 많은 제주도민들이 학살당했고, 대부분의 중산간 마을이 불에 타는 등 말 그대로 '초토화' 되었다. 이전의 피해가 비교적 젊은 남자로 한정되었던 반면, 계엄령이 선포된 1948년 11월 중순경부터 벌어진 강경진압작전 때에는 서너살 난 어린이부터 80대 노인에 이르기까지 남녀노소 가릴 것 없이 총살당했다. 계엄령은 제주도민들에게 재판절차도 없이 수많은 인명이 즉결 처형된 근거로 인식되어 왔다. 하지만 제주도에 선포한 계엄령은 계엄법도 없는 상황에서 불법적으로 선포된 것이었다. 제헌헌법 제64조(계엄선포권)는 "대통령은 법률이 정하는 바에 의하여 계엄을 선포한다."고 규정하고 있으나, 계엄이 선포된 1948년 11월 17일 당시에는 해당 법률인 계엄법이 존재하지 않았다. 그래서 그랬는지 당시 이승만 정부는 계엄이 선포된 사실을 관보에는 게재하였지만, 언론에조차 알리지 않았다. 심지어는 계엄을 선포한 사실이 없다고 부인하는 성명을 발표하기조차 했다.[24] 이승만 정부가 대통령 이승만의 이름으로 계엄을 선포했으면서도 국방부에서 이를 부인했던 이유는 여순사건이 발생했을 때 법적 근거 없이 계엄을 선포했다가 국회가 '불법'이라고 지적하면서 곤욕을 치른 일이 이미 있었기 때문이었다.

결국 이러한 초토화의 책임은 당시 이승만 정부와 주한미군사고문단에 있었다. 이승만은 대통령으로서 군 통수권자이며, 미군은 당시 한국군의 작전통제권을 가지고 있었기 때문이다.[25]

---

24 〈조선일보〉, 「제주 계엄령은 무근」(1948. 11. 20) 국방부가 계엄령을 부인하는 입장을 낸 것은 계엄령 선포로부터 이틀이 지난 11월 19일이었다.
25 1948년 8월 24일 이승만 대통령과 주한미군사령관인 하지(John R. Hodge) 장군 사이에 체결된 〈한미군사안전잠정협정〉의 핵심 내용은 다음과 같다.
　제1조, 주한미군사령관은, 본국정부의 지시에 따라서 또한 자기의 직권 내에서, 현존하는 대한민국 국방군을 계속하여 조직, 훈련, 무장할 것을 동의한다.
　제2조, …미군철수의 완료시까지, 주한미군사령관은 공동안전을 위하여 또는 대한민국 국방군의 조직, 훈련 및 장비를 용이케 하기 위하여 필요하다고 인정하는 대한민국 국방군(국방경비대, 해안경비대 및 비상지역에 주둔하는 국립경찰파견대를 포함함)에 대한 전면적인 작전상의 통제를 행사하는 권한을 보유할 것으로 합의한다.(국방부 전사편찬위원회 편, 『국방조약집』 제1집, 1981, 34~36쪽)

그렇다면 이승만 정부는 왜 이렇게 불법적인 계엄령까지 선포하면서 제주도를 초토화시키는 정책을 밀고 나갔던 것일까. 이는 이승만 대통령이 1949년 4월 9일 제주를 시찰했을 때 "정부와 미국인은 항상 제주에 대하여 많이 근심하고 있으며 구호물자도 곧 공급할 것"이라고 말한 대목에서 그 힌트를 얻을 수 있다. 좀 더 구체적으로는 이승만이 국무회의에서 한 다음과 같은 '시정 일반에 관한 유시' 발언을 통해 확인 가능하다.

> 미국 측에서 한국의 중요성을 인식하고 많은 동정을 표하나 제주도, 전남사건의 여파를 완전히 발근색원拔根塞源하여야 그들의 원조는 적극화할 것이며 지방 토색討索 반도 및 절도 등 악당을 가혹한 방법으로 탄압하여 법의 존엄을 표시할 것이 요청된다.[26]
>
> 미 상원의원의 발언 중 반공조건부 대한 원조안 주장에 대하여 감사 사함謝緘을 외무장관이 보냄이 좋겠다.[27]

당시 갓 출범한 이승만 정부는 미국의 원조 없이는 버티기 힘든 상황이었다. 따라서 미국이 '반공 조건부 대한 원조 안'을 들고 나왔을 때 이승만 정부는 그에 부응하기 위하여 여순사건이나 제주 4·3 사건에 대하여 '가혹한 탄압'을 선택할 수밖에 없었을지도 모른다.

---

26 국가기록원, 「국무회의록 보고에 관한 건(1월분)」 20쪽(1. 21 제12회 국무회의록)
27 국가기록원, 「국무회의록 보고에 관한 건(7월분)」 64쪽(7. 1 제63회 국무회의록)

서북청년회를 이끌고 제주 4·3 사건에 개입한 경찰간부

경남 남해 출신인 최치환(1922-1987)은 1943년 만주군관학교를 졸업하고 일제가 패망할 당시 만주국군 중위로 있었다. 그럼에도 최치환은 충분한 조사가 이루어지지 않았다는 이유로 『친일민명사전』에도 등재되어 있지 않은 인물이다.

해방 후 귀국하여 육사 2기로 졸업한 후 1947년부터 경찰에 투신한 그는 제주에서 4·3 봉기가 일어난 직후인 1948년 4월 8일에 서북청년회 회원 200명을 인솔해 제주로 들어가면서 제주 4.3 사건에 직접 개입하기 시작하였다. 이어 제주에 계엄이 선포되고 당시 이승만 대통령이 '가혹하게 탄압하라'고 언급한 직후인 1949년 2월 16일에는 제주특별사령부 작전참모로 보임되었다. 1949년 1월 9일자 미국 《뉴욕타임즈》에 "비상경비대 최치환 작전과장이 오늘(8일) 3척의 소련 잠수함이 4일 전에 남한 근해에 나타나서 공산게릴라들에게 제주도 도청소재지에 공격을 개시하라는 신호를 보냈다고 금일 발표하였다"라는 보도가 실린 것으로 보아 이미 그 이전부터 개입하고 있었던 것으로 여겨진다. 이 '소련잠수함 출현설' 역시 제주도민을 가혹하게 탄압하기 위해 조작된 허위사실이었다.

1956년 34세에 서울특별시 경찰국장에 임명되는 등 경찰 내에서 출세가도를 달리던 최치환은 1958년에는 대통령 비서관, 4·19 혁명 직전에는 공보처장으로 발탁되는 등 탄탄대로를 달렸다. 4·19 혁명으로 위기에 몰리기도 하지만, 직후 벌어진 7·29 총선(5대 국회의원 선거)에서도 고향인 남해에서 무소속으로 출마하여 당선되었다. 1961년 3월, 3·15 부정선거와 관련한 반민주행위자공민권제한법에 의해 의원직을 상실하는 수난을 당하기도 하지만, 5·16 군사정변 이후 재기하여 6, 7대(민주공화당), 10대(무소속), 12대(한국국민당) 국회의원을 지냈다. 그는 전 국회의원 김무성의 장인이기도 하다.

장군 제1묘역의 김익열, 제주 4·3의 의인

한강을 내려다볼 수 있는 최고의 조망명소를 자랑하는 장군 제1묘역에는 제주 4·3 사건에 깊숙이 관여한 인물 다섯 명의 묘가 있다. 무덤의 주인공은 제주 4·3 사건 당시 제주경찰서 서장이었던 문용채(1916-1976, 제1장군-72)와 제주 4·3 사건 당시 미군정 경무부 공안국장이었던 김정호(1909-1970, 제1장군-39), 이승만정부의 국방부 합동참모총장이었던 채병덕(1910-1950)과 2연대(연대장 함병선) 소속 대대장이었던 최석용(1903-1974, 제1장군-60), 그리고 4·3 봉기가 일어난 직후 유격대 대장 김달삼과 평화협상을 벌여 합의안을 도출해냈던 당시 9연대장 김익열(1921-1988, 제1장군-165)이다.[28]

국가유공자 제1묘역에서 최치환의 묘를 본 후 장군 제1묘역으로 올라가면 제일 먼저 김익열의 묘를 만날 수 있다. 묘는 서편을 바라보고 있음에도 햇볕이 잘 드는 곳에 자리 잡고 있다.

제주 4·3 당시 봉기의 발단이 경찰의 무모한 탄압에 있다고 본 김익열은 일관되게 "선 선무 후 토벌" 입장을 견지했던 인물이다. 그는 4월 18일 맨스필드 중령(제주 주둔 미군정장관)으로부터 본격적인 진압작전에 앞서 유격대 지도자와 교섭하라는 지시를 받았다. 김익열은

---

28 김익열은 1965년 중장으로 예편하였으며, 1988년 별세하면서 장군 제1묘역에 안장되었다.

당시 제주도지사 유해진, 경찰토벌사령관 김정호, 제주 경찰감찰청장 최천, 민족청년단 단장이 연이어 회피하는 상황에서 선택된 다섯 번째 지명자였다고 한다. 김익열은 4월 22일 유격대에게 평화협상을 요청하는 전단을 만들어 비행기를 통해 살포하는 등 교섭창구를 마련하기 위해 동분서주했다. 그 결과로 4시간에 걸친 협상 끝에 만들어낸 4·28 평화협상의 합의 내용은 다음과 같다.

① 72시간 내에 전투를 완전히 중지하되 산발적으로 충돌이 있으면 연락 미달로 간주하고, 5일 이후의 전투는 배신행위로 본다.
② 무장 해제는 점차적으로 하되 약속을 위반하면 즉각 전투를 재개한다.
③ 무장 해제와 하산이 원만히 이루어지면 주모자들의 신병을 보장한다.[29]

협상결과에 대해 미군정장관 맨스필드 중령도 처음에는 만족감을 표시했다. 하지만 경찰과 우익 청년단원이 일으켰음에도 유격대의 소행으로 조작된 5월 1일의 '오라리 방화사건'은 미군정 당국이 강경 진압 방침을 정하는 계기가 된다. 5월 1일의 '오라리 방화사건'은 강경토벌작전을 정당화하기 위해 미군정과 경찰, 우익청년단이 공동으로 연출한 작품일 가능성이 제기되기도 했다.[30] 하지만 오라리 방화사건에

---

29 제주4·3사건진상조사및명예회복위원회, 같은 책, 198쪽
30 미국립문서기록관리청(NARA)에 소장된 14분 분량의 기록 영상물 〈제주도 메이데이이(May Day on Cheju-Do)〉(https://www.youtube.com/watch?v=WSyxkoffmkA)는 불타는 오라리로 진격하는 경찰의 모습 등이 미군 촬영반에 의해 공중과 지상에서 입체적으로 촬영되었다는 사실을 보여주고 있어 미군정과 경찰, 청년단의 공조 가능성을 주목하게 한다.

미군정의 묵인 내지 방조가 있었는지는 아직도 정확히 밝혀지지 않고 있다. 이에 대해 김익열도 "미군정은 처음엔 강력히 초토작전을 반대하였으나 다음부터는 어찌된 셈인지 묵인하는 태도로 나오더니 나중에는 오히려 장려하는 태도로 변하였다."[31]고 기록하고 있어 미군정의 태도에 의구심을 가지고 있었던 것으로 보인다.

어쨌든 미군정장관 딘은 앞에서 언급한 '5·5 최고수뇌 회의'를 통해 강경 토벌작전 방침을 공식화했고, 김익열은 다음날 9연대장에서 전격 해임되어 여수 14연대장으로 전출되고 만다. 제헌의원을 선출하는 '5·10 선거'를 앞두고 사태를 조기에 종식시켜야 한다는 압박감과 조기에 종식시킬 수 있다는 오판이 빚은 치명적인 결과였다. 이로써 김익열과 김달삼이 만들어낸 4·28 평화협상은 완전히 물거품이 되고 말았다.

김익열은 유고록을 통해 당시를 회고하면서 "초토작전은 인도적으로 결코 허용될 수 없고 전시에도 명령하거나 묵인한 사령관은 전범으로 처형을 면키 어렵다. 하물며 전후 평화 시에 자기가 군정 하는 영토 내의 국민에게 이런 명령을 내렸다고 세상에 알려지면 그 결과는 엄청날 수밖에 없다. 전범재판을 받지 않는다 해도 그는 인도적으로 처형될 것이다."[32]라는 입장을 다시 한 번 분명히 하였다.

장군 제1묘역의 문용채와 최석용, 김정호와 채병덕

문용채는 1937년 봉천군관학교(만주국 중앙육군훈련처)를 제5기로 졸업했다. 김백일(김찬규), 김석범, 김홍준, 송석하, 신현준(신봉균)

---

31 김익열, 실록유고 『4·3의 진실』(1988)
32 김익열, 실록유고 『4·3의 진실』(1988)

등 5명의 정부 공인 친일반민족행위자가 그의 봉천군관학교 동기다. 문용채는 만주국군 헌병 소위로 임관한 후 일제 말 헌병 상위로 진급하여 평천헌병대 대대장까지 지냈다. 문용채가 정부 공인 친일반민족행위자의 명단에서 제외된 이유는 위 5명의 동료와 달리 간도특설대에 입대하지 않고 헌병으로 진로가 잡힌 덕분이었다.

그런데 문용채의 묘 묘비에 새겨져 있는 묘비명을 읽다보면 납득하기 힘든 이상한 대목을 발견하게 된다.

장군은 평북 정주 출생으로 중국에 망명하여 봉천육군사관학교를 졸업 조국광복을 위해 투쟁하셨고 해방 후에는 창군에 공헌 군 발전에 크게 이바지 하셨다.

문용채가 자신의 만주 '진출'을 중국에 '망명'한 것으로 설명했지만, 봉천육군사관학교로 과장한 봉천군관학교는 조선의 독립을 꿈꾸며 망명한 '불령선인不逞鮮人'이 들어갈 수 있는 곳이 아니었다. 1937년 봉천군관학교를 5기로 졸업한 후 만주국군 헌병 장교로 근무했으면서도 묘비명에 "조국 광복을 위해 투쟁"했다고 새겨놓은 것은 아무리 생각해도 뻔뻔함의 정도가 심각한 수준이다. 문용채는 국립서울현충원을 친일파가 독립군으로 변신하는 일을 돕는 신분 세탁소쯤으로 여기고 있었던 것으로 보인다.

일제가 패망하면서 만주에서 귀국한 문용채는 처음에는 군사영어학교를 나와 남조선경비대 소위로 임관하면서 군인의 길을 걸었다. 하지만 경비대에서 자리를 잡지 못하자 사표를 내고 경찰로 전직하였고,[33] 제주감찰청 수사과장을 거쳐 1947년 9월부터는 제1구경찰서장이 되었다.[34] 문용채가 서장 취임 직후 "경민 협조로 민주경찰 건설에 노력"하겠다면서 밝힌 다음과 같은 포부는 그가 제주 4·3 사건에 대해 어떤 시각으로 접근했는지 이해할 수 있게 해준다.

> 도민 여러분은 경찰을 신뢰하고 순종하야 항거의 태도를 취하지 말고 이해 깊은 협조만이 민주경찰을 완성시키는 근본적 요소인 만큼 도민 각자는 안심하야 직장 봉공에 노력하야 주기를 바란다. 끝으로 본 도 경찰관들이 애국심에 불타는 정열과 책임감 그리고 날로 증진되어 가는 태도율態度率에 대하야 깊은 감명을 느끼고 마지않는 바이다.[35]

문용채는 민주경찰의 완성을 위해 제주도민들에게 무조건 경찰을 신뢰하고 순종할 것을 요구한 반면, 1947년 3·1 발포 사건 이후 응원군까지 동원하여 탄압을 강화해온 경찰에 대해서는 감명을 느끼고 있다며 오히려 응원했던 것이다.

문용채는 김익렬과 김달삼 간에 이루어진 1948년 4·28 평화협상안의 실현을 막는 결정적인 역할을 한 5월 1일의 오라리 방화사건에도 깊숙이 관여했다. 그는 당시 출동하는 경찰 트럭에 동승하여 취재를

---

33 문용채는 청주 7연대의 A중대장과 춘천 8연대의 A중대장에 연이어 임명되었으나, 두 차례 연속으로 먼저 온 장교들이 중대편성을 마무리하고 자리를 고수하고 있어 부임하지 못했다고 한다. 똑같은 상황이 반복되자 문용채는 사표를 내고 경찰로 전직했다는 것이다. 문용채가 경찰에 투신한 것은 초창기 인사관리의 허점 때문이었던 셈이다.(〈경향신문〉, 「비화 한 세대(55) – 창군전야(45-48)」, 1977. 1. 20)
34 〈제주신보〉, 「제1구 서장에 문용채 씨」(1947. 10. 4)
35 〈제주신보〉, 「경민 협조로 민주경찰 건설 노력-1구 서장 문용채 씨 신임 포부 담」(1947. 10. 10)

허가받은 〈동아일보〉의 정선수 기자에게 "만약을 위하여…"라는 말과 함께 자신의 권총을 빌려주면서까지 사건이 경찰의 의도에 맞게 언론에 보도되기를 희망했고, 〈동아일보〉는 오라리 방화사건에 대해 백여 명의 폭도가 "무고한 노동자 농민을 몰아세우고 노동자 농민 자신들의 집을 불살라 버리고 노동자를 학살하고 노동자 농민의 가정을 파괴한 것"이라며 경찰의 희망을 충실히 따르는 보도로 응답했다.[36]

경찰의 방해공작은 여기에 그치지 않았다. 오라리 방화사건이 있은 지 이틀 후인 5월 3일 무장해제한 '귀순자'를 미군 병사와 9연대가 함께 수용소로 호송하던 중 무장경찰 50여 명이 기습적으로 총을 난사하여 '귀순자' 일부가 사망하고 나머지는 산으로 도주하는 일이 발생했다. 이 과정에서 미군과 경찰 간에 총격전까지 벌어졌다. 이에 격분한 맨스필드 군정장관은 제주경찰서장을 군정본부로 소환하여 문책했는데, 김익열은 이때 문용채의 모습을 다음과 같이 기억했다.

구사일생한 드루스 대위 일행은 격분했다. 부상한 경위를 미군정 본부로 데리고 가서 치료를 하여 주고 나서 드루스 대위 일행을 기습한 이유를 심문하였다. 그 자는 '상부의 지시에 의해 폭도와 미군과 경비대 장병을 사살하여 폭도들의 귀순공작 진행을 방해하는 임무를 띤 특공대'라고 자백하였다. 격분한 맨스필드 군정장관과 드루스 대위는 제주경찰서장을 군정본부로 소환하여 문책하였다.
문용채 서장은 도망쳐온 부하들에게 들어서 사건의 진상을 사전에 알고 있었으므로 당황하여 대답을 못했다. 조사하여 내일 보고하겠

---

36 〈동아일보〉,「제주도폭동현지답사 - 정선수 본사특파원 발」(1948. 5. 9)

다고 하고 부상자와 중기관총을 인수하여 돌아갔다.[37]

문용채는 이후 육군사관학교에 재입교하여 특별임관한 후 1952년 경남병사구사령관을 지낸 뒤 1959년 군대 안에서 정군 바람이 불 때 준장으로 예편 당했다.

최석용은 1949년부터 2연대(연대장 함병선) 소속 대대장으로 서북청년회를 지휘하면서 초토화 작전의 선두에 서서 제주도민 학살에 앞장선 인물이다.

최석용은 1928년 황포군관학교를 졸업하고 1930년대 만주에서 맹위를 떨친 조선혁명군(총사령 양세봉)의 1군 사령까지 맡았던 한검추(최주봉)였다. 한검추는 1935년 중-한 항일동맹회를 결성하여 대일 공동전선을 펼칠 때 총사령을 맡기도 한 인물이었다.[38] 하지만 그는 일제의 압박이 강화되자 1936년 말 조선혁명군 대오 70여 명을 거느리고 투항하였고, 이후 변절하여 정빈, 윤하태와 더불어 동북항일연군을 파괴하는 데 앞장섰다. 특히, 1940년 초 중국의 전설적인 항일혁명가 동북항일연군 제1로군 군장 양정위(楊靖宇)와 조선혁명군 출신의 참모장 최윤구(1903-1940)를 전사[39]케 함으로써 제1로군을 사실상 궤멸시키는 데도 최석용의 배신이 큰 역할을 했다.

해방 후 귀국한 최석용은 1947년 1월 김창룡, 문상길, 김지회, 홍

---

37 김익열, 실록유고 『4·3의 진실』(1988)
38 〈신한민보〉, 「원동소식, 홍경을 근거로 한 조선독립군」(1936. 1. 23)
39 경북 청도 출신의 최윤구는 그동안 1938년 12월 전사한 것으로 알려져왔으나, 1940년 2월 15일 몽강현 보안촌에서 전사한 것으로 확인되었다.

순석 등과 함께 남조선국방경비사관학교(3기)에 입학하여 그해 4월 소위로 임관했지만, 그는 결국 일제를 도와 만주에서 독립운동가를 때려잡던 기술을 제주 4·3 사건의 현장에서 제주도민을 학살하는 데 다시 사용한 셈이었다.

최석용의 묘비명도 그가 조선혁명군 사령 출신의 한검추(최주봉)이었음을 증언하고 있다. 그런데 최석용의 묘비명은 신분 세탁과 역사 왜곡이 어떻게 이루어지는지를 보여주는 생생한 현장이기도 하다. 묘비명은 그를 "20여 성상을 항일타가 해방되어 귀국"한 인물로 소개하고 있다. 1936년 말 일제에 투항하여 변절한 사실을 철저히 은폐한 셈이다. "평생을 나라와 겨레를 위하여 애쓰던 고귀하신 유지"의 소유자로 소개한 대목 역시 그가 서울현충원을 1936년 말 이후 9년간 일제의 주구 역할을 한 자신의 친일행위를 은폐하는 '신분 세탁소'로 삼았음을 보여주는 생생한 증거물일 뿐이다. 최석용이 『친일인명사전』에 등재되지 않은 것에는 그의 놀라운 신분세탁 능력도 한몫 했을 것이다.

장군 제1묘역 정상부에 오르면 제주 4·3 사건과 관련 있는 김정호의 묘와 채병덕의 묘를 만날 수 있다.

김정호는 4월 3일 제주에서 봉기가 일어나자 봉기 진압을 위한 제주비상경비사령관으로 제주에 들어와 초기 경찰의 초토작전을 주도했던 인물이다. 그는 1935년 봉천군관학교를 3기로 졸업하여 일제 패망 당시 만주국군 경리 소좌로 있던 경력으로 『친일인명사전』에 등재된 인물이기도 하다. 해방 후 경찰에 투신하여 경찰전문학교 교장, 경북철도경찰청장과 충남철도경찰청장을 거쳐 제주 4·3 사건 당시에는 미군정 경무부 공안국장으로 있었다. 김익열은 김정호가 사령관으로 오게 된 배경을 다음과 같이 설명하고 있다.

> 군정과 경찰은 육지에서 증원군을 청하여 우선 각 지서의 기능을 회복하고 치안확보에 주력하는 한편 특별 경찰토벌대를 편성하여 폭도의 주력을 수색 격멸시키는 작전으로 나아갔다. 미군이나 경비대에 병력 요청 없이 자력으로 폭동 진압전에 나선 것이다. 당시 정세로 보아 군정 하에서 세력이 당당하던 조병옥 경무부장으로서는 당연한 처사였다. 우선 폭동발생의 주된 원인이 경찰의 실정에 있었다는 것이 알려질까 봐 두려웠을 것이고 또 전국의 치안책임자로서 일국지(一局地)에 불과한 외딴 섬 제주도의 소수민란을 단 시일 내에 진압 못하면 자기 위신이 크게 깎임은 물론 정치적인 진퇴문제에까지 관계된다고 여겼을 터이다.
> 그는 호언장담으로 미군과 경비대의 지원이나 개입을 배제하고 공안국장 김정호(金正浩)씨를 제주도 폭도토벌사령관으로 임명, 경찰의 대병력을 투입했다. 그리하여 제주읍내 경찰청본부에 사령부가 설치되고 대대적인 토벌이 시작되었다.[40]

김정호는 제주도에 오자마자 "이번 폭동사건은 제주도민의 주동으로 일어난 것이 아니고, 육지부에서 침입한 악질불량 도배들이 협박 위협 등으로 도민을 선동시켜 야기된 것이라고 인정한다."[41]고 하여 사태의 본질을 호도하였고, 4월 29일에는 유격대 숫자를 2,000명

---

40   김익열, 실록유고 『4·3의 진실』(1988)
41   〈제주신보〉, 「공안국장 김정호씨 담, 금번 소요사건의 주동은 육지부로부터의 악질도배」 (1948. 4. 8)

으로 올려놓은 다음 "반도를 체포하여다 문초하여 보면 대개 백정들로 좌익계열에서는 일부러 잔악한 살인을 감행하기 위하여 남조선 각지로부터 백정을 모집하여다 제일선에서 경찰관과 그 가족, 선거위원 등을 살해하는 도구로 쓰고 있는 형편"이라는 엉뚱한 주장을 펼치기도 했다.[42] 김정호는 "오후 8시 이후 전도의 통행을 금지하고 위반자를 사살해 버리겠다."는 방침 하에 강경 작전을 전개했다. 그 결과 4월 24일 밤 9시경 조천면 조천리에서 거리를 걷던 주민 2명이 경찰의 총격을 받아 이 중 문홍목(21)이 즉사하는 사건이 벌어지기도 했다.[43]

김정호 역시 문용채와 마찬가지로 경찰의 '5·3 습격 사건'과 무관할 수 없는 인물이었다. 하지만 분노한 맨스필드 군정장관의 문책에 대한 반응은 문용채와 사뭇 달랐다.

다음날 미군정장관은 김정호 경찰토벌대장을 소환하여 어제 발생하였던 사건의 경과를 따졌다. 김정호 씨는 뻔뻔스럽게도 눈 하나 깜짝 않고 이 사건은 공산주의 폭도들이 경찰을 중상하기 위해 저지른 짓이라고 잡아떼었다. 경찰을 미군정과 군대와 이간시키려고 폭도들이 경찰로 위장해 기습한 사건이라는 것이다. 또 드루스 대위에게 총격을 가한 경찰들도 사실은 공산주의 사상을 가진 제주도 출신 경찰이며, 이 자들은 폭동사건이 발생하자 경찰의 중기관총 등 무기를 가지고 공산폭도들에 가담하여 현재까지도 경찰복장과 무기를 가지고

---

42 〈동아일보〉, 「일병이 남긴 작전시설 2천 반도가 이용」(1948. 4. 30) 그러나 같은 날 경무부 공보실장 김대봉은 유격대 숫자에 대해 "500~600명"이라고 말했다.(〈동광신문〉, 「무고한 노유만 죽이는 제주폭도의 만행」, 1948. 5. 4) 한편, 김익열은 300명이라고 했다.

43 제주4·3사건진상규명및희생자명예회복위원회, 같은 책, 189쪽

민가를 습격하고 선량한 양민을 학살하고 있다고 주장하였다. 드루스 대위를 습격했다가 부상을 당하고 생포된 경위도 사건발생 전에는 제주도 경찰서 본부에 근무하던 자였으나 공산주의 사상을 가진 자로서 폭동사건이 발생하자 부하들을 데리고 산으로 도망간 사람이라고 하였다. 더욱 가공스러운 것은 그 자가 어젯밤 경찰에서 조사를 받던 중 감시 소홀을 틈타서 자살하였으므로 사체를 검증해 보라는 것이었다.

참으로 천인공노할 잔인행위가 아닐 수 없었다. 자신들의 음모와 죄상을 은폐하기 위하여 자기 부하를 살해하고 나서 김정호는 대사臺詞를 작성하여 우리들 앞에서 연출하고 있는 것이다. 우리가 이 허위조작을 믿을 리 없었다. 우리는 격노하였다. 그랬더니 김정호는 미소를 띠며 천연스럽게 "당신들이 나의 보고를 신뢰하지 않는 것은 바로 공산폭도들이 원하는 것이다. 공산폭도들은 미군정과 경찰을 이간시켜 경찰을 제주도에서 쫓아내고 제주도에 공산주의자들로 구성된 인민공화국을 수립하는 것이 목적이다. 당신들은 지금 그들의 기만작전에 걸려든 것이며 경찰의 보고를 신용하는 것만이 공산주의자를 타도하는 길이다"하며 우리를 설득하다가 돌아갔다.[44]

김정호는 1948년 9월 경찰을 그만두고 경무부 고문이었던 미군대령 쇼$^{Miliard\ Shaw}$의 도움으로 육군 소령으로 특별 임관하여 군인의 길을 걸은 뒤 육군 준장으로 예편하고 고향인 전남 광양에서 국회의원(자유당)에 당선되기도 했다.

44　김익열, 실록유고 『4·3의 진실』(1988)

채병덕은 국방부 합동참모총장의 신분으로 1948년 10월 하순 제주를 방문하여 초토화 작전을 독려했던 인물이다. 초토화 작전은 1948년 11월부터 1949년 2월까지 진행되었다.[45]

채병덕은 로버츠 미군고문단장이 서신을 보내 "송요찬 중령은 섬 주민들의 당초의 적대적인 태도를 우호적 협조적인 태도로 바꾸는 데 대단한 지휘력을 발휘하였다."고 송요찬 9연대장을 거듭 칭찬하면서 이런 사실이 신문과 방송, 대통령 성명에 의해 크게 일반에 알릴 것을 권고했을 때도 즉각 답신을 보내 "담화를 통해 송요찬의 활동을 소개토록 할 것이며 대통령이 성명을 발표하도록 추천할 것"이라고 즉각 화답했다. 채병덕은 이 답신에서 송요찬에게 훈장을 수여할 것이라고 로버츠에게 약속하기도 했다.[46] 일본군 지원병 출신인 송요찬 (1918-1980)은 해방 후 군사영어학교를 1기로 마치고 육군 장교가 되었으며, 1948년 6월 하순 11연대 부연대장으로 제주에 부임한 다음 7월 15일 9연대가 부활되면서 9연대 연대장을 맡아 그해 12월까지 제주 4·3 사건에 개입하여 초토화 작전을 이끌었던 인물이다. 당시 미국 측 자료에는 "제주도 주둔 연대장은 11월 20일부터 11월 27일까지 122명의 반란자들을 생포했고, 576명을 사살했다고 보고했다. 10월 1일에서 11월 20일 사이에는 1,625명을 사살하고 1,383명을 생포했다고 보고했다. 많은 물건들이 노획되었으나 무기는 약간의 일본식 소

---

45 정일권(제3장군-4)도 육군사령부 총참모장 시절인 1948년 10월 초 해군사령부 총참모장 김영철(제1장군-49)과 함께 제주를 방문하여 현지 상황을 조사·점검한 후 육군 증파의 필요성을 건의하여 제주 4·3 사건에 관여하였다(《국제신문》, 「예상보다 평온, 제주에서 귀임한 정대령 담」(1948. 10. 7). 채병덕의 제주 방문은 정일권 등의 제주 방문에 기반한 '새로운 작전 계획'(초토화 작전)의 수립이 있은 후 최종 점검 차원에서 이루어졌던 것으로 보인다.
46 제주4·3사건진상규명및희생자명예회복위원회, 같은 책, 252쪽

총이 노획되었을 뿐이다. 2개월 동안 총 60여 개의 무기가 노획되었다."[47]고 기록되어 있다. 이를 통해 송요찬이 제주도 중산간 지대 민간인들에 대해 소개령을 내린 후 벌인 대대적인 초토작전이 어떤 결과물을 만들어냈는지 확인할 수 있다.

채병덕은 6·25 한국전쟁 발발 당시 육군 총참모장으로 있던 인물이지만, 일제 강점기에는 일본육군사관학교를 49기로 졸업한 후 일본군 장교로 임관하여 일제가 패망할 당시에는 일본군 포병 소좌로 경기도 부평에 있는 육군 조병창 공장장으로 있었다. 그럼에도 그의 묘비명은 '친일파 길'에서 소개한 김백일의 경우처럼 언제 어디에서 군사학을 연마했는지에 대한 설명은 일절 생략한 채 "일찌기 군사학을 닦아 해방 즉시로 군문에 종사"했다고 기록하고 있다. 최병덕 역시 현충원을 기막힌 '신분세탁소'로 활용했음을 알 수 있다.

박진경 대령(11연대 연대장), 그는 왜 부하의 손에 살해되었을까?

김익열의 뒤를 이어 9연대의 연대장이 되어 토벌작전에 앞장섰던 박진경 중령(1920-1948)[48]의 묘는 54묘역에 있다. 박진경의 묘에는 특이한 점도 발견되는데, 묘비 뒷면에 일반적으로 새겨져 있는 언제 어디에서 사망했는지 그의 묘비에서는 확인할 길이 없다.

9연대 연대장이 김익열에서 박진경으로 전격 교체된 것은 5·5 최

---

47 "Report from PMAG to USAFIK,"(December 1, 1948, ibid., Box 4) 『제주4·3사건 진상조사 보고서』(2003) 294쪽에서 재인용.
48 박진경은 9연대 연대장으로 취임한 직후인 5월 15일 11연대가 제주에 도착함에 따라 9연대는 11연대에 합편되었고, 박진경은 11연대 연대장에 임명되었다.(제주4·3사건진상규명 및희생자명예회복위원회, 『제주 4·3 사건 진상조사 보고서』 217쪽)

고수뇌 회의 바로 다음날이었다. 이는 연대장의 교체가 이미 예정되어 있었음을 암시한다. 박진경이 새 연대장으로 발탁된 것은 일제 때 오사카 외국어학교를 나와 영어에 능통해 미군과 잘 통했을 뿐만 아니라 특히 일제 말기 일본군으로서 제주도에 주둔한 바 있어 일본군이 축성한 진지나 지형을 잘 알고 있었기 때문인 것으로 알려져 있다.[49] 박진경은 취임사에서 "우리나라 독립을 방해하는 제주도 폭동사건을 진압하기 위해서는 제주도민 30만을 희생시키더라도 무방하다"[50]는 강경발언을 해 부대원들을 긴장시켰고, 실제로 딘 장군의 명령에 충실한 강경 토벌작전을 감행했다. 특히 '양민과 폭도의 구별이 곤란하다'는 이유로 중산간 마을 주민들을 무조건 연행했는데, 딘 장군은 이를 '성공한 작전'으로 평가해 그를 대령으로 특진시키기도 했다.

하지만 이에 충격을 받은 제주 출신 군인 41명이 탈영하는 사건이 5월 21일 발생했고, 결국 박진경은 대령 승진 축하연이 끝난 다음날인 6월 18일 새벽에 문상길 중위 등 부하들에게 살해당하고 만다. 취임 44일 만에 벌어진 일이었다. 이 사건으로 4명의 군인이 군사재판(재판장 이응준 대령)에서 사형 선고를 받는데, 각계에서 감형을 요구하는 성명을 발표하는 등 총살형에 반대하는 여론이 일었다.[51] 당시 한 언론은 사설을 통해 문상길 등의 법정 진술을 인용하면서 "중일전쟁 중 왜군이 비전투원인 중국 인민에게 야만적 학살을 무수히 감행한 것은 우리가 너무도 잘 아는 바로 그 영향이 금후 중일 관계에 어떤 역사를

---

49   국방부 전사편찬위원회, 『한국전쟁사』 제1권, 440쪽
50   김익열, 실록유고 『4·3의 진실』(1988)
51   〈독립신보〉, 「문중위 총살형 언도, 각계에서 철회를 요망」(1948. 8. 20), 〈조선중앙일보〉, 「감형을 요망, 인권연맹서 성명」(1948. 8. 29) 등 관련 보도가 이어졌고, 서울에는 삐라가 살포되기도 했다.

전개케 하리라는 것을 짐작할 수 있거니와 더구나 국내사건에 있어서랴."라고 개탄하면서 "정부당국은 군행동에 관한 점과 제주도 사건 전반의 수습책에 대하여 속히 국민에게 소신을 밝히며 그 해결에 최선을 다하기 바란다."고 촉구하기도 했다.[52] 한때 사형집행이 보류되었다는 보도도 나왔지만, 결국 문상길 중위와 손선호 하사 등 2명에 대해서는 9월 23일 수색에서 총살형이 집행되었다. 문상길은 사형이 집행되기 전 마지막 유언으로 "스물세 살을 최후로 문상길은 갑니다. 여러분은 조선의 군대입니다. 마지막으로 바라건대 미국인의 지배 아래 미군대의 지휘 아래 민족을 학살하는 조선 군대가 되지 말기를 문상길은 바라며 갑니다."라는 말을 남겼다. 손선호는 "마지막으로 제가 좋아하던 군가나 한마디 부르고 저세상으로 가겠습니다."라는 말과 함께 군가를 부른 후 사형이 집행되기 직전 "훌륭한 조선 군대가 되어 주십시오.", "오! 삼천만 민족이여!"라는 말을 남겼다. 신상우 하사와 배경용 하사는 형집행 직전 특사로 감형(무기형)되었다.[53]

　박진경 연대장의 작전에 대해서는 그 평가가 극단적으로 나뉜다. 국방부 전사편찬위원회는 "선무공작으로 주민들의 민심을 돌리기 위하여 단위 대장에게 선무공작을 강조하였다."[54]면서 긍정적으로 평가한다. 당시 박진경 연대장 밑에서 소대장으로 근무했던 채명신의 다음과 같은 증언도 같은 맥락에서 이해된다.

---

52 〈조선일보〉, 「제주도 사건 재검토」(1948. 9. 9)
53 〈평화신문〉, 「훌륭한 군대 되라, 무명의 산록에 두 십자가, 문손 양명 유언 남기고 취형, 총살 목격기」(1948. 9. 25) 〈조선일보〉는 손선호의 유언을 좀 다르게 보도하고 있는데, "오! 하나님이시여 민족을 위해 싸우는 국방군이 되게 하여 주십소서."라고 기도를 올렸다는 것이다.(〈조선일보〉, 「최후까지 태연」, 1948. 9 25)
54 국방부 전사편찬위원회, 『한국전쟁사』 제1권, 440쪽

한쪽에서는 박진경 대령이 양민을 학살했다고 하는데 그는 양민을 학살한 게 아니라 죽음에서 구출하려고 했습니다. 4·3 초기에 경찰이 처리를 잘못해서 많은 주민들이 입산했습니다. 그런데 박 대령은 폭도들의 토벌보다는 입산한 주민들의 하산에 작전의 중점을 두었습니다. 이러한 민간인 보호 작전은 인도적이면서 전략적 차원의 행동입니다.[55]

반면, 앞에서 언급한 김익열의 유고록은 물론이고 박진경 연대장의 참모였던 임부택 대위의 증언도 다른 내용을 담고 있다. 이는 문상길 중위와 손선호 하사 등의 법정 진술과 맥락을 같이하는 내용이었다.

제주 4·3 사건의 피해자 대부분이 박진경을 비롯하여 일본군 출신 연대장 4명(박진경, 최경록, 송요찬, 함병선)의 재임시절에 발생했다는 점 역시 간과해서는 안 될 대목이다.[56] 하지만 이들이 일본군의 일원으로 인명경시 풍조를 자연스럽게 습득했을 테지만, 같은 민족에게 벌인 이러한 학살 행위는 그것만으로는 충분히 설명되지 않는다. 해방과 동시에 진행된 분단의 역사 속에서 일반인들과 달리 이들은 이미 반공 이데올로기로 튼튼히 무장하고 있었던 것이다.

지난 2000년에는 박진경의 고향인 경남 남해와 학살의 현장 제주

---

55 채명신 당시 9연대와 11연대 소대장의 증언(2001. 4. 17 채록)으로 제주4·3사건진상조사 및명예회복위원회의 『제주4·3사건 진상조사 보고서』(2003) 218쪽에 실려 있다.
56 최경록(1920-2002)은 국립대전현충원 장군묘역에 안장되어 있다. 일본군 지원병 출신인 최경록은 해방 후 군사영어학교 1기를 거쳐 육군 장교가 되었으며, 1948년 6월 하순 박진경에 이어 11연대 연대장으로 부임하면서 제주 4·3 사건에 개입한다. 함병선(1920-2001) 역시 국립대전현충원 장군묘역에 안장되어 있다. 일본군 지원병 출신인 함병선은 해방 후 군사영어학교를 1기로 졸업했으며, 제2연대 연대장으로 1948년 12월 말 9연대와 교체하여 제주에 파견되었다.

에서 '양민학살 박진경 동상 철거운동'이 벌어지기도 했다. 하지만 그의 동상과 추모비는 여전히 경남 남해와 제주에 굳건히 서 있다.

장병묘역의 김명, '산사람들'로 위장한 특수부대 부대장

33묘역에는 육군사관학교 8기 특별반 출신으로 제주 4·3 사건 당시 유격대로 위장하여 활동한 특수부대의 부대장을 맡았던 제2연대 작전참모 출신 김명(?-1950)의 묘가 있다. 김명의 특수부대는 민간인 복장을 하고 유격대의 주력 무기였던 일제 99식 소총으로 무장한 채 산악을 배회하다 유격대와 만나면 사투리로 이야기를 하는 등 정보수집에 대단히 가치 있는 활동을 한 조직이었다.

이 부대는 붙잡힌 유격대원 중 '전향'한 사람 50명으로 구성되어 있었는데, 이중에는 여성대원도 있었다. 이러한 특수부대는 군대만이 아니라 경찰에도 있었다. 이 특수부대의 활동으로 '함정 토벌'을 당하는 일반 주민도 많았다. 이들 특수부대는 특정 마을에 접근하여 '산사람'인 양 위장하여 주민들의 반응을 체크한 후 집단학살을 벌이기도 했다.

대표적인 사건이 제주읍 도평리 주민 피해사건이다. 1949년 1월 3일 허름한 갈중의[57]를 입고 총을 든 채 마을에 나타난 이들은 '동무, 동무'하며 주민들에게 악수를 청하는가 하면 집안으로 들이닥쳐 "왜 너희들은 산에 협조하지 않느냐?"고 몰아붙이기도 하더니 주민들을 학교 운동장에 집결시켰다는 것이다. 이들이 '산사람'이 아니라는 것을 눈치 챈 주민들이 "빨갱이면 싸우겠다", "대한민국 만세!"를 외치기

---

57 감으로 물들인 제주도 노동복

도 했지만, 이들은 주민 70명을 총살했다고 한다. 이들의 신분은 외도지서 경찰과 특수부대원들이었다.

김명은 1949년 2월 봉개마을을 초토화시킨 2연대 함병선 연대장과 함께 봉개마을을 재건하면서 두 사람의 이름을 조합해 마을 이름을 '봉개리'에서 '함명리'로 바꾸기도 했다. 이같은 수모를 견딜 수 없었던 마을 주민들은 훗날 '봉개리'라는 이름을 되찾았다.

김명의 묘비 뒷면 역시 박진경의 묘비와 마찬가지로 묘비 번호를 제외하고는 아무 글씨도 새겨져 있지 않다. 언제 어디서 사망했는지 확인할 길이 없다. 김명이 제주에서 특수부대를 이끈 인물이었다는 점, 사망한 시점이 1950년 9월 6일[58]이라는 점을 감안하면 알 수 없는 장소에서 특수부대 활동을 하다 '전사'했을 가능성이 높아 보인다.

국립서울현충원에는 이밖에 1949년 1월 1일 제주 오등리에서 유격대와의 전투 과정에서 유격대의 기습 공격으로 사망한 2연대 3대대 소속 고병선 중위(사후 대위로 특진)의 묘(29묘역)도 있다. 여기에 서북청년회, 애국단과 같이 당시 청년 단체에 속해 유격대 소탕 작전과 민간인 학살에 나섰던 인물들도 국립서울현충원에 봉안되어 있다.

---

58 김명의 사망 일자는 서울현충원 홈페이지 안장자 찾기를 통해 확인할 수 있다.

탐방 5

5월 길

▶ 5월 길 안내 ◀

① 5·18 계엄군 묘(28·29묘역) - ② 김오랑 중령의 묘(29묘역) - ③ 베트남전 참전용사 묘역(2묘역) - ④ 정선엽 병장의 묘(8묘역) - ⑤ 박윤관 상병의 묘(8묘역) - ⑥ 5·18 당시 순직 경찰관의 묘(8묘역) - ⑦ 안병하 치안감의 묘(9묘역) - ⑧ 김영삼 전 대통령의 묘 - ⑨ 정병주 장군의 묘(장군 제1묘역) - ⑩ 김대중 전 대통령의 묘

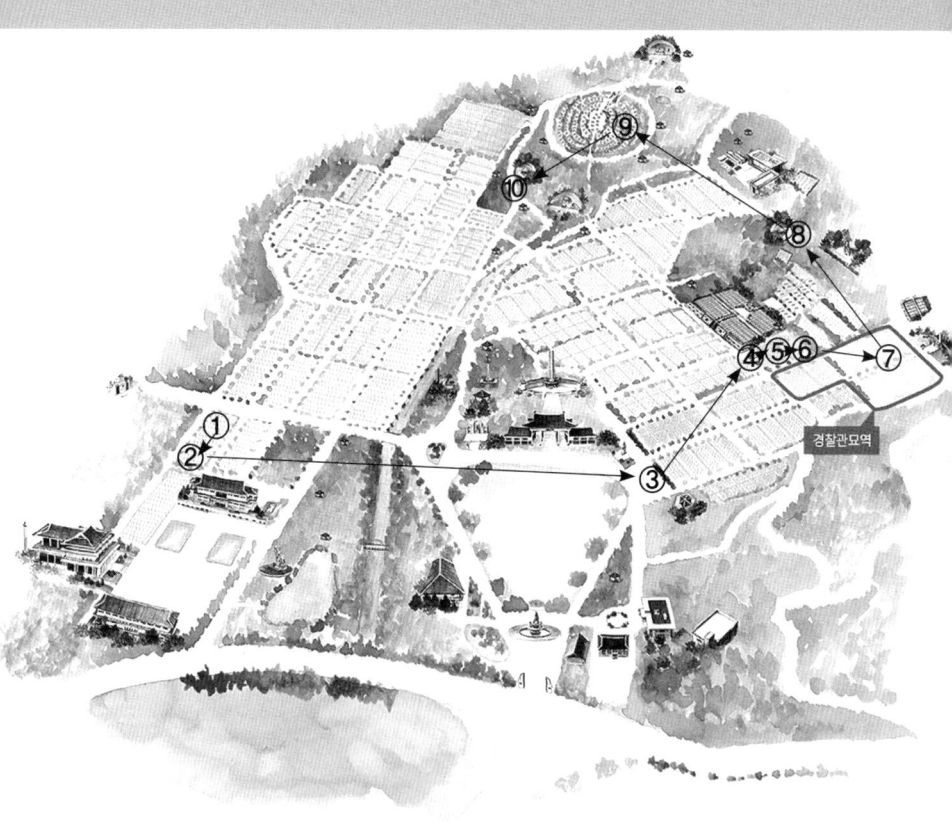

국립서울현충원 '5월 길'

 오늘 우리가 서울현충원에서 걷는 길은 1980년의 5·18 민주화 운동의 역사를 되새기는 '5월 길'이다. 5·18 민주화 운동은 1979년 당시 대통령 박정희가 중앙정보부장 김재규의 총에 살해된 이후 12·12 쿠데타를 통해 군부를 장악한 전두환, 노태우 등 신군부세력이 '80년 민주화의 봄'을 총칼로 짓밟고 국가권력을 찬탈한 5·17 쿠데타에 맞서 5월 18일부터 광주를 중심으로 민주주의를 지키기 위해 일어난 저항운동을 말한다. 이 과정에서 신군부세력에 의해 수백 명의 광주시민이 학살되었고, 이는 6·25 한국전쟁 이후 한국현대사 최악의 비극으로 기록되고 있다.
 현행 헌법 전문은 대한민국이 '불의에 항거한 4·19민주이념을 계승'한 나라임을 천명하고 있다. 이는 장기간 독재 정권이 지속되면서 민주주의를 억압당해온 우리가 좌절하기는커녕 각성된 시민의 힘으로 이를 극복해온 대한민국의 자랑스러운 역사에 대한 자부심의 표현이기도 하다. 이러한 헌법정신을 반영하여 4·19 혁명 과정에서 돌아가신 분들이 안장되어 있는 수유리 4·19묘지와 마산 3·15묘지가 국립묘지로 승격하였고 이제는 각각 국립4·19민주묘지(1995)와 국립3·15민주묘지(2002)로 부르고 있다.
 5·18 민주화 운동은 '불의에 항거한 4·19민주이념을 계승'한 운동이었음에도 한동안 1980년의 '폭도들의 난동으로 벌어진 광주사태'로 매도되었다. 하지만 '오월 광주'의 충격적인 진실을 알리고 학살원흉을 처단하기 위한 투쟁은 1980년 5월 27일 계엄군이 시민군을 무력으로 진압한 직후부터 시작되었다. 당시 대학생들을 비롯한 청년들은

서강대생 김의기의 투신(1980. 5. 30)과 노동자 김종태의 분신(1980. 6. 7)을 시작으로 자신의 목숨까지 역사의 제단에 기꺼이 바치면서 전두환 군사독재에 맞서 싸웠고, 이는 1987년 6월 민주항쟁의 기본 동력 중 하나가 되었다.[1] 결국 5·18 민주화 운동은 전두환 군사정권에 결정적 타격을 입힌 6월 민주항쟁을 계기로 재평가되기 시작하여 1988년의 여소야대 국회에서 진행된 '광주청문회'를 거쳐 전두환 등 신군부 세력의 "헌정질서 파괴 범죄와 부당한 공권력 행사에 대항하여 시민들이 전개한 민주화운동"으로 재규정되었고, 5월 18일은 1997년부터 '5·18 민주화 운동 국가기념일'이 되었다. 5·18 민주화 운동 과정에서 돌아가신 분들을 모시기 위한 '신묘지' 조성도 1994년부터 시작하여 1997년에 완공하였으며, 2002년에는 국립묘지로 승격하여 국립 5·18민주묘지로 불리게 되었다. 5·18 기록물의 유네스코 세계기록유산 등재(2011)도 5·18 민주화 운동을 국제사회가 공인했다는 점에서 기억해야 할 사건이다.

이러한 노력은 최근에도 이어지고 있다. 2020년 초 「5·18민주화운동 진상규명을 위한 특별법」에 근거한 '5·18민주화운동진상규명조사위원회'가 진통 끝에 출범하여 다시 활동을 시작했고, 2020년 12월에는 '5·18을 비방·왜곡·날조하거나 허위사실을 유포하면 처벌한다'는 내용을 담은 이른바 「5·18 역사왜곡 처벌법」[2]이 국회를 통과했다. 이 과정에서 5·18 민주화 운동을 "1980년 5월 18일을 전후하여 광주등

---

1   김학규, 「5·18과 민족민주열사 - 민족민주열사는 '80년 광주'의 아들딸」, '5·18 정신계승 민족민주열사 조명 학술포럼' 발표1(2019. 9. 27)
2   「5·18 역사왜곡 처벌법」은 별도의 입법이 아니라 「5·18민주화운동 등에 관한 특별법」을 개정하여 제8조(5·18민주화운동 부인·비방·왜곡·날조 및 허위사실 유포 등의 금지)를 신설한 것이다.

지에서 일어난 군부 등에 의한 헌정질서 파괴범죄와 반인도적 범죄에 대항하여 시민들이 전개한 민주화운동"으로 보다 명확히 정의하는 작업도 진행했다.[3] 이때 처음 도입된 '반인도적 범죄'에 대해 5·18 민주화 운동 기간 동안에 벌어진 "국가 또는 단체·기관(이에 속한 사람을 포함한다)의 민간인에 대한 살해, 상해, 감금, 고문, 강간, 강제추행, 폭행"[4]으로 규정한 대목도 눈에 띈다.

그렇다면 이제 5·18 민주화 운동의 진실은 완전히 규명되고 그 역사는 온전하게 복권되었다고 할 수 있을까? 이에 대한 대답은 애석하게도 "현실은 그렇지 않다!"이다. 5·18 민주화 운동이 있은 지 40년이 지난 2020년에도 관련 법률을 개정하면서 진상규명 활동을 벌이고 있고, 전두환에 대한 '사자 명예훼손' 관련 재판이 벌어지고 있는 현실은 5·18 민주화 운동의 진상이 충분히 규명되지 않고 있다는 사실[5]과 '5월 광주'의 진실을 의도적으로 왜곡하려는 세력이 엄연히 존재하고 있다는 현실을 반증하고 있을 뿐이다.

그렇다면 국립서울현충원은 이러한 5·18 민주화 운동의 역사를 어떻게 수용하고 있을까? 오늘 우리가 걷는 '5월길'은 '불의에 항거한 4·19민주이념을 계승'한 5·18 민주화 운동의 정신을 국립서울현충원은 어떻게 담고 있는지 살펴보면서 우리의 자랑스러운 민주화 운동의

---

3 「5·18민주화운동 등에 관한 특별법」 제1조의2(정의) 제1항
4 「5·18민주화운동 등에 관한 특별법」 제1조의2(정의) 제2항
5 최근(2020. 11. 30) 법원은 전두환에 대한 사자 명예훼손 사건 관련 재판에서 5월 21일과 5월 27일 '헬기사격'이 있었음을 인정하는 판결을 내렸다. 이는 당시 계엄군의 발포가 자위권 차원이나 방어를 위한 충동적 행위가 아니라 민간인 학살을 위한 계획적 행동이었음을 법원도 인정했다는 것을 의미한다. 하지만 5·18 민주화 운동 당시 헬기사격을 비롯한 최초 발포 책임자에 대한 규명, 집단학살과 행방불명자에 대한 암매장 의혹 규명, 계엄군의 성폭행 진상 규명 등은 여전히 해결해야 할 과제로 남아 있다.

역사가 국립묘지에도 온전히 반영될 수 있도록 하기 위해 무엇을 할 것인가, 고민하는 시간을 제공한다.

5·18 계엄군의 묘, 40년 만에 '전사'에서 '순직'으로!

국립서울현충원에는 1980년 518 민주화 운동 당시 전두환 등 신군부 세력의 계엄군에 동원되었다가 숨진 22명을 안장한 묘가 있는데, 22기의 묘 중 19기는 제28묘역에, 3기는 제29묘역에 있다. 광주 망월동에 있는 국립5·18민주묘지에 당시 민주화 운동에 참여했다가 사망한 시민들이 안장되어 있다는 점을 감안하면, 5·18 민주화 운동의 가해자와 피해자가 동시에 한 나라의 국립묘지에 안장되어 있는 묘한 형국이다. 하지만 이들 22명의 계엄군 역시 전두환 등 신군부 세력에 강제로 동원된 피해자이기도 하다는 점을 감안할 때 이들의 국립묘지 안장은 우리가 안고 가야 할 한국 현대사의 아픔이다.

우리가 28, 29 묘역에서 만나는 5·18 계엄군의 묘에 설치되어 있는 묘비는 2021년 2월에 다시 설치된 새로운 묘비다. 40년 만에 '전사'에서 '순직'으로 바꿔 새긴 묘비를 새로 세운 것이다. 이는 2020년 12월 18일 국방부가 중앙전공사상심사위원회를 개최하여 5·18 계엄군 사망자 22명을 '전사자'에서 '순직자'로 재분류한 결정에 따른 조치였다.

1980년 6월 5·18 계엄군 사망자 22명이 국립서울현충원에 안장된 이래 이들 묘에 설치된 묘비 뒷면에는 '1980년 5월 ○○일 광주에서 전사'라는 문구가 새겨져 있었다. 이러한 묘비 문구는 국립서울현충원을 찾는 이들을 당혹스럽게 하기에 충분했다. 당시 계엄군이 '광주에서 전사'했다면 이들과 맞서 싸운 광주시민들은 '북한의 사주를 받은 '폭도'였단 말인가. 아니면 이들 계엄군에 맞서 싸운 상대가 광주시민이 아닌 '북한 특수부대 요원'이기라도 했단 말인가.

사실 5·18 민주화 운동은 전두환 등 신군부 세력의 왜곡과 날조로 한동안 '광주사태'로 불렸고, '폭도들의 난동'으로 매도되기도 했다. 그러니 이들 계엄군이 국립서울현충원에 안장된 1980년 당시 이들의 묘비 뒷면에 '광주에서 전사'했다고 새겨 넣은 전후 사정은 그래도 이해는 된다. 하지만 1995년 5·18특별법이 제정되고 전두환·노태우 등 쿠데타 세력이 처벌되면서 광주시민들의 항쟁이 민주화운동으로 자리매김 되고, 특히 5·18 민주화 운동 17주년을 맞는 1997년에는 「5·18 민주화 운동 기념일」을 국가기념일로 지정하기까지 했으면서도 그로부터 23년이 지난 2020년까지 계엄군의 묘비에 '광주에서 전사'했다고 그대로 새겨져 있었다는 사실은 쉽게 이해하기 힘든 대목이다. 백번 양보하여 2006년 노무현 정부 시절 서울현충원에 묻힌 22명 계엄군에게 추서된 화랑무공훈장과 인헌무공훈장 등을 포함하여 12·12 군사 반란과 5·18 민주화 운동 시기 광주시민을 학살한 공으로 받은 83명의 무공훈장을 박탈하는 조치[6]가 취해진 이후에도 14년 동안이나 국립서울현충원에서 이를 그대로 두고 있었다는 사실을 어떻게 이해할 수 있을까.

만시지탄이지만, 5·18 계엄군 묘비 재설치는 국가기관에 의해 저질러진 역사왜곡을 국가기관 스스로가 바로잡는 조치를 취했다는 점에서 역사바로세우기의 한 획을 그은 사건으로 기록될 것이다.

사실 국방부의 이번 결정은 진작에 이루어졌어야 했다. 2018년

---

[6] 〈연합뉴스〉, 「전두환 노태우 전 대통령 등 176명 서훈 취소」(2006. 3. 21)

5·18 민주화 운동 38주년에 즈음하여 동작역사문화연구소와 동작 FM 등 동작지역 시민단체들이 "현충원에 안장된 80년 5·18 광주 계엄군의 묘비에 새겨진 '전사'를 '순직'으로 바꿔주십시오."라는 제목으로 '청와대 국민청원'을 하는 등 '전사'를 '순직'으로 바꿔야 한다는 시민운동이 벌어지자 언론 보도가 이어졌고,[7] 이를 받아 국회 정무위원회 소속 장병완 의원(광주 동남갑)은 2018년 보훈처 국정감사장에서 "5·18은 전쟁이었나"고 따져 물어 당시 보훈처장 피우진과 국방부 차관 서주석(증인출석)에게 "5·18은 전쟁이라고 볼 수 없으며, 계엄군 사망자에 관해 새로운 처리가 필요하다고 본다."는 답변을 받아내기도 했다.[8] 하지만 국방부는 자체적으로 전공사상심의위원회를 열어 재심하면 전사를 순직으로 바꿀 수 있다는 사실을 법제처로부터 확인했으면서도 아무런 조치를 취하지 않고 있다가 재차 언론의 비판을 받은 다음에야 뒤늦게 전공사상심의위원회를 개최했던 것이다.[9]

그런데 이 과정에서 또 한 번의 해프닝이 있었다. 국립서울현충원이 2020년 12월 28일, '전사'를 '순직'으로 새로 새긴 묘비로 교체하면서 이번에는 묘비 옆면에 2006년에 이미 박탈당한 화랑무공훈장, 인헌무공훈장 등의 무공훈장과 무공포장 수훈 사실을 추가로 새겨 넣었던 것이다.[10] 이러한 사실을 알게 된 5·18기념재단, 동작역사문화연구소 등의 문제제기가 이어졌고, 서울현충원은 2021년 2월 훈장 수

---

7 〈연합뉴스TV〉, 「5·18 진압작전 투입 군인 23명 묘비 문구 논란」(2018. 6. 7)
8 〈아시아경제〉, 「장병완 "5·18민주화운동 계엄군사망자 '전사'에서 '순직'으로"」(2018. 10. 17) 장병완 의원이 이 문제를 보훈처에 처음 제기한 것은 같은 해 7월의 보훈처 업무보고 때였다.
9 〈한겨레신문〉, 「5·18 계엄군 '전사→순직 전환 가능' 유권해석 받고도 뭉개는 국방부」(2020. 9. 25)
10 〈오마이뉴스〉, 「계엄군 묘비, 41년 만에 '전사'에서 '순직'으로」(2021. 2. 11)

훈 사실을 새기지 않은 묘비로 다시 한 번 교체해야만 했다.[11]

이렇듯 지금 우리가 보고 있는 5·18 계엄군 묘에 40년 만에 '전사'에서 '순직'으로 새로 새겨 설치된 묘비는 5·18 민주화 운동 관련 단체와 유족을 비롯한 시민사회단체, 언론과 국회의 지난한 노력의 결과물이다. 어쨌든 시민사회의 거듭된 요구를 마침내 국방부가 수용하면서 새로운 변화의 바람이 불기 시작했으니 국립서울현충원은 분명 민주주의 학습의 산교육장임에 틀림없다.[12]

12·12 쿠데타군에 맞서 싸우다 '전사'한 김오랑 중령

5·18 계엄군의 묘가 있는 29묘역에는 1979년 전두환, 노태우 등 신군부 세력의 12·12 쿠데타군(반란군)에 맞서 싸우다 '전사'한 김오랑 중령(1946-1979, 사망 당시는 소령)의 묘가 있다.

12·12 쿠데타는 당시 대통령이던 최규하의 재가도 없이 전두환 등 신군부 세력이 정승화 육군참모총장을 강제 연행하면서 시작되었다. 이들 신군부 세력은 장태완 수경사 사령관과 정병주 특전사 사령관, 이건영 3군 사령관, 윤석민 참모차장, 문홍구 합참본부장 등을 연이어 체포한 후 9사단장 노태우와 50사단장 정호용이 각각 수경사 사령관과 특전사 사령관에 취임함으로써 군부를 완전히 장악하였다.

---

11 〈오마이뉴스〉, 「[보도 후] 서울현충원, 5·18 계엄군 묘비 다시 교체」(2021. 2. 25)
12 장교묘역(29묘역)에 안장되어 있는 묘 3기 중 2기의 무덤 주인공이 소령이라는 사실에 근거하여 '영관급 이상은 지휘관이어서 쿠데타에 동원된 것이 아니라 주도적으로 참여한 경우'로 보고 이장 대상으로 분류한 바 있다. 그런데 이들 두 명의 소령도 사망 당시 계급이 대위였으며, 사망 이후 소령으로 특진한 것으로 확인되었다.

이때 정병주(1926-1989) 당시 특전사 사령관의 비서실장을 맡고 있던 김오랑은 '반란군에 항복할 수 없다!'면서 송파구 거여동의 특전사령부 건물에서 정병주 사령관을 체포하기 위해 들이닥친 3공수여단(단장 최세창) 15대대(대대장 박종규) 병력 10여 명과 격렬한 총격전을 벌이다 온몸에 총알 일곱 발을 맞은 채 '전사'하고 말았다. 이로써 김오랑 중령은 호시탐탐 기회를 엿보며 정치적 야망을 불태우던 정치군인과 확연히 구별되는 '참군인'의 표상이 되었다. 그럼에도 그의 묘비에는 그가 '전사'한 것이 아니라 '순직'했다고 새겨져 있다.

전두환 등 신군부 세력은 12·12 쿠데타 과정에서 김오랑을 비롯하여 세 명의 군인이 숨지고 다수의 부상자가 발생했음에도 '성공'했다는 사실에 도취한 나머지 사건 직후 연예인까지 동원한 '보안사 위로 파티'를 벌였다. 이 자리에서 노래까지 부른 전두환은 "국민들로부터 뭔가 석연치 않다는 일종의 유언비어가 돌고 있지만, 충격적인 군사행동이 좋은 결과를 가져왔다"면서 자신들의 군사반란을 미화하는 발언을 하기도 했다.[13]

한편, 원래 시각 장애가 있던 부인 백영옥은 남편 김오랑의 죽음에 따른 충격으로 완전 실명하였으며, 전두환·노태우·최세창·박종규를 상대로 소송을 준비하는 등 남편의 명예회복을 위해 노력하던 중 1991년 의문의 실족사로 안타깝게 삶을 마감하고 말았다.

백영옥이 소송을 준비했던 상대방 최세창은 특전사 소속 3공수여단장으로 사령관을 배신하고 쿠데타군에 가담하여 정병주 사령관 납치 책임을 맡았던 인물이며, 박종규는 3공수여단 15대대 대대장으

---

[13] 〈KBS〉, 「역사저널 그날」 전두환 정권의 서막, 암호명 '생일집 잔치', 12·12 군사 반란」 (2021. 1. 26)

로 정병주 사령관을 납치하는 행동대장 역할을 했던 인물이다. 특히 김오랑과 박종규는 이웃하여 같은 관사촌에 살았던 사이였다. 12·12 쿠데타가 벌어진 직후 백영옥이 박중령 집을 찾아갔지만 만나지 못했고, 그 며칠 뒤에 찾아가 만났을 때 박종규는 당당하게 "나는 명령에 따랐을 뿐"이라고 말했다고 한다.[14]

전두환, 노태우, 정호용 등 신군부 세력의 베트남전 참전 경험

베트남전에 파병된 한국군의 규모는 10년간 연인원 32만에 달했다. 그 중 5,099명이 사망했는가 하면, 참전 장병 중 상당수는 지금까지도 고엽제 피해 등에 시달리고 있다.

한국군의 베트남전 참전에 대한 평가는 종전 48주년을 맞는 2021년에도 여전히 합의에 이르지 못하고 있다. 그 중 한국군 사망자의 2배에 가까운 베트남 민간인이 한국군에 의해 학살되었다는 지적을 어떻게 받아들일 것인가 하는 문제는 가장 첨예하고 민감한 주제이다. 대한민국 정부는 지금도 한국군의 베트남전 참전을 '국익을 위한 불가피한 선택'이었다는 입장을 견지하고 있다. 이에 대해서는 '평화의 관점에서 볼 것인가, 국익의 관점에서 볼 것인가', 또는 '무엇이 국익인가' 라는 문제제기에 직면할 수밖에 없다.

그렇다면 5·18 민주화 운동과 한국군의 베트남 파병이 어떤 연관성이 있을까?

지난 2017년 공개된 미국 국방정보국(DIA)의 비밀문서[15]는 우리

---

14 정승화, 『12·12사건 정승화는 말한다』 198쪽
15 〈노컷뉴스〉, 「[美 비밀문서] "그들에게 광주시민은 베트콩이었다"」(2017. 8. 21)에 전문이

에게 뚜렷한 시사점을 준다. 1980년 5·18 민주화 운동 직후 미국 DIA 요원에 의해 '한국인에게 공개 금지'라는 꼬리표와 함께 본국으로 타전된 이 2급 비밀문서에는 '한국군의 동떨어지고 잔인한 처리는 현 군부의 실세인 전두환, 노태우, 정호용이 모두 6·25 전쟁이 아니라 베트남전에서 실전경험을 얻었기 때문'이라는 대목이 포함되어 있었다. 또 6·3 항쟁과 같은 '60년대 초반의 사건에 비해 대응이 훨씬 잔혹했던 것도 그 이전의 선배 장교들과 달리 군 수뇌부들이 베트남에서 경험을 쌓았기 때문'이라면서 '한국군이 점령군의 태도를 견지하면서 마치 광주시민을 외국인처럼 다뤘다'는 대목도 등장한다. 이 비밀문서는 1980년의 광주를 미군이 베트남에서 민간인을 학살한 마을 '미라이'에 빗대 '한국의 미라이'라고 표현하기도 했다.

실제로 노태우와 정호용은 대대장 신분으로, 전두환은 연대장 신분으로 베트남전에 참전한 경험을 가지고 있었다. 1980년 5월 17일 신군부 세력의 정치개입을 결정한 전군주요지휘관회의에서 당시 공군참모총장 윤자중의 "군이 적극적으로 나가서 고쳐야 할 때입니다. 월남과 흡사하며 초기단계입니다. 월남은 학생들이 공산당이었습니다. 월남의 재판이 아니된다 할 수 없습니다."라고 한 발언은 이들 신군부 세력이 베트남전의 경험을 1980년 '민주화의 봄'과 광주의 상황에 어떻게 자의적으로 적용하고 있었는지를 단적으로 보여준다. 윤자중은 계엄군에 의한 광주학살이 본격화되던 5월 21일경 수원 비행장 비행사들에게 '공대지 무기를 장착하고 출격 대기'를 지시한 인물이다.

한국군의 베트남전 참전 경험과 1980년 5월의 광주는 이렇게 긴

수록되어 있다. 이 문서는 한국에서는 노컷뉴스가 처음 공개하였다. 해당 문서는 5·18 민주화 운동 직후인 1980년 6월 11일 미군 정보요원(한국계)에 의해 생산되었다.

밀한 관계를 맺고 있었던 것이다. 4·3길에서도 왔던 베트남전참전용사묘역을 5월 길에서도 찾게 된 이유이다.

12·12 쿠데타 군에 맞서 싸우다 '전사'한 또 한 명의 군인

전두환 등 신군부 세력의 12·12 쿠데타에 맞서 싸웠던 장태완 수경사 사령관, 정병주 특전사 사령관, 김오랑 특전사 사령관 비서실장은 그래도 일반인에 잘 알려져 있는 편이지만, 쿠데타군에 맞서 싸우다 '전사'한 정선엽 당시 육군병장을 기억하는 사람들은 많지 않다. 당시 국방부 경비 헌병으로 근무했던 정선엽 병장은 '국방부를 사수하라'는 국방부 장관과 차관의 명령을 받고 육군본부와 국방부를 연결하는 지하벙커를 사수하던 중 1,300여 명의 반란군에 항복을 거부한 채 홀로 맞서 싸우다 장렬히 '전사'한 '참군인'이었다. 12·12 쿠데타 당시 반란군으로 국방부와 육군본부를 장악했던 1공수여단(단장 박희도)의 일지에는 "벙커 출입구 헌병 근무자 2명 중 1명 체포, 1명은 반항. 사격과 함께 벙커로 도주 사살됨."이라고 기록되어 있다.

정병장의 어머니 한점순(2008년 작고)은 1995년 12월 12일 아들의 묘 앞에서 "아들아, 네가 죽음으로 항거했던 쿠데타가 이제 역사의 심판을 받게 되는 모양이다."라고 전하면서 "선엽이가 그때 갖고 있던 총을 순순히 반란군에 건네줬으면 목숨만은 건질 수도 있었을 텐데…. 12·12 반란군들을 절대로 용서할 수 없다."는 말을 남겨 주위를 숙연하게 했다.[16]

---

16 〈경향신문〉, 「"아들아 네 죽음 헛되지 않았다" 12·12사망 정선엽 병장 '16년 한풀이' 모정의 통곡」(1995. 12. 12)

정선엽 병장이 안장되어 있는 8묘역에는 12·12 쿠데타에 동원되었다가 육군참모총장 관사에서 숨진 박윤관 상병의 묘가 정선엽 병장의 묘에서 불과 5m 정도 떨어진 거리에 있다. 비록 쿠데타군으로 사망했지만, 박윤관 상병 역시 전두환 등 신군부 세력에 동원되었던 피해자였다.[17] 정선엽 병장의 형 정훈채는 "둘 다 억울하게 숨진 것은 마찬가지였지만, 박상병은 신군부 쪽이어서 당당하게 장례를 치렀는데 비해 우리는 진압을 당한 입장이라 처음엔 국립묘지에 묻힐 수도 없었다."고 당시를 회고하기도 했다.[18] 실제로 신군부 세력은 정선엽 병장에 대해 처음에는 "반혁명군이어서 국립묘지 안장이 안 된다"고 거부했다고 한다.[19] 쿠데타군에 맞서 싸우다 숨진 정선엽 병장의 묘비 역시 김오랑 중령의 묘비와 마찬가지로 '전사'가 아닌 '순직'이라 새겨져 있다.

국립서울현충원이 지난 2020년 말 40년 만에 5·18 계엄군의 묘 묘비를 새로 설치하여 1979-1980년 당시 전두환 등 신군부 세력에 의해 자행된 역사 왜곡을 일부 바로잡은 것은 사실이지만, 정선엽 병장의 묘 앞에 서면 여전히 갈 길이 멀다는 것을 새삼 깨닫게 된다.

5·18 민주화 운동 당시 순직 경찰관의 묘

---

17 박윤관 상병은 수경사 33헌병대 소속으로 복무하던 중 쿠데타군에 의해 정승화 참모총장 납치 지원팀으로 동원되어 총장공관을 장악하고 정문을 지키던 중 원래 총장공관 경비 임무를 맡고 있던 해병대의 총장공관 재탈환 과정에서 총격으로 사망하였다.
18 〈경향신문〉, 「"아들아 네 죽음 헛되지 않았다" 12·12사망 정선엽 병장 '16년 한풀이' 모정의 통곡」(1995. 12. 12)
19 〈한겨레신문〉, 「'적 아닌 적' 12·12 국립묘지 기구한 만남」(1995. 12. 13)

정선엽 병장이 안장되어 있는 8묘역 내 북편의 절반은 경찰묘역이다. 이 경찰묘역에는 5·18 민주화 운동 당시 광주에서 순직한 이세홍, 박기웅, 강정웅 경장과 정충길 경사 등 함평경찰서 소속 경찰관 4명의 묘가 있다.[20]

이들 4명의 경찰관은 1980년 5월 20일 광주 동구 노동청 청사 앞에서 전남도청 경찰 저지선 방어 임무를 수행하던 중 시위대가 몰던 버스에 치여 숨졌다. 계엄군이 발사한 최루탄이 버스에 들어오면서 최루가스로 눈이 보이지 않는 상황에서 버스 운전수가 운전대를 놓치면서 사고가 발생했다. 버스가 지그재그로 돌진하면서 방어 중이던 경찰관들은 피했지만 뒤편에서 휴식을 취하고 있던 경찰관을 덮치고 말았던 것이다.

지난 2018년 10월 22일, 73주년 경찰의 날을 맞이하여 이들 순직 경찰관들을 기리는 '5·18 순직경찰관 부조상 제막·추념식'이 전남지방경찰청에서 열렸다. 이 자리에서 정충길 경사의 아들 정원영은 "수십 년째 누구도 내 잘못·내 책임이라고 하는 사람이 없지만, 이 역사와 죽음은 광주의 오월을 소요 사태로 만들어 계엄작전을 펼치고 민주화 열망을 꺾은 신군부와 그 수장인 전두환, 노태우의 책임"이라고 강조했다.

이들 순직 경찰관이 서울현충원에 안장되는 과정도 순탄치는 않았다. 시민의 안전을 생각하며 시위진압에 소극적이었던 경찰에 대해 전두환 등 신군부 세력이 '괘씸죄'를 적용했기 때문이었다. 이들 4명의 경찰관은 사망한 지 2달을 훌쩍 넘긴 7월 31일에야 현충원에 간신히 안장될 수 있었다.

---

20 이들의 묘비번호는 이세홍 경장(08-2-252), 박기웅 908-2-253) 경장, 강정웅 경장(08-2-251)과 정충길 경사(08-2-250)이다.

이들 경찰관의 묘 묘비에 새겨진 '순직'은 5·18 계엄군의 묘 묘비와 달리 1980년 처음 조성 당시부터 그렇게 새겨져 있었다는 대목도 주목할 필요가 있다. 같은 장소에서 같은 기간에 사망했음에도 22명의 5·18 계엄군에 대해서는 곧바로 '전사자'로 처리한 반면, 4명의 경찰관에 대해서는 '경찰관 신분으로 의무적으로 해야 할 일을 하다가 사망했기 때문에 순직 처리가 안 된다'는 황당한 논리로 순직 처리조차 거부당하다가 두 달이나 지나 겨우 '순직자'로 인정받을 수 있었다. 이를 통해 우리는 당시 전두환 등 신군부 세력이 최소한의 일관성조차 갖추지 못한 세력이었음을 확인할 수 있다.

'민주·인권 경찰'은 그 시대를 어떻게 살았는가

5·18 민주화 운동 당시 전남도경국장으로 광주·전남지역 치안을 책임지고 있던 안병하 치안감(1928-1988)의 묘가 서울현충원에 안장된 것은 사망한지 17년이 지난 2005년의 일이다.

안병하 당시 전남도경국장은 전두환, 노태우 등 신군부 세력으로부터 경찰도 시민들의 저항에 맞서 '총기로 무장할 것'과 '강경진압'을 요구받지만, 이에 불복하고 경찰의 비무장을 지시한 인물이었다. 안병하는 쿠데타 세력의 요구를 받은 직후 4·19 혁명 당시 경찰의 발포 장면을 떠올리면서 '경찰이 더 이상 역사의 죄인이 되어서는 안 된다'고 결심했다고 한다. 안병하가 위기에 처한 경찰을 구해내는 역할도 했던 것이다.

대신 안병하는 서슬 퍼런 신군부 세력의 횡포로 인한 수난을 스스로 감내해야만 했다. 직무유기 혐의로 직위 해제된 안병하는 악명

높은 보안사 서빙고 대공분실로 끌려가 혹독한 고문을 당해야 했고, 결국 의원면직의 형식을 빌린 강제 사직으로 경찰을 떠나야 했다. 이후 병 치유를 하면서 근근이 버티던 안병하는 1987년 6월 민주항쟁으로 우리 사회가 민주화의 길로 들어서는 현실을 목격했고, 1988년에 이르러 여소야대 국회에서 열리는 광주청문회의 증인 출석을 준비하면서 '광주사태'[21]의 원인으로 "과격한 진압으로 인한 유혈사태로 시민 자극" 등의 내용을 담은 비망록을 정리하였다. 하지만 청문회에는 참석도 못한 채 고문 후유증으로 청문회 직전에 사망하고 말았다.

안병하는 사망 후 5년이 지난 1993년에 5·18 관련 피해자로 인정되었고 2003년에 5·18 민주화 운동 관련 사망자로 인정되었지만, 순직 경찰로 명예를 회복한 것은 2006년에 이르러서였다. 2010년에는 경찰교육원(현 경찰인재개발원)에 '안병하홀'도 생겼다. 안병하의 애민 정신이 담긴 민주·인권 경찰의 모습은 뒤늦게 주목 받기 시작했다. 2017년 촛불 혁명의 결과 새로 등장한 문재인 정부는 그해 '올해의 경찰영웅'으로 안병하를 선정하였다. 이어 그가 근무했던 전남도경 1층에 흉상이 건립되었는가 하면 11월에는 경무관에서 치안감으로 승진 추서되었다. 비록 42년 만에 이루어진 뒤늦은 조치였지만, 2022년에는 경찰청이 권익위의 권고를 받아들여 안병하에 대한 1980년의 의원면직 처분을 취소함에 따라 밀린 급여도 받게 되었다.

한편, 2018년 5월에는 이준규(1980년 당시 목포경찰서장)의 사연이

---

21 1988년 광주청문회를 앞두고 있는 상황에서 안병하가 작성한 비망록의 표현이다. 당시는 5·18 민주화 운동의 개념이나 정의가 공식적으로 정리되지 않은 상황이었고, 언론에서는 '광주사태'라는 표현을 자연스럽게 사용하고 있었다. 안병하도 그 용어를 관행적으로 사용했던 것으로 보인다.

언론을 통해 알려졌다. 그는 시민의 피해를 막기 위해 안병하 도경국장의 방침에 따라 기동경찰대의 총기를 회수하여 인근 무인도인 고하도로 옮긴 것이 신군부의 노여움을 사면서 보안사 서빙고 대공분실로 끌려가 혹독한 고문을 받고 파면된 인물이었다. 더군다나 안병하보다 먼저 1985년에 고문 후유증으로 사망했지만, 그의 복권은 더 늦게 이루어졌다. 2021년 5월 마침내 이준규 목포경찰서장도 안병하 전남도경국장이 안장되어 있는 국립서울현충원 경찰묘역(9묘역)에 안장되었다. 1980년대에도 안병하 전남도경국장, 이준규 목포경찰서장의 경우와 같이 자신의 목숨보다 시민의 생명을 우선시한 의로운 경찰, 민주·인권경찰이 이렇게 존재하고 있었던 것이다.[22]

12·12 군사 반란을 저지하고자 했던 정병주 특전사 사령관

김오랑 중령이 목숨을 걸고 지키려 했던 정병주 사령관은 12·12 사태 당시 왼팔에 관통상을 당한 채 체포되어 보안사의 서빙고 대공분실로 끌려가 고초를 겪은 후 '현역 부적합' 처리되어 강제예편 당해야 했다. 전두환이 12·12 군사 반란을 준비하면서 걸림돌이 될 수 있는 정병주 특전사 사령관과 장태완 수경사 사령관, 김진기 헌병감을 만찬 초대라는 명목으로 연희동으로 불러낸 간계에 속아 넘어간 결

---

22 2020년 경찰청은 1980년 5·18 관련 징계자 21명에 대한 복권을 추가로 단행하였다. 이들 21명은 당시 견책에서 감봉 4월에 이르는 징계를 당한 바 있다. 경찰청은 이어 2019년에 복권된 이준규 당시 목포경찰서장을 포함하여 22명에 대한 미지급 급여를 정산했다. 마땅히 해야 할 일이었다. 그런데 경찰청은 "규정이 없다"는 이유로 1980년 당시의 임금을 기준으로 정산금을 지급한 것으로 확인되었다. 그 결과 21명에 지급된 정산금은 적게는 19,230원에서부터 많게는 1,507,060원이었다. 파면당한 이준규 목포경찰서장이 받은 정산금도 14,588,170원이었고, 복권자의 대다수는 10만 원대의 정산금을 받았다.

과는 이들에게도 치명적이었다. 전두환의 속임수를 뒤늦게 눈치 채고 부대로 급히 복귀했지만, 이미 상황을 되돌릴 수는 없었다.

정병주 사령관은 강제 예편된 장태완 수경사 사령관과 함께 전두환 등 신군부 세력이 일으킨 12·12 쿠데타의 부당성을 주장하다가 행방불명된 지 139일 만인 1989년, 경기도 양주의 산중에서 목매 숨진 변사체로 발견되었다. 이에 대해 그가 독실한 천주교 신자였다는 점, 유서도 발견되지 않았다는 점, 12·12 쿠데타 관련 외부의 압력을 받고 있다고 말했던 점, 사체의 부패 정도가 심하지 않다는 점 등을 근거로 '자살을 가장한 타살' 가능성이 제기되었지만, 그렇다고 타살의 결정적 증거도 확인되지 않아 경찰은 자살로 수사를 종결했다. 정병주의 죽음에 대한 의혹은 2000년대 들어 군의문사진상규명위원회(2006-2009)에서도 다시 제기된 바 있다.

정병주는 군인으로서 정도를 걸은 참군인이었다. 5·16 군사정변 당시에도 쿠데타 세력에게 협조하지 않는다고 체포되어 경회루 기둥에 묶여 있다가 영창에 가기도 했다. 12·12 쿠데타로 강제 전역 조치된 이후 신군부 세력의 취업 알선 회유에 대해서도 "장성은 군복을 벗은 이후에도 명예를 중시해야 한다. 취직하는 날부터 명예를 더럽힌다."면서 거절했다고 한다. 1987년 11월, 12·12 쿠데타의 진실을 밝히는 첫 기자회견에서도 "우리는 평생 군인으로 정치는 모른다."면서 정계 진출 가능성도 일축했다.[23]

정병주 사령관의 묘는 국립서울현충원 장군 제1묘역(제1장군-168)에 있는데, 묘 옆에 세워져 있는 묘비명은 아무런 글도 새겨져 있지 않은 채 비어 있다. 이는 "명령을 생명으로 여기는 군인들이 상관에게 총질을 하고도 버젓이 활보하는 세상에 고인이 무슨 할 말이 있겠느냐"는 유족의 뜻에 따른 결과였다.[24]

광주의 진실을 밝히기 위해 헌신한 전직 대통령

국립서울현충원 '5월 길'에는 김대중 전 대통령의 묘와 김영삼 전 대통령의 묘도 포함된다. 5·18 민주화 운동의 배후이자 '김대중 내란음모 사건'의 주모자로 구속되어 신군부 세력에 의해 사형 언도를 받았던 김대중은 줄곧 광주의 진실을 밝히기 위해 앞장선 인물이다. 김영삼 전 대통령 역시 1983년 5·18 민주화 운동 3주년을 맞아 목숨을 건 23일 간의 단식투쟁을 전개[25]하는 등 광주의 진실을 알리려고 노

---

23 〈동아일보〉, 「정병주·김진기 씨 일문일답」(1987. 11. 24)
24 장태완 수경사 사령관(2010년 사망)은 국립대전현충원 장군묘역(장군2-132)에 안장되어 있다.
25 김영삼의 단식투쟁은 당시 외신에 크게 보도되었지만, 보도통제에 묶여 국내언론에는 보도되지 않았다. 단식 사흘째 되는 5월 20일 〈동아일보〉의 토막 기사에 '정세흐름'이라는

력했는가 하면, 대통령 시절인 1995년에는 5·18 특별법 제정과 전두환·노태우 전격 구속을 결단하는 등 '오월 광주'의 진실을 밝히기 위해 노력한 인물이다.

그런데 김영삼 정부 시기인 1995년, 김영삼과 김대중은 영원한 정치적 라이벌답게 5·18 민주화 운동의 진실을 밝히고 책임자를 처벌하는 과정에서도 밀고 당기는 신경전을 펼쳤는데, 그 한복판에 동작구에 있는 보라매공원이 있었다. 12월 3일 새정치국민회의(총재 김대중)는 '광주학살 책임자 처벌과 5·18특별법 도입'을 촉구하는 집회를 보라매공원에서 개최하기로 했다. 이 날의 집회는 검찰이 "성공한 쿠데타는 처벌할 수 없다"(장윤석, 당시 공안부장)면서 전두환, 노태우 등 쿠데타 세력에 대해 '공소권 없음' 결정을 내리자 시민들이 헌법소원을 통해 '성공한 내란도 처벌 가능'하다는 헌법재판소의 결정을 이끌어내려는 상황에서 열렸다. 그러자 김영삼은 집회 전날 전두환에게 소환장을 발부했고, 이를 거부한 채 고향인 합천으로 내려간 전두환을 집회 당일 아침에 전격 구속하여 보라매공원의 집회 열기를 잠재우려고 했다. 그럼에도 김영삼-김대중의 이러한 밀고 당기는 힘겨루기 속에 개최된 당일 집회에는 10만 군중이 참석하여 성황을 이루었다.[26]

한편, 이들이 합작하여 추진한 전두환, 노태우 등에 대한 1998년의 사면·복권 조치에 대해서는 당시부터 그 적절성 여부에 대해 논란의 대상이 된 바 있는데, 지난 2017년 전두환이 5·18 민주화 운동의 역사를 왜곡한 회고록을 발간하면서 당시의 사면·복권 조치가 적

수수께끼 같은 단어로 등장했을 뿐이다.
26 동작역사문화연구소, 『동작민주올레』 99쪽

절했는지에 대한 논란이 다시 일어나기도 했다.

탐방 6

대통령 길

▶ 대통령 길 안내 ◀

① 이승만 전 대통령의 묘 → ② 김대중 전 대통령의 묘 → ③ 박정희 전 대통령의 묘 → ④ 김영삼 전 대통령의 묘

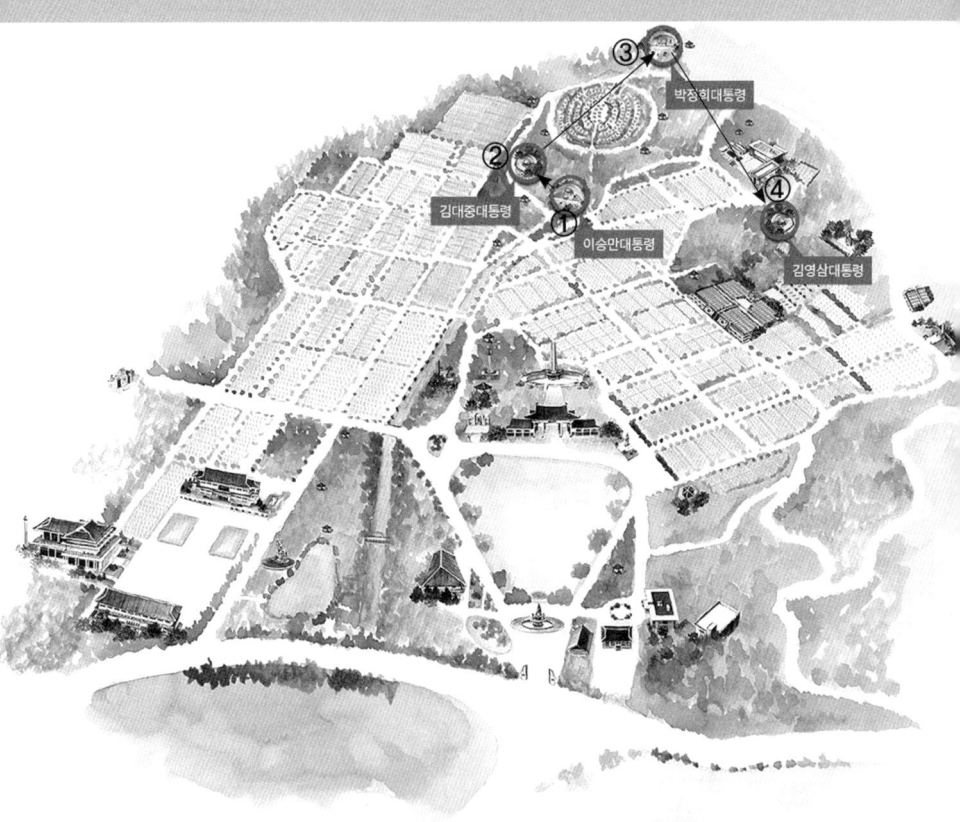

'대통령 길'을 걸으며 한국 현대사를 되짚어본다

국립서울현충원에는 네 명의 전직 대통령이 안장되어 있다. 초대 대통령으로 시작하여 3대까지 12년간 대통령을 지낸 이승만(1875-1965), 5~9대까지 16년간 대통령을 지낸 박정희(1917-1979), 5년 임기의 14대 대통령을 지낸 김영삼(1927-2015), 마찬가지로 5년 임기의 15대 대통령을 지낸 김대중(1924-2009)이 그들이다. 비록 4대 대통령 윤보선(1897-1990), 10대 대통령 최규하(1919-2006), 16대 대통령 노무현(1946-2009) 등의 묘가 다른 곳[1]에 있지만, 집권기간으로 보면 40년에 달하는 네 명의 전직 대통령이 안장되어 있다는 점에서 국립서울현충원의 전직 대통령 길은 한국 현대사를 되짚어볼 수 있는 생생한 역사의 현장이 될 수 있어 그 의미가 크다고 할 수 있다. 대통령 길 탐방은 재임 순서에 따라 시대 순으로 탐방하면 제일 좋겠지만, 위치가 제각각이어서 현실적으로는 쉽지 않다. 현실적인 탐방코스는 이승만 전 대통령의 묘에서 시작하여 바로 옆 김대중 전 대통령의 묘를 거쳐 박정희 전 대통령의 묘를 둘러본 다음 김영삼 전 대통령의 묘를 마지막으로 들르는 길을 선택하는 것이 좋다.

대한민국 헌법에서 규정하고 있는 대통령의 위상과 역할은?

현행 대한민국 헌법 제66조는 민주공화국 대한민국에서 대통령의 위상과 역할을 다음과 같이 밝히고 있다.

---

[1] 윤보선 전 대통령의 묘는 고향인 충남 아산 선영에, 최규하 전 대통령의 묘는 국립대전현충원에, 노무현 전 대통령의 묘는 고향인 김해 봉하마을에 있다.

제66조 ① 대통령은 국가 원수이며 외국에 대해 국가를 대표한다.
② 대통령은 국가의 독립·영토의 보전·국가의 계속성과 헌법을 수호할 책무를 진다.
③ 대통령은 조국의 평화적 통일을 위한 성실한 의무를 진다.
④ 행정권은 대통령을 수반으로 하는 정부에 속한다.[2]

이런 이유로 대한민국 헌법 제69조에는 "대통령은 취임에 즈음하여 다음의 선서를 한다."고 규정하고 있고, 역대 대통령은 취임식장에서 아래와 같은 선서를 한다.

나는 헌법을 준수하고 국가를 보위하며 조국의 평화적 통일과 국민의 자유와 복리의 증진 및 민족문화의 창달에 노력하여 대통령으로서의 직책을 성실히 수행할 것을 국민 앞에 엄숙히 선서합니다.[3]

그만큼 대통령은 민주공화국 대한민국에서 중요한 위치를 차지한다. 대한민국은 1919년 3·1 운동의 결과로 탄생하였으나, 1948년 8월 15일에 이르러서야 정식으로 정부를 수립하며 오늘에 이르렀으니, 신생 대한민국 대통령의 역할은 그 어느 때보다도 중요했다.

---

2 대한민국 헌법(헌법 제10호), 국가법령정보센터
3 대한민국 헌법(헌법 제10호), 국가법령정보센터
   대통령 취임 선서의 세부내용은 헌법 개정에 따라 일부 변화가 있었다. 제헌헌법은 「나는 국헌을 준수하며 국민의 복리를 증진하며 국가를 보위하여 대통령의 직무를 성실히 수행할 것을 국민에게 엄숙히 선서한다.」(제헌헌법 제54조)고 규정하였고, 1972년 개정된 유신헌법은 "나는 국헌을 준수하고 국가를 보위하며 국민의 자유와 복리의 증진에 노력하고 조국의 평화적 통일을 위하여 대통령으로서의 직책을 성실히 수행할 것을 국민 앞에 엄숙히 선서합니다."라고 규정하였다.

국립서울현충원 전직 대통령 길을 걸으면서 역대 대통령이 헌법 정신에 얼마나 충실했는지, 그리하여 민주공화국 대한민국의 성립과 발전에 얼마나 기여했는지 되짚어보는 것은 향후 민주공화국 대한민국의 나아갈 방향을 고민하면서 우리에게 필요한 대통령은 어떤 인물이어야 하는지 구체적으로 고민하는 계기가 될 수 있으며, 조만간 선거권과 피선거권을 행사하게 될 청소년에게도 대한민국의 민주시민으로 성장 발전하는 데 큰 도움이 될 것이다.

이승만 전 대통령(초대~3대)의 묘

이승만 전 대통령의 묘는 국립서울현충원 내 최고의 명당으로 알려져 있는 조선왕조 제14대 왕인 선조의 할머니 창빈 안씨(1499-1549) 묘역 왼편 등성이에 자리 잡고 있다. 묘는 1,653m^2(500평)의 규모에 묘 두름 돌(병풍석)까지 갖추고 있어 마치 조선시대 왕릉을 보는 듯하다.

이승만은 '불의에 항거한 4·19 혁명'으로 대통령직에서 쫓겨난 후 줄곧 하와이에 머물렀는데, 1965년 서거하면서 지금의 국립서울현충원에 안장되었다. 논쟁적 인물답게 당시 이승만의 장례와 장지 문제도 논란의 대상이었다. 이승만 서거 이전부터 4·19 혁명으로 쫓겨난 인물을 국립묘지에 안장하는 것은 "헌법정신을 모독하는 것"이라는 주장이 4·19 유족회 등으로부터 강하게 제기되었다. 하지만 박정희 정부는 국장을 주장하는 구 자유당계 인사들의 주장과 가족장을 주장하는 4·19 혁명 관련단체 등의 주장 사이에서 줄타기하면서 장례는 국민장으로, 장지는 동작동 국립묘지(현 국립서울현충원)로 결정하여 밀어붙이려고 하였다. 하지만 여론의 반대가 만만치 않자 결국 가족의 요구를 수용하는 형식을 빌려 장례식은 가족장으로 바꿨지만, 동작동 국립묘지 안장은 끝내 관철시켰다.[4]

이승만의 서거 직전 제정된 「국립묘지령」(1965. 3. 30)은 안장 대상에 전직 대통령을 별도로 명시하지 않았다. 이승만은 '국장으로 장의된 자'에 해당하지도 않아서 '국가 또는 사회에 공헌한 공로가 현저한 자 중 사망한 자로서 주무부장관의 제청에 의해 국무회의의 심의를 거쳐 대통령이 지정한 자'의 자격으로 국립묘지에 안장되었다고 보아야 한다. 그런데 국방부령[5]으로 정해 놓은 규격과 시설기준에 따르면 묘의 규격은 2평이었고 평장으로 설치하도록 되어 있었다. 하지만 이승만 전 대통령 묘는 마치 조선시대 왕릉을 보는 듯한 대규모 봉분으로 조성하였으니 당시 「국립묘지령」을 정면으로 위반한 불법 묘지였던 셈이다.

이승만은 스스로 자신의 묏자리를 정했다?

국립서울현충원 경내에 있는 호국지장사에는 이승만과 관련된 전설이 내려오고 있다. 이승만이 1953년 당시 국군묘지 부지를 현재의 국립서울현충원 자리로 정하는 과정에서 현장에 왔다가 호국지장사(당시 이름은 화장사였다) 자리를 보고 "절만 아니었으면 내가 묻혔으면 좋을 자리야!"라는 말을 남겼다는 것이다. 이 이야기는 호국지장사 자리가 얼마나 좋은 곳인지를 설명하는 근거로도 활용되고 있다.

그런데 이승만이 죽은 뒤 현재의 자리에 안장될 당시 한 언론은 재미있는 기사를 싣는다. 이승만 전 대통령이 안장된 자리가 이승만

---

4 〈동아일보〉, 「이승만 박사와 국장」(1965. 6. 23)과 「이박사 장례 시비」(1965.7. 24) 등 참조
5 「군묘지의 묘의 규격과 시설기준에 관한 건」(국방부령 제31호)

이 서거하기 10년 전에 스스로 정한 곳이라고 소개한 것이다. 당시 국립묘지관리소장을 맡고 있던 이종태는 "1958년 어느 날 경무대 비서관이 찾아와 '대통령께서 당신의 묘를 공작봉으로 지정하셨으니 유념하라'고 말한 일이 있었다."는 증언과 함께 "프란체스카 여사가 지난 2월에 진정한 묘지 사전 물색 요청을 정부가 받아들여 묘지 선정 문제가 표면화되었을 때도 '이박사가 지정했던 자리가 있음'을 알려서 현 자리로 합의를 보게 되었고, 3월 초부터 일부 공사를 준비했었다."는 말도 덧붙였다. 이 언론은 당시 지관 지창룡이 이승만이 정한 묏자리가 "구름 속의 선인(仙人)이 은하를 굽어보는 휴식처요, 항상 괴어 있는 푸른 물을 내려다보는 명당자리"라면서 "이박사가 지관으로서도 식견이 높았음을 칭찬했다."는 말도 전했다.[6]

이승만 전 대통령의 묘에는 1992년에 서거한 영부인 프란체스카 여사(1900-1992)도 함께 안장되어 있다.

광복 이후 1946년부터 남한 만의 단독정부 수립이 불가피하다는 입장을 견지해온 이승만이 1948년 5·10 선거에 따라 구성된 제헌국회에서 초대 국회의장에 당선되었다는 사실은 의외로 많이 알려져 있지 않다. 이승만은 제헌국회에서 헌법 제정 과정에도 깊이 개입하였다. 한민당의 의원내각제 계획을 차단하고 대통령 중심제를 관철시킨 것도 이승만이었으며, 헌법 독회에 참여하여 제헌헌법 전문 초안 "유구한 역사와 전통에 빛나는 우리 대한국민은 三一革命의 위대한 독립정신을 계승하여"를 "유구한 역사와 전통에 빛나는 우리들 대한국민은 **기미 삼일운동으로 대한민국을 건립**하여 세계에 선포한 위대한 독

---

6 〈조선일보〉, 「'풍운 90년' 공작봉에 잠들다」(1965. 7. 27)

립정신을 계승하여 이제 **민주독립국가를 재건함**에 있어서"(강조는 인용자)로 수정을 주도한 이도 이승만이었다.[7] 한마디로 말해 이승만은 1948년 대한민국 정부를 정식으로 수립하는 과정에서 감독과 주연 배우의 역할을 동시에 했던 인물이다.[8]

초대 대통령 이승만은 매우 특이한 이력을 지니고 있는 인물이다. 1919년 거족적인 3·1 운동의 결과에 힘입어 상하이에서 수립된 대한민국 임시정부의 초대 대통령으로 추대되었던 이승만은 놀랍게도 1925년 3월 임시정부의 임시의정원에서 "국정을 방해하고 국헌을 부인하는 자"라는 이유로 탄핵[9]을 당하면서 임시 대통령직에서 쫓겨난

---

[7] 이로써 이승만은 5·10 선거와 헌법제정, 정부수립으로 이어진 1948년의 일련의 과정이 1919년에 건립된 대한민국을 재건하는 과정이었음을 분명히 한 것이다. 반면, 당시 일반적으로 사용하고 있던 '3·1 혁명'(또는 3·1 대혁명)이라는 개념에서 '혁명성'을 거세하여 '3·1 운동'으로 정착시키는 데 앞장 선 이도 이승만이었다.(《오마이뉴스》, 「제헌헌법 초안에서 '3·1 혁명'이 사라진 이유」, 2019. 1. 7)

[8] 물론 총감독 격의 역할을 한 미국을 배제할 수는 없다.

[9] 〈大韓民國臨時政府 公報 第42號〉(국사편찬위원회, 『대한민국임시정부자료집』 1권)에는 임시대통령이승만심판위원회(위원장 나창헌)의 다음과 같은 결정문이 실려 있다.

  (전략)… 李承晩은 言을 外交에 託하고 職務地를 擅離한 지 於今 五年에 遠洋一隅에 隔在하야 難局收拾과 大業進行에 何等 誠意를 다하지 안을 뿐 아니라 虛荒된 事實을 擅造刊布하야 政府의 威信을 損傷하고 民心을 分散시킴은 勿論이어니와 政府의 行政을 阻害하고 國庫 收入을 妨礙하엿고 議政院의 神聖을 冒瀆하고 公決을 否認하엿스며 甚至於 政府까지 否認한 바 事實이라. 案컨대 政務를 總攬하난 國家 總責任者로서 政府의 行政과 財務를 妨害하고 臨時憲法에 依하야 議政院의 選擧를 밧아 就任한 臨時大統領이 自己 地位에 不利한 決議라 하야 議政院의 決議를 否認하고 甚至於 漢城組織의 系統 云云함과 如함은 大韓民國의 臨時憲法을 根本的으로 否認하난 行爲라 如斯히 國政을 妨害하고 國憲을 否認하는 者를 一日이라도 國家 元首의 職에 置함은 大業의 進行을 期키 不能하고 國法의 神聖을 保키 難할 뿐더러 殉國諸賢의 瞑目지 못할 바이오 사라잇는 忠勇의 所望이 안이라. 故로 主文과 如히 審判함.
  大韓民國 七年 三月 十一日
    臨時大統領李承晩審判委員長 羅昌憲
        同 委員 郭憲, 蔡元凱, 金玄九, 崔錫淳

이력의 소유자이다. 여기에 1948년에 정식으로 수립된 대한민국 정부에서도 초대 대통령에 당선된 이승만은 불법적인 방법으로 개헌을 추진하여 권력을 연장하다 3·15 부정선거에 항거한 1960년의 4·19 혁명으로 권력에서 쫓겨나 하와이로 망명까지 했다. 말하자면 두 번이나 초대 대통령이 되었고, 두 번이나 탄핵을 당한 결코 흔치 않은 이력을 소유한 인물이었던 셈이다.

이승만은 집권 기간 동안 두 차례의 개헌을 추진했다. 1차 개헌(발췌개헌)은 1952년 6·25 한국전쟁 중에 부산에서 이루어졌다. 국회에서 대통령 선거를 하면 본인이 당선될 수 없다고 판단한 이승만은 정권 연장을 위하여 대통령 직선제 도입을 목적으로 계엄령을 선포하고 헌병까지 동원하여 공포분위기를 조성한 가운데 발췌개헌을 통과시켰다. 2차 개헌(사사오입개헌)은 1954년에 이루어졌다. 이번에는 다가올 1956년의 대선을 앞두고 헌법 제55조 "대통령과 부통령의 임기는 4년으로 한다. 단, 재선에 의하여 1차중임할 수 있다."고 한 부분을 바꾸기 위한 목적이었다. 이 조항대로라면 이승만은 더 이상 대통령에 출마할 수 없었기 때문이다. 더군다나 이 개헌안은 의결정족수에 1표가 모자란 135표를 얻어 부결 선포되었음에도 '사사오입'이라는 수학논리를 내세워 재의결하는 방식으로 통과시켜 노골적인 헌법 유린에 분노한 김영삼 의원 등 자유당 의원 20여 명이 탈당하는 사태로 이어지기까지 했다. 이렇듯 이승만이 집권 기간 동안 벌인 두 차례의 개헌은 민주공화국 대한민국의 민주헌정질서 안착을 정면으로 거부하는 행위였다.

그럼에도 이승만은 해방 직후부터 일부 언론에 의해 이미 '국부'

로 불리기 시작했으며[10], 재임시절에도 대만의 장제스(1887-1975) 와 같이 스스로 '국부'로 불리길 희망했다. 심지어 1956년에는 탑골공원과 남산에 이승만 동상을 세웠는데, 남산의 경우 좌대 높이가 약 18m(좌대 넓이 270평)에 동상 길이가 약 7m(무게 11.5톤)에 달하는 매머드급 동상이었다. 여기에 국민이 원한다면서 서울시를 이승만의 호를 딴 우남시雩南市로 변경하려 한 시도까지 있었다. 그러다 보니 이승만의 사망 소식이 전해졌을 때 당시 국내뿐만 아니라 외신에서도 '대한민국의 국부'라는 표현과 '독재자'라는 표현이 동시에 등장했다.[11]

초대 대통령 이승만을 대한민국의 국부로 모셔야 한다는 입장과 민주공화국 대한민국의 민주주의와 헌정질서를 파괴한 독재자에 불과하다는 상반된 평가는 이렇듯 그 뿌리가 대단히 깊다.[12]

어쨌든 이승만에 대해 독립운동에 헌신했다는 점과 대한민국의 초대 대통령으로 6·25 한국전쟁에서 대한민국을 구한 인물이라는 점 등을 부각시키면서 '건국의 아버지'로 높이 평가하는 시각과 두 번씩이나 탄핵 당했을 뿐만 아니라 6·25 한국전쟁 전후에는 보도연맹 관계자를 비롯한 수십만의 민간인을 법적 근거도 없이 불법 처형한 책임자이도 한 인물을 '어떻게 국부로 예우할 수 있는가'라는 시각이 충돌하는 상황에서 '이승만 전 대통령을 국부로 예우하겠다'는 접근이 국민적 동의를 얻기는 결코 쉽지 않을 것으로 보인다. 더군다나 이승

---

10 〈동아일보〉, 「이박사 이화동서 투표」(1948. 5. 11)
11 〈경향신문〉, 「국부, 「독재자」 등 이박사 서거와 서구 각지 표현」(1965. 7. 21)
12 2015년 7월 '이승만 전 대통령 서거 50주기 추도식에 참여한 당시 집권여당 새누리당의 대표(김무성)가 이승만을 '국부로 예우하겠다'고 선언하면서 '국부논쟁'이 다시 한 번 여론의 주목을 받은 바 있다.(〈YTN〉, 「김무성 "이승만 대통령 국부로 예우해야"」, 2015. 7. 18)

만을 '국부로 모시는 일'이 벌어질 경우 "불의에 항거한 4·19민주이념을 계승"한 대한국민은 국부를 몰아내고 동상까지 철거한 '배은망덕한 놈'으로 매도될 수도 있어 헌법 개정까지 추진해야 하는 상황에 몰릴 수 있다는 사정을 고려하면 더욱 그렇다.

창빈 안씨 묘

선조의 할머니 창빈 안씨(1499-1549)는 중종의 후궁 안빈이었다. 1549년(명종 4) 별세하자 양주 장흥에 예장하였다. 지금의 자리로 이장한 것은 2년 후인 1551년이었다. 이장을 주도한 인물은 선조의 아버지 덕흥군이었는데, 1년 후 셋째 아들 하성군 균을 얻었다. 하성군 균은 후손이 없던 명종의 뒤를 이어 왕위에 오른 선조다. 하성군이 명종의 후계자가 된 것은 어렸을 때 궁궐에서 있었던 일화가 결정적이었다고 『연려실기술』에 전한다. 명종이 여러 왕손들을 궁중에서 가르칠 때 하루는 "너희들의 머리가 큰가 작은가 알려고 한다."면서 익선관[翼善冠]을 여러 왕손들에게 차례로 써 보게 했다. 이때 하성군은 나이가 제일 어렸음에도 두 손으로 관을 받들어 어전에 도로 갖다 놓고 "이것이 어찌 평민[常人]이 쓸 수 있는 것이겠습니까."라고 하면서 머리 숙여 사양했다. 명종은 하성군의 행동을 기특하게 여겼고, 이를 계기로 하성군에게 왕위를 전해 줄 뜻을 정했다는 것이다.

임금이 된 하성군은 아버지 덕흥군을 덕흥대원군으로 추존(1569, 선조 2년)하고, 할머니 안빈을 창빈으로 추존(1577, 선조 10년)하였다. 이후 창빈 안씨 묘는 동작릉이라 불리기도 했다. 선조의 재위기간이 무려 41년에 이르고, 이후 조선 왕조의 임금이 선조의 직계로 이어지게 된 것도 '다 할머니 묘를 잘 써서 그렇다'는 말이 나왔다. 묘소 입구에 서 있는 신도비는 숙종 때 세워졌다.

창빈 안씨 묘는 500여 년이 지난 지금에는 두 전직 대통령의 묘(오른쪽에 김대중 전 대통령의 묘, 왼쪽에 이승만 전 대통령의 묘)를 양쪽에 거느리고 있는 모양새를 취하고 있다.

시비에 새긴 〈헌시〉와 시대 인식

이승만 전 대통령 묘 왼편에 있는 〈헌시비〉도 주목할 필요가 있다. 하와이 한인동지회가 하와이에서 석재를 채취해 제작·건립했다는 이 시비에는 최영옥(1924-?)의 〈헌시〉가 새겨져 있다. 문제는 이 〈헌시〉를 읽는 사람들은 '우리가 어느 시대에 살고 있는지' 헷갈리고 혼란에 빠지게 된다는 사실이다. '대한민국의 주권은 국민에게 있고, 모든 권력은 국민으로부터 나온다.'[13]고 한 대한민국 헌법 제1조 2항의 규정이 이승만 전 대통령의 묘소에서는 마치 그 효력을 상실한 듯하다.

이 헌시비를 제작한 하와이 한인동지회는 1921년에 이승만이 주도해 만든 단체였는데, 이승만을 종신 총재로 추대하고 총재에 대해 절대 복종할 것을 신조로 하고 있었다.[14]

김대중 전 대통령(15대)의 묘

김대중 대통령의 묘를 찾는 사람들은 그 규모나 소박함에 놀라곤 한다. 물론 2005년에 제정된 「국립묘지법」의 영향도 있겠지만, 이승만·박정희 두 전직 대통령 묘에 비해 훨씬 적은 264m^2에 지나지 않을 뿐만 아니라 봉분을 두르고 있는 묘두름 돌(병풍석)도 없기 때문이다.

김대중은 박정희 군사정권과 전두환 군사정권의 헌정질서 유린행

---

13 대한민국 헌법 제1조 2항의 규정으로 제헌헌법에서부터 규정된 대한민국헌법의 핵심조항으로 이해되고 있다.
14 하와이 한인동지회는 결성 이후 줄곧 미주지역 독립운동을 이끌고 있던 대한인국민회와 대립하여 재미교포 사회에 많은 문제점을 낳기도 하였다.

위에 맞서 민주공화국 대한민국의 민주헌정질서 회복을 위해 헌신해 온 인물로 평가받고 있다. 특히 유신헌법에 맞서 싸우다 이른바 '김대중 납치 사건'으로 대한해협에 수장될 위기도 겪었고, 1980년 5·18 민주화 운동의 배후로 지목되면서 조작된 '김대중 내란음모 사건'으로 사형선고를 받아 자칫 형장의 이슬로 사라질 뻔하기도 했다.

김대중 전 대통령 묘 국립대전현충원에 들어설 뻔했다

2009년 김대중 전 대통령 서거 직후 〈연합뉴스〉는 "국립서울현충원에는 이승만(1965년 7월27일) 전 대통령과 박정희(1979년 11월 3일) 전 대통령이 안치돼 있지만, 더 이상 여유 공간이 없어 김 전 대통령은 유족이 국립묘지 안장을 원할 경우 국립대전현충원에 안장할 수밖에 없다."고 보도했다.

실제로 당시 이명박 정부는 김대중 전 대통령의 묘소를 포화상태에 이른 국립서울현충원이 아니라 국립대전현충원 또는 정치적 상징성이 있는 국립 5·18민주묘지 안장을 검토했다. 이에 유족들은 "우리는 큰 공간을 원치 않는다."면서 정부를 설득한 끝에 지금의 자리를 어렵게 확보할 수 있었다.

하지만 그것으로 끝이 아니었다. 김대중 전 대통령의 묘가 국립서울현충원에 들어서게 되었다는 사실이 알려지자 '김대중 전 대통령 국장 및 현충원 안치 반대 기자회견'을 시작으로 일부 보수우익의 반대운동이 이어졌다. 이들의 반대운동은 국립묘지 안장 이후에도 '김대중 묘지 이장 촉구 서명운동' 등으로 이어지며 상당 기간 계속되었다.

그래서일까? 김대중 전 대통령의 묘는 자세히 보면 이승만 전 대통령의 묘나 박정희 전 대통령의 묘와 달리 한강을 정면으로 내려다보는 모양새를 취하지 못한 채 오른쪽으로 방향이 약간 틀어져 있음을 알 수 있다. 좁은 공간에 묫자리를 잡다보니 어쩔 수 없었던 것으로 보인다.

* 〈연합뉴스〉, 「DJ 서거로 관심받는 대전현충원 대통령 묘역」(2009. 8. 18)

1997년 대선에서 4수 끝에 일구어낸 대통령 당선은 대한민국 사상 최초로 선거를 통한 평화적 정권교체를 일구어냈다는 점에서 그 자체로 민주공화국 대한민국의 역사를 한 단계 진전시킨 중대한 사건이었다. 대통령에 당선되어서는 최초의 남북정상회담과 6·15 남북 공동 선언을 일구어내 대한민국 헌법이 지향하는 한반도의 평화와 통일의 실현으로 나아가는 새로운 돌파구를 열었다는 점에서도 높은 평가를 받고 있다. 김대중은 이러한 노력을 인정받아 2000년에는 노벨 평화상도 수상하였다.

2009년 국립서울현충원에 자리 잡은 김대중 전 대통령의 묘는 현충원에 대한 대중적 인식을 바꾸는데 중요한 구실을 했다. 김대중의 국립서울현충원 안장은 반공·군사주의로 표상되는 국군묘지와 권위주의의 상징인 두 전직 대통령의 묘소가 결합된 국립서울현충원의 완고한 이미지를 크게 흔들어 놓았다. 이미 임시정부요인 묘역과 대한독립군 무명용사 위령탑의 건립으로 한차례 큰 변화를 겪은 국립서울현충원은 김대중 전 대통령의 묘가 들어서면서 반공·군사주의와 권위주의의 전통이 더 이상 독점적 지위를 유지할 수 없는 근본적인 도전에 직면하게 되었던 것이다. "국립서울현충원에는 자리가 없으니 국립대전현충원에 묘를 마련하겠다."는 당시 이명박 정부의 방침을 끈질긴 설득으로 바꿔내 현재의 자리로 들어올 수 있었다고 하니 국립서울현충원의 변화는 가히 극적이라고 할 수 있다.[15]

2019년 국립서울현충원이 발행한 〈국립서울현충원 종합안내서〉의 묘역 소개 순서를 보면 독립유공자 묘역과 장병 묘역을 제일 먼저

---

15 하상복, 『죽은자의 정치학』(모티브북, 2014)

소개한 후 장군 묘역은 네 번째, 국가원수 묘역은 마지막인 일곱 번째로 소개하고 있다. 반공·군사주의와 권위주의의 전통이 국립서울현충원에서 그 위력을 빠른 속도로 잃어가고 있음을 실감하게 된다.

물론 김대중에 대한 평가가 긍정적인 측면만 있는 것은 아니다. 특히 IMF사태를 극복하는 과정에서 '국민 경제의 균등한 발전'을 꾀하지 못하고 사회 양극화를 심화시켰다는 부정적 평가는 20년이 지난 지금까지도 우리가 이를 극복하지 못하고 있다는 점에서 김대중으로서는 뼈아픈 지적으로 받아들일 수밖에 없다.

2019년 노환으로 서거한 이희호 여사는 국립서울현충원 김대중 전 대통령 묘에 합장되었다. 이희호 여사에 대한 이야기는 '여성 길'에서 이미 소개한 바 있다.

박정희 전 대통령(5대~9대)의 묘

국립서울현충원의 중심부 가장 높은 곳에 위치하고 있는 박정희 전 대통령의 묘는 박정희가 재임시절 보여주었던 독재자의 모습을 자연스럽게 떠올리게 한다. 묘소 크기도 3,636m^2(1,100평)로 다른 전직 대통령의 묘소와는 비교를 불허한다. 여기에 묘소 앞에 서기 위해서는 몇 단계의 높은 계단을 오른 이후에야 가능하게 조성되어 있다. 마치 일제 강점기 남산에 있던 조선신궁의 높은 계단을 보는 듯하다. 관람객 또는 참배객이 계단을 오르는 동안 자신도 모르게 마음을 경건하게 준비하도록 마련된 장치다. 박정희는 1979년 '10·26 사태' 당시 중앙정보부장이었던 부하 김재규의 총에 맞아 서거하면서 국장으로 장례를 치른 후 지금의 자리에 안장되었다. 묘소는

1974년에 먼저 서거한 육영수 여사의 묘와 나란히 위치해 있는 쌍봉형이다.

박정희가 서거했을 당시 박정희 전 대통령의 묘를 규정하는 법적 근거였던 「국립묘지령」은 제6조의2(묘의 면적)를 통해 국가원수의 묘를 '26.4 평방미터(8평)'로 제한하고 있었다. 박정희 전 대통령의 묘 역시 당시의 법률을 위반하여 불법으로 조성되었던 것이다. 이 묘소가 육영수 여사가 서거하면서 조성된 묘소였다는 점을 감안한다면 박정희는 재임 기간 중 이승만 전 대통령의 묘에 이어 자신이 묻힐 묘마저 법을 무시하면서 조성했던 셈이다. 1974년에 먼저 안장된 육영수 여사에 적용되는 '애국지사, 국가유공자(외국인을 포함한다), 장관급장교 및 이와 동등이상의 대우를 받는 자의 묘' 역시 '26.4 평방미터'로 제한되어 있었다. 이를 통해 우리는 박정희 정부 시절의 '법 따로, 현실 따로'가 국립서울현충원에서도 그대로 적용되고 있었음을 알게 된다.

박정희에 대한 평가는 지금도 진행 중

박정희의 집권 기간은 1961년 5·16 군사 정변의 성공부터 1979년 '10·26 사태'로 서거할 때까지 무려 18년 5개월에 이른다. 박정희는 그 기간 국가재건최고회의 의장[16]을 거쳐 직선제로 치러진 5대~7대(1963~1972)를 거쳐, 유신체제하에서 통일주체국민회의에서 간선제로

---

16   군사혁명위원회와 초대 국가재건최고회의 의장은 5·16 군사 정변 당시 육군참모총장 장도영이었다. 박정희는 7월 3일에야 장도영을 '반혁명 사건' 연루 혐의로 체포한 후 국가재건최고회의 의장에 취임하였다.

치른 선거에서 8대~9대까지 연이어 당선되면서 대통령직을 수행하였다. 박정희에 대한 평가는 지금도 논쟁 대상이다. '경제발전을 통한 조국근대화를 일구어 낸 민족중흥의 영웅'이라는 긍정적 평가와 '5·16 군사 정변과 유신독재를 통해 우리 사회 민주주의를 그 뿌리까지 흔들어놓은 독재자'라는 부정적 평가가 극명하게 대립된다.

박정희와 그의 재임기간에 대한 평가는 앞으로도 계속 이루어지겠지만, 최소한 민주공화국 대한민국의 헌정질서를 파괴하고 민주주의를 심각하게 훼손한 일에 대해서는 분명히 짚고 넘어가지 않을 수 없다. 그가 주도한 1961년의 5·16 쿠데타는 헌정질서를 중단시킨 헌법파괴 행위였다. 5·16 쿠데타 세력은 군대를 동원해여 장면내각을 붕괴시키고 국회를 해산하는 등 헌정을 중단시킨 채 군사혁명위원회와 국가재건최고회의라는 초헌법적 기관을 설치해 입법·사법·행정의 3권을 행사했다. 박정희는 먼저 군사혁명위원회를 구성해 국회와 지방의회를 해산하고 정당·단체의 정치활동을 금지하면서 입법·사법·행정의 3권을 장악했으며, 5월 19일에는 군사혁명위원회를 국가재건최고회의로 개칭한 후 「특수범죄 처벌에 관한 특별법」을 소급입법으로 제정하고 혁명검찰부와 혁명재판소를 설치해 군사정권에 대한 비판과 반대는 물론 4·19혁명 이후 쏟아져 나온 민주주의와 평화 통일에 대한 요구를 노골적으로 억압하였다.

박정희의 영구집권을 위해 출범한 1972년의 유신체제 역시 민주공화국 대한민국의 헌정질서를 근본적으로 훼손한 '친위 쿠데타'라는 초헌법적 조치에 기반하여 탄생했다. 박정희는 10월 17일 "전국에 비상계엄을 선포하고 국회 해산, 정당 및 정치활동의 중지를 포함한 약 2개월간의 헌법 일부조항을 중지시키고 비상국무회의가 헌법 일부조항을 수행하는 비상조치를 취했"[17]고, 그 비상국무회의가 불과 10일 만에 마련한 유신헌법안을 찬반 논의도 불허한 채 형식적인 국민투표를 통해 통과시키는 폭거를 자행했다. 이제 대통령을 국민이 직접 선출할 수 있는 권한은 박탈되었고, 박정희는 통일주체국민회의를 통해 종신집권이 가능해졌다. 3권 분립조차 파괴된 채 오직 한사람에게 모든 권한이 집중되었던 유신체제는 1979년 10·26 사태로 붕괴될 때까지 유신헌법을 비판하거나 개헌이라는 말만 꺼내도 유신헌법 제53조[18]에 근거한 긴급조치 위반으로 15년 이하의 징역(긴급조치 1호), 또는 1년 이상의 징역(긴급조치 9호)에 처하는 공포정치를 실시하여 이 시기를 '긴조 시대'로 부르기도 한다.[19] 이 긴조 시대는 일반시민의 치마 길이(여성)와 머리 길이(남성)마저 통제하던 시절이었다.

박정희에 대한 평가 가운데 특히 논란이 되는 것은 그가 일제강점기 자원해서 일본군과 만주군 장교로 복무한 이력의 소유자라는 사실이다. 이에 대해서는 '친일파 길'에서 이미 소개한 바 있다.

한편, 박정희 전 대통령의 묘 아래 쪽에 전시되어 있는 1979년 장

---

17 〈경향신문〉, 「전국에 비상계엄 선포」(1972. 10. 18) 하지만 박정희의 전국 비상계엄 선포와 비상국무회의에 헌법 일부조항을 수행하도록 한 비상조치는 당시 헌법(헌법 제7호) 제73조와 제75조를 위반한 초헌법적 조치였다.

18 유신헌법 제53조는 6개항으로 이루어져 있는데, 그 중 1항과 2항의 내용은 다음과 같다.
① 대통령은 천재·지변 또는 중대한 재정·경제상의 위기에 처하거나, 국가의 안전보장 또는 공공의 안녕질서가 중대한 위협을 받거나 받을 우려가 있어, 신속한 조치를 할 필요가 있다고 판단할 때에는 내정·외교·국방·경제·재정·사법등 국정전반에 걸쳐 필요한 긴급조치를 할 수 있다.
② 대통령은 제1항의 경우에 필요하다고 인정할 때에는 이 헌법에 규정되어 있는 국민의 자유와 권리를 잠정적으로 정지하는 긴급조치를 할 수 있고, 정부나 법원의 권한에 관하여 긴급조치를 할 수 있다.

19 2013년 3월 21일 헌법재판소는 박정희 전 대통령에 의해 공포됐던 긴급조치 제1호, 제2호, 제9호에 대해 전원일치로 위헌 결정을 내렸다. 이 긴급조치 피해자의 규모는 1차 '진실화해를 위한 과거사정리위원회'(2005-2010)의 조사만으로도 1,500여 명에 이른다.

례식 당시의 영구차도 국립서울현충원 방문자들의 관심을 끈다. 베르사유 궁전 트리아농궁에 전시되어 있는 프랑스 왕정복고 시기의 황제였던 루이 18세(재위기간 1815-1824)의 장례 마차를 연상케 하는 이 영구차는 1979년 당시 장례를 주도한 사람들이 박정희의 죽음을 어떻게 이해했는지 그 일단을 엿볼 수 있는 전시물이라는 점에서 흥미롭다. 지금도 박정희를 '반인반신'으로 숭배하는 일부의 흐름이 여전히 가시지 않고 있는 현실은 박정희의 장례식에 사용한 상여를 영구보존한다는 발상이 어떻게 가능했을까, 하는 의구심을 자연스럽게 해소시켜 준다.

박정희 전 대통령과 함께 안장되어 있는 육영수 여사에 대해서는 이미 '여성의 길'에서 소개한 바 있다.

김영삼 전 대통령(14대)의 묘

김영삼 전 대통령은 2015년에 서거하면서 서울현충원에 안장되었다. 서울현충원에 조성되어 있는 네 기의 전직 대통령의 묘 중 김영삼 전 대통령의 묘가 가장 최근에 조성되었다. 김영삼 전 대통령의 묘는 $258.5m^2$(78평)의 규모를 갖추고 있으며, 원래는 묘두름 돌(병풍석)을 칠 계획이었으나 변경하여 시행하지 않았다고 한다. 묘소 입구에서는 무덤 조성 과정에서 나온 '봉황 알'모양을 한 돌도 여러 개 볼 수 있다.

1954년 3대 국회의원 선거에서 만 26세의 나이에 역대 최연소 국회의원으로 당선된 김영삼은 이승만이 장기집권을 위해 헌법을 유린하는 '사사오입 개헌'을 단행하자 이에 맞서 자유당 의원 20여 명과 함께 집단탈당을 결행하면서 야당의 길을 걷게 된다. 4월혁명으로 민주당이 집권하면서 잠시 여당생활을 하기도 하지만, 김영삼의 야당생활은 5·16 군사 쿠데타 이후에도 지속된다. 삼선개헌 반대투쟁, 유신헌법 반대투쟁을 비롯한 박정희 군사정권에 맞선 반독재 민주화 투쟁과정에서는 상도동 자택입구에서 초산테러의 위기(1969)를 넘기기도 했고 신민당 총재직과 국회의원직에서 제명(1979)되었는가 하면, 1980년의 5·18민주화 운동이 전두환 등 신군부 세력의 광주학살로 좌절된 직후에는 정계은퇴 강요와 정치활동 금지조치를 당하는 등 끊이지 않는 수난을 계속해서 이겨내야 했다.

이 시기 김영삼은 1971년 대선을 앞두고 '40대 기수론'을 제창하여 야당인 신민당에 새바람을 불러일으키는 역할을 하기도 하였고, 1983년 5월 18일에 시작한 23일간의 단식농성으로 전두환 군사정권을 흔들어놓은 데 이어 이듬해 민주화추진협의회와 민주산악회를 조직하여 1985년 2.12총선에서 신민당 돌풍을 일으키는 등 직선제개헌을 비롯한 민주헌법 쟁취를 일구어낸 1987년의 6월 민주항쟁으로 나아가는 길목에서 주목할 만한 역할을 하였다.

김영삼은 1987년 대통령선거의 좌절과 1988년의 4.26총선에서 통일민주당이 제3당으로 전락하면서 심각한 위기에 몰리기도 했지만, 집권여당인 민정당과 김종필의 신민주공화당과 함께 단행한 3당 합당으로 정국의 주도권을 쥘 수 있었다. 집권여당이 주축이 되어 2개의 야당과 손을 잡는 형식으로 추진된 인위적 3당 합당은 헌정사상 초유의 일로 당시에는 '보수대연합'으로 불리기도 했다. 이로써 거대 여당 민자당과 소수 야당 평민당으로 정치 질서가 개편되었다. 이렇게 탄생한 민자당은「3당 야합」규탄 국민대회」를 개최하는 등 강하게 반발하는 김대중의 평민당과 재야의 저항을 감수해야 했다. 사실 김영삼은 3당 합당의 결과로 탄생한 민자당의 대표최고위원을 맡았지만, 민주계라는 소수파에 기반하고 있었다는 점, 국민적 합의와 무관하게 3당 대표 간에 이루어진 '내각제 개헌' 추진을 조건으로 한 합당이었다는 점 등으로 인해 주도권 장악에 많은 어려움이 있었다. 하지만 김영삼은 '내각제 합의각서 공개 파동'마저도 '중대결심'을 시사하는 배수의 진을 치면서 '야당과 국민이 동의하지 않으면 추진할 수 없다.'는 논리로 돌파하는 등 우여곡절 끝에 민자당의 대선후보가 되어 1992년 대선에서 대통령에 당선되었다.

문민정부를 표방한 김영삼 정부는 군부 내 사조직인 하나회 척결, 고위공직자 재산 공개와 금융실명제·부동산실명제 실시, 전두환·노태우의 구속과 5.18 특별법의 제정 등 우리 사회의 발전과정에서 의미 있는 성과를 내기도 했다. 이때 제정된 「5.18특별법」을 통해 '광주민중항쟁'은 '헌정질서파괴 범죄행위'(〈5.18민주화운동 등에 관한 특별법〉 제1조)에 저항한 민주화 운동으로 자리매김할 수 있게 되었다.

김영삼 전 대통령은 교육개혁, 남북관계, 재벌개혁, 외환위기 대처, 국제관계 정립 등에서 실패와 한계를 노정했다는 평가도 받는다. 군부통치를 32년 만에 종식시킨 정부에게 더 큰 기대를 갖는 것이 무리일 수도 있지만, 장기적 전망의 부재와 직관 위주의 접근, 전문성 부족 등은 김영삼의 문민정부가 극복하지 못한 치명적인 한계였다.

김영상 전 대통령의 묘에서는 왼편에 있는 〈김영삼 민주주의 기념비〉도 눈여겨 볼만하다. 기념비에는 "이제 민주주의는 개막하기 시작했고 마침내 새벽이 돌아왔습니다. 아무리 새벽을 알리는 닭의 목을 비틀지라도 민주주의의 새벽은 오고 있습니다"(1979년 5월 30일 신민당 총재 수락 연설에서 한 유명한 말)를 비롯하여 시대의 고비마다 나왔던 김영삼의 어록이 새겨져 있다. '상도동계'의 수장이기도 했던 김영삼의 사저는 국립서울현충원에서 가까운 상도동에 있다. 사저 인근에는 구립 김영삼 도서관도 있는데, 도서관 건물 안에 김영삼 전 대통령의 전시관이 있어 시간의 여유가 있는 분들은 이곳을 함께 탐방하는 것도 괜찮다.

김영삼 전 대통령의 묏자리에서 '봉황의 알'이 나왔다고?

2015년 김영삼 전 대통령이 서거하자 국립서울현충원에 묏자리를 잡았다. DJ와는 평생의 라이벌이었던 YS의 묘가 국립대전현충원이 아닌 국립서울현충원에 자리 잡게 된 것은 어쩌면 필연이었을 것이다. 그런데 이미 포화상태에 이른 국립서울현충원에서 마땅한 묏자리를 잡기는 쉽지 않았다. 김영삼 전 대통령의 묘가 한강 쪽을 바라보고 있는 다른 전직 대통령의 묏자리와 달리 사당동 쪽을 바라보고 있는 이유이다.

무덤을 조성하는 과정에서 뜻밖의 어려움도 있었다. 묏자리에서 큰 돌이 무려 12개나 쏟아져 나온 것이다. YS의 관이 들어갈 자리에서도 2개의 알모양 돌이 나왔다. 풍수지리에서 '묏자리에서 돌이 나오는 것은 좋지 않다.'는 속설이 있어서 관계자들은 아연 긴장했다. 그런데 다행히(?) 묏자리에서 나온 돌이 둥근 모양이었다. 결국 지관 황○○ 씨가 "둥근 돌은 괜찮다. 묏자리에서 '봉황 알'이 나왔으니 태평성대가 이루어질 길조다."라고 정리하면서 장례식은 예정대로 무사히 치러질 수 있었다.

묘소 조성 과정에서 나온 '봉황 알' 또는 '공룡 알' 모양을 하고 있는 돌은 김영삼 전 대통령의 묘 입구에서 볼 수 있다.

죽어서도 차별?

현재 국립묘지는 2005년에 제정된 「국립묘지법」에 근거하여 관리·운영되고 있는데, 묘지의 면적을 전직 대통령은 264m^2이내, 대통령직에 있었던 사람 이외의 사람은 3.3m^2로 규정하여 시행하고 있다.[20] 하지만 1970년 12월 14일 개정된 「국립묘지령」[21]에 따라 시행된 장군 묘역과 장교 묘역, 사병 묘역의 안장 대상자에 대한 차별로 국립서울현충원에 이미 안장된 장군의 묘는 26.4m^2, 사병의 묘는 3.3m^2로 크기에서 8배의 차이를 보이고 있다.[22] 사실 1970년의 개정 「국립묘지령」은 「군묘지령」 이래 어느 정도 담고 있던 '평등의 원칙'을 심각하게 후퇴시킨 법령이었다. 국군묘지가 처음 출발할 때부터 1970년의 개정 「국립묘지령」 이전까지는 장군 묘역의 묘가 2평(6.6제곱미터)으로 사병 묘역의 묘에 비해 2배에 불과했고, 장군 묘역은 봉분이 없는 평장으로 묘를 조성할 수 있었을 뿐이다. 그런데 1970년 「국립묘지령」이 개정되면서 장군 묘역의 규모는 8평(26.4제곱미터)으로 이전의 4배 규모로 늘어났다. 지금도 장

---

20 그럼에도 불구하고 제12조(묘지의 면적 등) 제2항에 "제1항에도 불구하고 제5조제1항제1호가목의 대상자 중 대통령 외의 사람이나 같은 호 파목의 사람은 위원회에서 묘의 면적을 따로 정할 수 있다. 이 경우 묘의 면적은 26.4제곱미터를 넘을 수 없다."는 규정을 둬 "국회의장·대법원장 또는 헌법재판소장의 직에 있었던 사람과 「국가장법」 제2조에 따라 국가장으로 장례된 사람"에 대한 예외를 인정하고 있다.
21 「국립묘지령」은 1970년에 3차례 개정하는데, 세 번째 개정한 대통령령 제5403호를 말한다. 이때부터 묘지의 규격을 국방부령으로 정하도록 했던 그동안의 방침을 바꿔 「국립묘지령」에 직접 담았다.
22 계급에 따른 묘의 크기가 다른 것은 경찰 묘역도 마찬가지다. 아니 경찰 묘역은 한 단계 더 세분화하여 4단계(치안감이상, 경무관, 무궁화, 무궁화 꽃봉우리)이다. 사진의 원편 보이지 않는 곳에는 장군 묘역에 있는 묘의 규모와 같은 크기의 치안감 이상의 묘가 있고, 사진에 보이는 바로 앞의 경무관의 묘, 그 아래는 장교 묘역에 있는 묘의 크기와 통일한 무궁화(총경, 경정, 경감, 경위)의 묘, 그 제일 아래는 무궁화 꽃봉우리(경사, 경장, 순경)의 묘이다.

군 제1묘역의 무덤을 자세히 보면 초창기 조성된 묘의 크기와 1970년대에 조성된 묘의 크기가 다르고 봉분이 있는지 여부도 다르다는 것을 알 수 있다. 2005년에 대통령을 제외한 모든 묘지의 '평등'을 강조하면서 새로 제정된 「국립묘지법」도 '조성된 안장묘역이 소진될 때까지 안장방법 및 묘지의 면적은 종전의 법령을 적용한다.'고 한 부칙 조항[23]이 국립대전현충원 장군 묘역이 꽉 찬 2020년 10월까지 무려 16년 넘게 위력을 발휘하다 이제야 겨우 그 힘을 상실한 상황이다.[24]

그래도 문제는 남는다. 만민이 평등한 존재임을 헌법에 명시한 민주 공화국에서 전직 대통령이라고 해서 반드시 특별대우를 해야 하는가, 라는 문제제기가 있기 때문이다. 지난 20대 국회에서 국방위원회 소속 김중로 의원(바른미래당)은 미국과 동일하게 신분을 구분하지 않고 국립묘지의 1인당 묘지 면적을 정하는 국립묘지법 개정안을 발의한 바 있다. 김 의원은 개정안을 발의하면서 "묘지 면적과 안장방법을 놓고 신분과 계급에 따라 차별하는 것은 사후에도 갑질을 하는 것과 같다"면서 "전직 대통령에게 제공되는 과도한 예우를 현실에 맞게 조정해야 한다."고 개정 취지를 밝히기도 했다.[25]

---

23 2005년 7월 29일 제정된 「국립묘지법」의 부칙 제3조 (시신 안장의 제한 및 묘지의 시설기준에 관한 적용례)는 "제8조 및 제12조제1항의 규정에 불구하고 이 법 시행 당시 종전의 법령에 의하여 설치·운영 중인 서울특별시 소재 국립묘지, 대전광역시 소재 국립묘지, 국립4·19묘지, 국립3·15묘지, 국립5·18묘지 및 호국용사묘지에 조성된 안장묘역이 소진될 때까지 안장방법 및 묘지의 면적은 종전의 법령을 적용한다."고 규정하고 있다.
24 국립대전현충원 홈페이지 공지사항에는 "국립대전현충원 장군 묘역 만장(2020.10.27.)에 따른 운영 계획 안내"라는 제목으로 "국립대전현충원에서 운영 중인 장군 묘역(8평)이 2020.10.27일자로 만장되었습니다. 따라서 현재 조성중인 현충원 봉안당 개원(2021년 4월 예상)까지는 제7묘역에 장병 묘역(1평)으로 통합하여 안장될 계획입니다."라는 내용이 실려 있다.
25 〈뉴스1〉, 「김중로 "국립묘지 면적 차별금지, 대통령·병사 모두 1평으로"」(2018. 6. 25)

국립묘지를 체계적으로 관리하는 것으로 유명한 미국은 대통령, 장군, 장교, 일반사병 등 모든 안장 대상자에게 4.49m^2라는 동일한 묘지면적을 제공하고 있다고 한다. 이는 계급이나 신분의 차이를 떠나 국가를 위해 헌신한 인물의 죽음은 모두 고귀하다는 평등의 원칙에 입각한 조치일 것이다.

한국에서도 이제 미국과 같이 국가원수의 묘까지 동등한 면적을 제공하자는 취지의 법률 개정안이 나왔다는 사실 자체가 새로운 변화의 시작을 알리는 신호탄이 될 수 있다는 점에서 주목된다. 이러한 20대 국회의 시도가 21대 국회에서 실질적인 결실을 맺을 수 있다면 얼마나 좋을까 하는 생각도 해보지만 아직은 꿈같은 이야기인 듯하다.

탐방 7

평화 통일 길

▶ 평화·통일 길 안내 ◀

① 학도의용군 무명용사탑 → ② 현충문 → ③ 육탄10용사 현충비 → ④ '실미도 사건' 기간요원의 묘(17묘역) → ⑤ 무후선열제단 → ⑥ 애국지사 조길룡의 묘(독립유공자 묘역) → ⑦ 양세봉 장군의 묘(독립유공자 묘역) → ⑧ 손정도 목사의 묘(임시정부요인 묘역) → ⑨ 주시경의 묘(국가유공자 제2묘역) → ⑩ 김대중 전 대통령의 묘

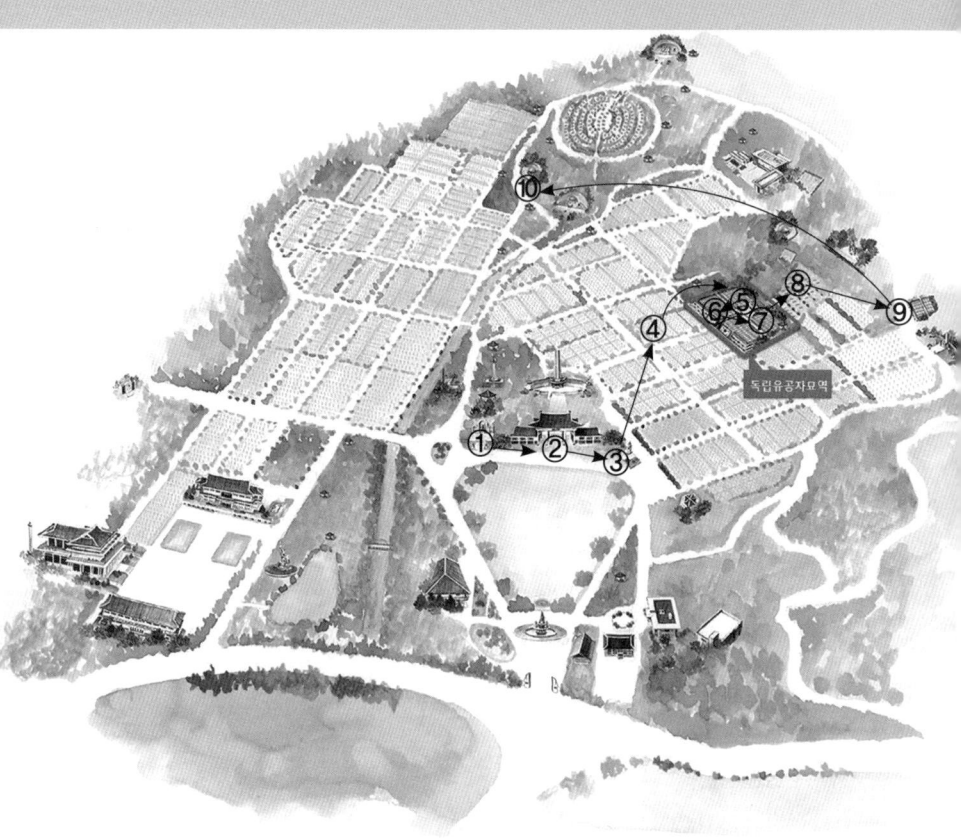

분단과 전쟁으로 이어진 우리의 아픈 현대사

우리 민족은 일제 강점기 35년을 지나 1945년 8월 15일 해방되었다. 하지만 해방의 기쁨도 잠시 38선을 경계로 미·소 양군이 한반도를 분할 점령하면서 이를 슬기롭게 극복하지 못한 채 분단을 감내해야 했고, 38선을 사이에 두고 크고 작은 충돌을 벌이다 결국 우리 민족 최대의 비극인 6·25 한국전쟁을 겪게 되면서 분단이 고착화된 아픈 현대사를 안고 지금에 이르고 있다.

앞에서 이미 살펴보았듯이 국립서울현충원의 뿌리인 국군묘지가 동작동에 들어선 것도 분단과 전쟁으로 이어진 우리의 아픈 현대사와 끊을 수 없는 관계를 맺고 있다. 지금의 국립서울현충원 자리는 6·25 한국전쟁 과정에서 전사한 군인들을 안장하는 일이 무엇보다도 시급한 상황에서 1953년 7월 27일 정전협정이 체결된 직후(9. 29) 국군묘지 부지로 지정되었던 것이다. 이는 국립서울현충원이 국군묘지 부지로 지정된 1953년은 물론 국립묘지로 전환한 1965년 이후에도 반공·군사주의의 상징적인 장소로 꾸준히 자리매김하고 있는 근본 이유이기도 하다.

서울현충원의 '평화 통일길'

2005년 8월 14일 광복 60주년에 즈음하여 북한의 노동당 비서 김기남 일행은 국립서울현충원을 방문하고 참배했다. 국립서울현충원이 반공·군사주의의 상징적인 공간으로 6·25 한국전쟁 중에 전사한 군인들이 안장된 곳임을 감안할 때 김기남 일행의 현충원 참배는 대단히 파격적인 일로 받아들여졌다. 김기남 비서는 정동영 당시 통일부장관과 환담하는 자리에서 "대표단이 광복절 즈음에 방문하니 조국 광복을 위해 생을 바친 분들이 있어 방문하겠다는 의견을 제기한 것"이라고 말했다. 반공·군사주의의 상징으로만 여겨왔던 현충원이 거꾸로 평화·통일에 기여할 수 있는 공간이 될 수 있다는 가능성을 확인하는 순간이었다.

어느덧 국립서울현충원은 한반도 남단으로 우리의 시야를 묶어 놓을 수 없는 여러 시설과 상징물이 자리 잡고 있다. 국립서울현충원에서 한반도의 평화와 통일을 꿈꾸는 것은 이제 결코 특별한 일일 수 없게 되었다. 국립서울현충원에 '평화·통일 길'을 만들어 걷기로 결심한 사정이기도 하다.

학도의용군 무명용사탑과 소년병의 '부치지 못한 편지'

현충문 왼편에 있는 학도의용군 무명용사탑에는 6·25 한국전쟁 당시 포항지구에서 전사한 학도의용군 이상현을 비롯한 48위의 유해가 반구형 석함분묘에 안장되어 있다. 당초 포항전투에는 71명의 학도의용군이 참전하였는데, 북한 인민군 전초부대의 공세를 막아내다가 이 중 48명이 전사하였다. 이들은 당시 포항여중 부근에 가매장되었다. 이들의 유해는 1964년 4월 25일 대한학도의용군 동지회 주관으로 동작동 국군묘지 제5묘역으로 이장된 후, 1968년 4월 현 학도의용군 무명용사탑에 안치되었다.

이 탑은 원래 무명용사탑으로 세워져 현재 국립서울현충원을 방문하는 사람들이 참배하면서 의례를 진행하는 현충탑의 역할을 대신

학도의용군 무명용사탑

해왔는데, 1967년 현충탑이 완공되면서 현재의 자리로 옮겨 오게 되었다. 무명용사탑에 안치되었던 무명용사 가운데 1위를 대표로 납골당으로 이장하고 포항지구 전투에서 전사한 48위의 학도의용병 유해를 안치하면서 탑의 명칭도 학도의용병 무명용사탑으로 바꾼 것이다.

국방부에 따르면 6·25 한국전쟁이 발발하자 약 5만으로 추산되는 학생들이 교복을 입은 채 참전하여 포항지역을 비롯한 각 지구 전투에서 싸우다 7,000여 명이 전사하였다고 한다.

특히 당시 만 17세 이하의 소년·소녀 병사는 29,603명(소녀병사도 467명)에 달했는데, 이중 전사자는 2,573명이었던 것으로 알려져 있다.[1] 이들은 자발적으로 참전한 경우도 있었지만, 강제로 동원된 경우

---

1 이상호·박영실, 『6·25 전쟁 소년병 연구』(국방부 군사편찬연구소, 2011)

도 허다했다. 북한도 이와 비슷한 규모의 소년병에 비슷한 규모의 전사자를 냈을 것으로 추정해 본다면 6·25 한국전쟁은 남과 북의 어린 소년, 소녀들을 전쟁터로 내몬 것도 모자라 그 목숨마저 빼앗아 간 끔찍한 전쟁이었다. 영화 〈포화 속으로〉(2010)는 포항지구 전투에 참전한 학도의용병 이야기를 담은 작품이다.

당시 소년병들의 심정이 어떠했을 지는 끝내 어머니에게 부치지 못한 편지를 남긴 채 포항전투에서 전사한 이우근(당시 17세, 동성중 3학년 재학)의 글을 통해서 알 수 있다. 이 편지가 학도의용군 무명용사탑에 함께 전시된다면 전쟁의 참상을 보다 더 생생히 전하면서 평화의 소중함을 절실하게 느낄 수 있는 명소로 자리 잡을 수 있지 않을까 한다.

어머니, 나는 사람을 죽였습니다.
그것도 돌담 하나를 사이에 두고, 10여 명은 될 것입니다.
나는 4명의 특공대원과 함께 수류탄이라는 무서운 폭발 무기를 던져 일순간에 죽이고 말았습니다. 수류탄의 폭음은 나의 고막을 찢어 버렸습니다. 지금 이 글을 쓰고 있는 순간에도 귓속에는 무서운 굉음으로 가득 차 있습니다.
어머니, 적은 다리가 떨어져 나가고, 팔이 떨어져 나갔습니다. 너무나 가혹한 죽음이었습니다. 아무리 적이지만 그들도 사람이라고 생각하니 더욱이 같은 언어와 같은 피를 나눈 동족이라고 생각하니 가슴이 답답하고 무겁습니다.
어머니, 전쟁은 왜 해야 하나요? 이 복잡하고 괴로운 심정을 어머님께 알려드려야 내 마음이 가라앉을 것 같습니다. 저는 무서운 생각이 듭니다. 지금 내 옆에서는 수많은 학우들이 죽음을 기다리는 듯 적이 덤벼들 것을 기다리며 뜨거운 햇빛 아래 엎드려 있습니다. 적은 침묵을 지키고 있습니다. 언제 다시 덤벼들지 모릅니다. 적병은 너무나 많습니다. 우리는 겨우 71명입니다. 이제 어떻게 될 것인가를 생각하면 무섭습니다.

어머니, 어서 전쟁이 끝나고 어머니 품에 안기고 싶습니다. 어제 저는 내복을 손수 빨아 입었습니다. 물내 나는 청결한 내복을 입으면서 저는 두 가지 생각을 했습니다. 어머님이 빨아주시던 백옥 같은 내복과 내가 빨아 입은 내복을 말입니다. 그런데 저는 청결한 내복을 갈아입으며 왜 수의(壽衣)를 생각해냈는지 모릅니다. 죽은 사람에게 갈아입히는 수의 말입니다.

어머니, 어쩌면 제가 오늘 죽을지도 모릅니다. 저 많은 적들이 그냥 물러갈 것 같지는 않으니까 말입니다. 어머니, 죽음이 무서운 게 아니라, 어머님도 형제들도 못 만난다고 생각하니 무서워지는 것입니다. 하지만 저는 살아가겠습니다. 꼭 살아서 가겠습니다.

어머니, 이제 겨우 마음이 안정이 되는군요. 어머니, 저는 꼭 살아서 다시 어머님 곁으로 가겠습니다. 상추쌈이 먹고 싶습니다. 찬 옹달샘에서 이가 시리도록 차가운 냉수를 한없이 들이키고 싶습니다. 아! 놈들이 다가오고 있습니다. 다시 또 쓰겠습니다.

어머니 안녕! 안녕!

아, 안녕은 아닙니다. 다시 쓸 테니까요…

그럼…

이제 우리는 학도의용군 무명용사탑에서 상투적으로 이들의 위용을 칭송하기 보다는 다시는 이런 끔찍한 전쟁이 일어나지 않도록, 그리하여 고귀한 생명을 더 이상 잃지 않도록 한반도의 평화와 통일

의 새 시대를 어떻게 만들어나갈지 고민해야 할 때가 아닌가 한다.[2]

현충문 폭파 사건

1970년 정부 대간첩본부는 '6월 22일 새벽 3시 50분경 북괴 무장공비 2~3명이 서울 영등포구 동작동 국립묘지에 침투, 현충문의 폭파를 기도했으나 실패, 그중 1명이 폭사하고 나머지 잔당은 도망쳤다.'고 발표했다. '공비들이 장치하던 폭발물이 터지는 바람에 현충문 지붕 위 한가운데가 일부 파손되었으며, 이들은 현충문 오른쪽 지붕에 로프를 걸고 올라가 지붕 밑에 폭발물을 장치하려다 잘못 다루어 폭발하면서, 무장공비 한 명은 현충문 왼쪽 30m 지점에 날아가 폭사했다고 했다.[3]

당시 현충문 앞에서는 6월 25일 6·25 20주년 기념식이 있을 예정이었다. 자칫 1983년의 '아웅산 테러 사건'으로 전두환 당시 대통령의 공식·비공식 수행원 17명이 사망하고 14명이 중경상을 입었던 충격적인 사건이 13년 앞서 동작동 국립묘지에서 먼저 발생할 뻔한 아찔한 순간이었다.[4]

이 현충문 폭파 사건이 있었던 1970년은 베트남전이 한창인 시점이었다. 2년 전인 1968년에는 북한군 특수부대의 1·21 청와대습격 사건(1·21 사태)과 푸에블로호 사건, 울진·삼척무장공비침투 사건이 연

---

2   학도의용병 무명용사탑에도 지난 2020년 의미 있는 변화가 있었다. 국립서울현충원을 참배한 정의당 대표단이 현충문 옆에 있는 학도의용병 무명용사탑에 헌화하는 과정에서 배복주 부대표가 타고 있던 휠체어가 진입하지 못하는 일이 발생했고, 정의당에서 곧바로 개선을 요구하자 서울현충원에서 곧바로 계단을 없애고 휠체어 출입이 가능한 경사로를 만든 것이다.(《경향신문》, 「사진 한 장'의 나비효과, 현충원을 바꿨다」, 2020. 11. 20)
3   《동아일보》, 「서울에 무장공비 출현 - 국립묘지 현충문 폭파하려다 한 명 폭사」(1970. 6. 22)
4   아웅산 테러 사건으로 숨진 서석준 당시 부총리 등 17위는 국립서울현충원 국가유공자 제1묘역에 안장되어 있다.

이어 벌어지기도 했다. 북한이 이러한 도발을 한 데에는 한반도의 위기를 조장하여 한국군의 베트남 파병을 막아보겠다는 의도도 내포되어 있었다. 반대로 당시에는 한국군에 의한 도발도 '한 달에 두 번 꼴로 행해지고' 있었으며, '1967년 11월에는 남한의 특수부대가 북한의 한 사단본부를 폭파'하는 선제공격 사건도 있었다.[5]

6·25 한국전쟁 이래 남북의 적대적 긴장관계가 최고조에 달해 있던 시기에 발생한 사건의 하나가 바로 현충문 폭파 사건이었다.

'육탄10용사' 현충비 앞에서 겪는 복잡한 심경

육탄10용사 현충비는 6·25 한국전쟁이 일어나기 1년 전인 1949년 5월 4일 개성 송악산 전투에서 사망한 '10명의 특공 군인'들을 현충

---

[5] 박태균, 『우방과 제국, 한미관계의 두 신화』(창작과비평사, 2014) 423쪽. 박태균이 밴스 (Cyrus Roberts Vance) 미국 존슨 대통령 특사의 비망록(198. 2. 20)의 내용으로 소개한 대목이다. 밴스는 이 비망록에서 "이 사건이 1·21 사건으로 비화하지는 않은 것 같다."고 진단했다.

하기 위해 만든 기념비이다. 육탄10용사 현충비는 사건 당시 1사단 사단장이었던 김석원 장군의 주도로 6주기(1955. 5. 4.)에 건립되어 흑석동 한강변 언덕(현 효사정 문학공원)에 있었는데, 흑석동 고갯길 확장 공사로 1977년 국립서울현충원 안으로 이전하게 되었다.

육탄10용사 현충비 맞은편의 6묘역 맨 앞줄에는 서부덕 소위(당시 계급은 2등 상사)를 비롯한 10명의 묘가 있다.

김석원은 자신의 회고록 『노병의 한』(1977)에서 육탄10용사의 희생은 송악산 일대의 인민군 진지의 전면인 '475고지와 292고지에다 비록 마대진지와 같이 허술한 것이긴 했지만 그래도 최선을 다하여 방위진지를 구축'하던 중 이를 방해하기 위한 인민군의 공격이 벌어지면서 발생했다고 회고했다. 인민군이 '292고지의 진지를 점령해버린 데 대하여 국군이 반격전을 펼치는 와중에 제2대대가 천신만고 끝에 7부 능선까지 진출했지만 인민군에게 완전히 노출된 급경사 지대에서 진퇴양난에 빠져 어이없게도 아군의 희생만 강요당하는 꼴이 되었을 때' 이들이 특공대를 자처했다는 것이다.[6]

사건 직후 이범석 국무총리는 '10용사는 명령에 의한 결사대가 아니요 전술상 필요를 통감하고 자진하여 살신성인을 한 것이니 그들의 충용한 행동이야말로 국군의 모범이요 조국수호의 정화라 할 것'이라고 했고, 김석원 1사단장은 "나는 이러한 병사들을 가지고 있었으니 38선 돌파쯤은 문제될 것은 없을 것이요 이런 병사라면 전 세계라도 석권할 수 있는 기계라고 믿는 바이다."라고 칭송했다.[7] 이승만은 "나보다 십용사를 먼저 표창해야" 한다면서 독립유공자보다 더 높이

---

6 김석원, 『노병의 한』(육법사, 1977) 266-270쪽
7 〈동아일보〉, 「십용사의 장렬한 전투경과 육탄으로 진지 분쇄」(1949. 5. 21)

평가하기도 했다. 육탄10용사는 6·25 한국전쟁이 일어나기 전 이승만 정권의 '북진통일'을 상징하는 전쟁 영웅의 지위를 차지했고, 이후 1980년대까지 각종 교과서에 소개되었다.

육탄10용사 현충비의 전면 중앙에는 다음과 같은 내용의 글이 새겨져 있다.

해방 이후 三八선으로 말미암아 국토가 분단되어 오던 중 단기 四二八二년에 이르러서는 개성 서북방 송악고지에 공산 괴뢰군이 불법 침입하여 방위가 불리하고 개성이 위태로우매 동년 五월 四일 제一사단 제十一련대 소속 서부덕 소위 이하 九명의 용사 화랑정신을 받아 조국애와 민족정기에 불타는 정열로 몸에 포탄을 지니고 적의 지하 참호 속에 뛰어들어 육탄 혈전, 적진을 분쇄하고 **옥으로 부서지니** 멸공전사상에 이룬 공과 그 용맹이 널리 세계에 펴지다. 광음이 흘러도 잊음없이 명복을 빌고 그 영령을 추모하고저, 이에 눈물과 정성으로 현충비가 서나니 이는 조국수호의 정신을 청사에 새기고 만대에 전함이라 十용사의 영혼 불멸하여 겨레와 함께 살며 길이 빛나리로다.(강조는 인용자)

우리는 이 비문에서 '옥으로 부서지니'라는 표현에 주목할 필요가 있다. '옥으로 부서지니'는 '옥쇄玉碎'를 풀어쓴 말이다. 옥쇄는 일제가 아시아-태평양 전쟁 당시 일본인들을 제국주의적 침략전쟁에 동원하기 위하여 사용했던 핵심 용어 중 하나였다. 일제는 가미카제 특공대의 몸체공격을 '옥쇄'라며 칭송한 것도 모자라 '일억 옥쇄一億玉碎(이치오쿠 교쿠사이)'라는 표현까지 사용하며 일본인들의 전쟁 참여를 독려하였다.

그런데 육탄10용사와 그 희생정신을 기리는 대목에서 일본 군국주의의 상징적인 표현인 '옥쇄'라는 단어를 사용하고 있다는 사실은 실로 충격적이다. 물론 현충비 건립을 주도한 김석원을 비롯한 당시 한국군 장교의 상당수가 일본군과 만주국군 장교 출신이라는 점을 떠올린다면 '옥으로 부서지니'라는 말이 등장하는 게 전혀 납득하기 어려운 일도 아니다. 사실 김석원이 육탄10용사 현충비와 함께 흑석동 한강변 언덕에 세운 학도의용병 현충비에도 '학도들의 몸으로 구슬이 되어 부서진 그대들의 의기'라는 표현이 등장한다. 포항 학도의용군 전승기념관에 전시되어 있는 박종화의 추모시 〈전몰학도의용병에게〉에도 '군이 아닌 학도의 몸으로/ 옥이 되어 부서져 버렸네'라는 시구도 등장한다. 그럼에도 국립서울현충원을 찾는 사람들이 해방된 지 76년이 지난 2021년에도 일본 군국주의의 상징을 만나게 된다는 사실은 분명 낯설고 놀라운 일임에 틀림없다.

'육탄10용사'도 일제가 1932년 상하이에서 폭탄을 설치하다 사고로 죽은 3명의 군인을 중국군의 진지에 육탄으로 돌격하다 죽은 영웅으로 조작하여 '무인의 귀감'으로 교과서에도 실었던 '육탄 3용사'에서 따온 말이었다. 실제로 1949년 당시 보고를 받은 김석원은 뜨거운 눈물을 흘리며 "일본군에는 육탄 3용사가 있었지만 우리에겐 육탄10용사가 나왔다"고 했다는 말까지 전해진다.[8]

한편, 육탄10용사에 대해서는 실제 사실과 다르다는 주장이 그동안 끊임없이 제기되어 왔다. 김익열 장군과 한신 장군의 증언이 대표적이다. 송악산 전투 당시 1사단 13연대 연대장으로 대기연대를 이

---

8   국방부 군사편찬연구소, 『6·25전쟁 참전자 증언록1』(2003) 70쪽의 김익열의 증언 참조.

끌었던 김익열은 서부덕 등 10명이 "박격포탄을 진 채 전원 적의 포로가 되고 말았던 것"인데, 작전에 실패한 채 혼자 탈출한 박모 소위를 총살당할 위기에서 구하려고 최경록 11연대장이 "대원 10명이 모조리 포탄을 안고 적진에서 자폭한 것"이라고 거짓 보고하면서 벌어진 일이라고 증언했다. 자신이 6·25 한국전쟁 당시 "평양에 입성하였을 때 육탄10용사가 꽃다발을 받고 있는 사진을 보고 놀랬다"는 증언도 남겼다.[9] 한신은 "그것 다 만든 것이야. 전사가 이런 말을 믿어요? 적진지에 들어가서 …이런 사람들 많아요. 적의 토치카 거기 기어 들어간 놈은 10용사, 20용사 다 되는 것이지. 이런 용사는 얼마든지 있지. 1개 분대 특공대지."[10] 라고 평가절하 하는 증언을 남겼다. 최근에는 박경석 예비역 중장이 여러 매체에서 같은 취지의 주장을 했다.

우리 육군에서도 육탄10용사니, 육탄5용사니 하며 일본군의 육탄3용사와 비슷한 영웅담이 만들어졌다. 그러나 사실은 조작되거나 과장된 이야기였을 뿐이다. 그런 가짜 소동은 주로 일본군 출신 지휘관들이 만들어냈다. 부하의 죽음을 자신의 공적으로 미화하기 위한 얄팍한 속셈이 깔려 있었다.[11]

이에 대한 국방부의 공식적이고도 엄밀한 조사가 필요해 보인다.

---

9 국방부 군사편찬연구소, 『6·25전쟁 참전자 증언록1』(2003) 69-70쪽 김익열의 증언은 1964년 5월 4일에 있었다.
10 국방부 군사편찬연구소, 『6·25전쟁 참전자 증언록1』(2003) 507-508쪽 한신의 증언은 1965년 8월 7일에 있었다.
11 박경석, 「[기고]'만들어진 호국영웅' 진실은 숨길 수 없다」《경향신문》, 2017. 7. 30)

현충원에 안장된 '실미도 사건'의 피해자들

한국영화 사상 최초로 1천만 관객을 돌파한 영화 〈실미도〉는 2003년 개봉과 함께 폭발적인 인기를 누렸다. 이를 계기로 북파공작원 684부대원들이 1971년 8월 23일 벌인 '실미도 사건'도 분단 현실에서 국가권력이 자행한 인권유린의 대표적인 사례로 떠올랐다.

영화 〈실미도〉를 통해 억울하게 죽은 31명의 실미도 부대원들을 기억하는 탐방객들은 '1971년 8월 23일 실미도에서 순직'이라고 씌어 있는 18기의 무덤을 17묘역에서 발견하는 순간 곧바로 실미도 부대원들을 떠올릴 수도 있다. 하지만 이내 '실미도 부대원들이 서울현충원에 안장되어 있을 것 같지 않은데?', 라며 의혹의 눈초리로 안내자를 응시할 것이다. 맞다. 당시 사망한 실미도 부대원이 서울현충원에 안장되었을 리가 없다. 실미도 사건으로 숨진 실미도 부대원 중 20명

실미도 부대 기간병사들의 묘(좌)와 별도의 묘비석

의 유해는 지난 2005년 벽제화장터 옆 공원묘지에 가매장되어 있는 것을 찾아냈고, 이들의 유해는 현재 벽제에 새로 설치한 군봉안소에 안치되어 있다. 반면, 오류동 공군부대에서 사형 당한 4명의 유해는 2021년 현재까지 어디에 묻혔는지조차 모르고 있는 실정이다.

그럼에도 국립서울현충원에는 실미도 사건과 관련된 인물들의 무덤이 여럿 있다. 우선 실미도 부대원들을 교육시키는 역할을 하다가 사건 당일 실미도 부대원들에 의해 죽임을 당하거나 익사한 기간병들이 서울현충원에 안장되어 있다. 지금 우리가 국립서울현충원 17묘역에서 만난 18기의 묘는 당시 24명의 기간병 중 살아남은 6명을 제외한 김순웅 준위, 심재웅 병장 등 18명이 안장된 무덤이다. 이들이 실미도 부대원들을 엄격하고 가혹하게 다루는 임무이다 보니 부정적 이미지가 있을 수 있지만, 이들 역시 국방의 의무를 수행하다 상관의 지시에 따라 해당 역할을 수행한 것이므로 분단이라는 구조적 조건 속에서 벌어진 국가폭력의 피해자였다. 특히 이들 실미도 기간병들의 급작스러운 죽음은 가족들에게는 큰 충격이었을 것이다. 그래서 그런지 가족의 애절한 마음이 담겨 있는 묘비명이 묘비와 별도로 바닥에 여럿 새겨져 있다. 안인기 중사의 묘비명에는 "인정 많고 씩씩하던 인기야! 보고픈 네 얼굴 다시 볼길 없구나. 하느님 앞에 가서 만나자. ―엄마가"라고 새겨져 있고, 김종화 중사의 묘비명에는 "청운의 꿈 이루지 못하고, 가버리신 오빠여!! 어찌하여 먼저 가셨나요. 햇님만 별님만 보는 저 외로운 곳에서 영원토록 고이 잠드세요. ―누이동생 영희 올림"이라고 씌어 있어 사정을 아는 이들의 심금을 울릴 수밖에 없다.

실미도 사건 관련자는 경찰 묘역과 장군 묘역에도 있다. 경찰 묘역(5묘역)에는 실미도 부대원의 서울 진출 과정에서 검문소를 지키다 사망한 부평경찰서 소속 김창원 경장과 유장희 경장이 안장되어 있고, 장군 제1묘역에는 사건 발발 당시 진상을 은폐하려는 정부에 맞서 사건의 실체를 밝히는 데 앞장섰던 이세규 장군의 묘(제1장군-248)도 있다. 준장으로 제대한 이세규는 박정희 군사정권의 정보정치·공작정치를 비판하며 야당인 신민당에 입당하여 국회의원이 된 인물이었다. 이세규는 실미도 사건이 터지자 박정희 군사정권이 사건의 실체를 은폐하고 호도하기 위하여 '북괴 무장공비의 침투'라고 발표했다가 '군특수범의 난동'이라고 연이어 거짓 발표하는 데 맞서 강근호 의원과 더불어 '군 특수부대원'이라는 사실을 폭로하였다. 이로 인해 이세규는 유신 선포 직후 헌병대(6관구)로 끌려가 혹심한 고문까지 당해야 했다. 사실 사건의 실체를 숨기는 것은 애당초 불가능한 일이었다. 당시 언론에는 이미 실미도 부대원들의 탈취 버스에 동승했던 시민들의 인터뷰가 실리고 있었다. 그 중 한 사람인 우문국 화백은 「실미도 난동자와의 동승기」(1971. 9)에서 실미도 부대원이 "우리는 공비가 아니다. 우리는 김일성이를 적으로 싸우는 특수부대인데 4년 동안을 시골에서 죽을 고생만 했다. 그런데 나라가 우리를 배반한 것이다."라고 했던 말도 기록해 놓았고, 그들이 공비가 아니라 국군이라는 자신의 판단 근거도 이미 정리해놓고 있었다.[12] 외신에도 이미 "난동자들은 특수부대원들"이라는 사실이 보도되고 있었다. 뒤늦게 국내언론을 통제하고 거짓 발표를 한다고 해서 진실이 은폐될 수 있는 상황이 아니었다.

실미도 부대의 정식 명칭은 684부대였는데, 처음 만들어진 시기가 1968년 4월이었기 때문이다. 실미도 부대원 중에는 실미도 사건이 발생하기 이전에 이미 7명이 숨진 상황이었다. 첫 사망자인 이부웅과 신현중은 부대 편성 3개월 만인 7월에 고된 훈련을 견딜 수 없어 탈출을 시도하다 잡혔는데, 끔찍하게도 몽둥이로 맞아 죽었다는 사실이 밝혀져 충격을 주기도 했다.

실미도 사건이 벌어진 다음날 한 언론은 "시민들은 마치 3년 반 전의 1·21 사태(68년 1월 21일)가 재현된 듯싶어 불안과 공포 속에 떨었다."고 당시의 상황을 묘사했다.[13] 하지만 당시에는 '난동'을 일으킨 문제의 실미도 부대가 3년 반 전의 1·21 사태를 계기로 만들어진 특수부대라는 사실까지는 알지 못했다.

1·21 사태는 31명으로 구성된 북한의 특수부대인 124군부대가

---

12 우문국 「실미도 난동자와의 동승기」(1971. 9)는 우문국의 딸이 운영하는 블로그 〈우선덕, 세상의 시간〉에서 볼 수 있다(https://blog.naver.com/indra21c/221080321359).
13 〈조선일보〉, "공포의 경인가도 ···· '무법 두 시간'(1971. 8. 24)

청와대를 습격하려고 청와대 턱밑인 자하문까지 왔다가 총격전 끝에 격퇴된 사건이었다. 31명 중 28명이 숨지고[14], 김신조는 투항했다(나머지 2명은 북으로 돌아갔을 것으로 추정하고 있다). 투항한 김신조는 기자회견에서 '31명의 임무는 박정희 모가지 따는 임무'라고 밝혀 큰 충격을 주었다.[15] 이것이 청와대를 습격하려 한 북한특수부대원 숫자 31명과 동일한 인원으로 구성된 보복을 위한 특수부대로 실미도 부대를 만든 계기가 되었다. 박정희의 보복계획은 북한에서 게릴라를 훈련하는 6개 장소를 동시에 습격하는 것을 포함한 구체적인 것이었다.[16] 하지만 1971년에 들어서면서 데탕트 분위기가 조성되기 시작하고, 남북 간에도 해빙무드가 조성되기 시작하면서 실미도 부대원의 효용성에 대한 회의가 일었던 것으로 보인다. 결국 '이들을 제거하라'는 지시까지 내려왔고, 이 사실을 눈치 챈 실미도 부대원들이 들고 일어나 온 국민을 충격에 빠뜨린 '실미도 사건'이 발생한 것이다.

실미도 부대 설립의 배경이 되었던 1·21 사태 당시 자하문 입구에서 124군 부대원의 시내 진입을 저지하다 전사한 당시 종로경찰서 서장 최규식 경무관과 정종수 경사의 묘도 서울현충원에 있다. 최규식 경무관의 묘는 국가유공자 제3묘역(05), 정종수 경사의 묘는 경찰 묘역(5묘역)에 있다. 마침 최규식 경무관의 묘가 있는 국가유공자 제3묘

---

14 처음 양주군 적군묘지에 있던 이들 28명의 무덤은 1996년 파주 북한군묘지(옛 적군묘지)로 이장되었다.
15 미국 측 자료에 의하면 당시 중앙정보부는 김신조에게 "포터 대사를 찾고 있었다고 말하도록 지시"했지만, "실제로는 말하지 않았"다고 한다. 박정희 정권이 자신들의 대북 보복공격 계획에 미국이 동의하도록 만들기 위한 공작의 하나였지만, 성공하지 못했던 것으로 보인다.
16 박태균, 『우방과 제국, 한미관계의 두 신화』(창작과비평사, 2014) 313쪽

역은 실미도 기간병들이 안장되어 있는 17묘역 바로 위편에 있어 연이어 탐방할 수 있다.[17]

분단과 전쟁으로 이어진 우리의 아픈 현대사는 한반도의 평화와 통일이라는 시대적 요구를 수행하기 위한 끊임없는 노력이 이어지고 있음에도 지금까지 여전히 정전 상태조차 극복하지 못하고 있다. 그동안 남과 북의 위정자들은 '애국'이라는 논리로 '희생과 헌신'을 강조하면서 국민과 인민의 생명을 자신의 권력 유지를 위한 한낱 도구로 전락시키는 일을 너무나 쉽게 해 왔다. 북의 124군부대나 남의 실미도 부대는 그 많은 사례의 하나일 뿐이다. 이 과정에서 국민의 인권은 권력자들의 안중에조차 있을 수 없었다. 남이 북으로 보낸 북파공작원의 규모만 해도 무려 13,000여 명에 이르고, 그 중 7,726명은 아예 돌아오지 못했다고 알려져 있다.

실미도 부대원과 기간병들의 넋을 온전히 위로하는 길은 분단이 아닌 통일, 정전 상태가 아닌 평화로운 한반도를 만들어내는 것뿐이다. 이를 위해 우선 실미도 사건의 진상을 제대로 규명하고, 부대원들도 현충원에 안장하는 방안도 강구해야 한다. 다행히 2020년 12월 출범한 2기 과거사위원회가 사형당한 4명(김병염, 김창구, 이서천, 임성빈)의 유해를 찾아내는 일을 비롯하여 실미도 사건의 진상을 제대로 규명하는 역할을 해준다면, 지난 2008년 실미도 부대원 이부웅이 국립대전현충원에 위패로 안장된 전례도 있어 국립현충원에 이들의 유해를 안치하는 날도 그리 멀지 않을 수도 있다.

---

17 1·21 사태 당시 도주하는 북의 124군 부대원과의 총격전으로 숨진 군인 23위의 유해는 24묘역과 54묘역, 장군 제1묘역 등에 안장되어 있다.

독립유공자 묘역에서 평화와 통일의 희망을 발견하다

독립유공자 묘역은 일제의 식민지배에 맞서 조국의 독립을 위해 헌신하다 돌아가신 독립유공자들이 안장되어 있는 곳이다. 이들 독립운동가들이 꿈에도 그리던 해방 조국의 모습은 분명 38선을 사이에 두고 남과 북으로 나뉘어 있는 모습은 아니었을 것이다. 하지만 우리는 미소를 중심으로 하는 세계적 냉전구도를 극복하지 못한 채 남과 북으로 나뉘었고, 그것도 모자라 동족상잔의 비극인 6·25 한국전쟁을 3년이나 치렀다. 여전히 분단체제가 지속되고 있어 국립현충원에 안장되어 있는 독립운동가들에게 죄송스러울 따름이지만, 이들 독립운동가들에게 한반도의 평화와 통일로 가는 대장정에서 가르침을 구하고자 '평화·통일 길'에 독립유공자 묘역을 포함했다.

독립유공자 묘역 위쪽에 있는 무후선열제단 왼편 끝에는 김규식, 조소앙, 유동열, 오화영, 윤기섭, 김붕준, 안재홍, 박열, 명제세, 원세훈, 최동오, 정인보, 정광호, 고창일 등 납북인사 15위의 위패가 모셔져 있다.[18] 이들은 한국전쟁이 발발하고 인민군이 서울을 장악할 때 미처 피난하지 못한 채 서울에 있던 중 인민군이 후퇴하는 과정에서 납북된 인사들이다. 이들의 면면을 보면 대한민국 임시정부의 마지막 부주석 김규식(1881~1950), 3균주의(정치·경제·교육에 있어서의 균등)를 제창해 대한민국 헌법 전문에 담긴 핵심정신의 기초를 마련했는가 하면 대한민국 임시정부의 임시헌장과 건국강령 등의 제정을 주도한

---

18 2019년까지는 무후선열제단에 조완구의 위패가 더 있었는데, 충혼당으로 옮겼다.

'대한민국 헌법의 아버지' 조소앙(1887~1958)을 비롯하여 그야말로 쟁쟁한 인물들이다. 그럼에도 이들은 단지 납북되었다는 이유로 1989년이 되어서야 독립유공자로 인정되었으며, 1991년에야 이곳 무후선열제단에 위패가 봉안되었다.

이들은 납북 직후 전쟁 중에 사망한 김규식과 유동열 등을 제외하고는 북한에서 1956년에 결성된 '재북평통(재북평화통일촉진협의회)' 활동을 활발히 한 것으로 알려져 있다. 조소앙·안재홍 등이 주도한 '재북평통'은 결성대회에서 '남북정부당국과 국회, 모든 정당·사회단체 대표 및 애국인사들은 평화적인 통일문제를 협의하기 위하여 상설기관을 수립할 것', '남북총선거에 따라서 통일민주연합정부를 수립할 것' 등을 제의했다. '재북평통'은 북의 입장을 대변하는 기구로 전락하지 않기 위해 노력했고, 남북한 중립노선을 견지하면서 중립화 통일방안에 기반한 평화통일 실현이라는 목표를 내걸고 활동한 단체였다.

한편, 무후선열제단에 봉안되어 있는 정의부 군사위원장 겸 총사령 오동진 장군(1889-1944)은 납북인사는 아니지만 북한의 애국열사릉에도 묘가 있어 남과 북에서 동시에 인정하는 독립운동가 중 한 명이다.

남과 북의 화해를 일구어내고 한반도의 평화를 실현하며, 궁극적으로는 민족의 통일을 실현해야 하는 과제를 안고 있는 우리가 남과 북의 공통분모를 확장해나가는 과정에서 이들이 했던 경험과 역할은 재조명되어야 한다.

남과 북에서 동시에 잊힌 독립운동가 장재성

독립유공자 묘역(독립유공-202)에 안장되어 있는 조길룡은 일제강점기 3·1 혁명, 6·10 만세운동과 더불어 3대 대중운동의 하나로 평가되고 있는 광주학생독립운동의 주역이다. 1929년 광주학생독립운동 당시 광주농업학교 4학년생으로 동맹휴학을 주도했던 조길룡은 이후 체포되어 대구복심법원에서 2년형이 확정되어 옥살이를 했고, 출옥 후 농민운동에 관여하다 1933년에 다시 체포되어 전남노농협의회 사건으로 8개월의 감옥살이를 더 했다.

그런데 광주학생독립운동 당시 언론에 대문짝만한 사진과 함께 광주학생독립운동의 주동자로 지목되면서 대구복심법원에서 가장 높은 형량인 징역 4년형을 언도받았던 최고 지도자 장재성(1908-1950)은 국립현충원에서 그 흔적조차 찾아볼 수 없다. 장재성은 4년간의 감옥 생활을 마치고 나온 이후에도 1939년 '적색교원 사건'으로 일경에 다시 체포되어 징역 1년에 집행유예 3년을 언도받기도 하는 등 일제에 맞서 치열한 독립운동을 계속한 인물이었다. 사실 장재성은 박정희 군사정권 시기 3·1절을 앞두고 독립유공자에 대한 대대적인 표창을 시작한 1962년 당시, 표창대상자 208명의 명단에 포함되어 있었다. 하지만 곧바로 '해방 후 조선공산당에 가입한 사실이 확인되었다'면서 서훈을 취소한다고 발표하여 최종 표창대상자 명단(205명)에서 제외되었다.

장재성은 해방정국에서 여운형의 건국준비위원회 전남지부 조직부장, 광주청년동맹 의장, 민주주의민족전선 결성대회 전남대표 등으로 활동했다. 그는 분단에 반대하여 세 차례에 걸쳐 남과 북을 오가다 1948년에 검거되어 징역 7년형을 언도받기도 했는데, 광주교도소에서 복역 중 6·25 한국전쟁이 일어나면서 법적 근거도 없이 이승만 정권에 의해 총살당하고 만다.

광주학생독립운동은 일제강점기 3대 대중운동의 하나로 높이 평가받고 있지만, 막상 그 운동의 최고지도자는 독립유공자로 인정받지조차 못하고 있는 모순적 상황이 우리로 하여금 분단조국의 아픈 현실을 다시 한 번 곱씹어보게 한다.

의열단의 김원봉, 광주학생독립운동의 장재성과 같이 일제강점기 내내 비타협적으로 일제에 맞서 싸운 위대한 독립운동가들을 올바로 자리매김하는 일은 일제로부터 해방된 한반도에서 살고 있는 우리 모두의 몫이지 않을까 한다.

북에는 진묘, 남에는 허묘 … 조선혁명군 총사령 양세봉 장군의 묘

국립서울현충원 독립유공자 묘역(149)에 안장되어 있는 조선혁명군 총사령 양세봉 장군(1896~1934)도 주목할 필요가 있다. 양세봉 장군은 민족주의계 독립운동가로 1920년대에서 1930년대 초반에 이르는 시기 만주에서 항일무장투쟁에 참여하여 수많은 국내진공작전과 만주지역의 전투를 승리로 이끌었던 인물이다.

평북 철산 출신으로 어렸을 때 안중근 의사의 이토 히로부미 저격에 크게 감명 받은 양세봉은 1919년 3·1 혁명 시기 만주에서 만세운동에 참여한 것을 계기로 독립운동에 본격적으로 나섰다. 1922년 천마산대에 가입한 것을 계기로 무장투쟁에 본격적으로 뛰어든 양세봉은 이후 대한통의부와 참의부를 거쳐 정의부에서 제1중대장을 맡

중국 랴오닝 성(좌)과 서울의 현충원(허묘), 평양 혁명열사릉에서 각각 기리고 있는 양세봉 장군.

았다. 1929년에는 신민부, 정의부, 참의부의 삼부통합을 위한 노력 과정에서 형성된 국민부를 지지하는 조선혁명당의 군사조직인 조선혁명군에 참여했고, 1932년에는 조선혁명군 총사령에 취임해 일제의 만주침략에 맞서 조·중연합군을 형성해 영릉가 전투(1932)와 흥경성 전투(1933)를 비롯한 200여 차례의 크고 작은 전투를 치르며 맹활약했다.

양세봉 부대에는 독립하여 독자적인 항일유격대를 형성하기 이전 북한의 김일성도 한때 소속해 있었던 것으로 알려져 있다. 양세봉은 김일성이 아버지를 일찍 여의고 어려운 상황에 놓여 있을 때 무후선열제단에 안치되어 있는 오동진 등과 함께 적극 도와준 인물 중 한 명이기도 했다.

이런 이유로 양세봉 장군은 민족주의계 독립운동가였음에도 1961년 북에서는 환인현에 묻혀 있던 양세봉의 시신을 모셔갔고, 지금은 평양의 애국열사릉에 안장되어 있다. 남에서는 1962년 그를 독립유공자로 인정했고, 1974년 독립유공자묘역에 허묘를 조성했다.

북한은 비록 김일성의 항일무장투쟁을 유일한 혁명전통으로 강조하고 있지만, 북한의 애국열사릉에는 일제강점기 민족해방운동에 참여했던 임정계열의 민족주의 인사들이나 다른 계열의 사회주의운동가들도 다수 안장되어 있다. 이중에는 남과 북이 동시에 인정하는 독립운동가도 25명이나 있는 것으로 알려져 있다.

이로써 양세봉 장군은 남과 북의 국립묘지에 동시에 안장되어 있는 최초의 독립운동가라는 지위를 얻은 인물이 되었다. 한편, 양세봉은 중국 랴오닝성 신빈현에 1995년 '항일명장 양세봉장군' 석상이 설치된 것에서 알 수 있듯이 동북3성의 한족과 조선족 모두에게 높이 존경받는 인물이기도 하다.

남과 북이 함께 만들어나가는 한반도의 평화와 통일에 대한 그림을 그려볼 때 남과 북이 동시에 인정하는 양세봉 장군과 같은 독립운동가의 역사를 확장하여 정리·발전시켜 나간다면 남북관계의 발전에 큰 기여를 할 수 있지 않을까 한다.

임정요인 묘역의 손정도·박신일 부부와 두 아들(손원일, 손원태)

덕수궁 돌담길을 따라 걷다가 만나는 정동제일교회의 6대 담임목사를 지내기도 한 손정도(1882-1931)는 대한민국 임시정부 수립 당시 임시의정원 부의장이었고, 곧바로 임시의정원 의장을 지낸 인물이다. 그는 2020년 뒤늦게 독립유공자로 인정받은 부인 박신일 여사와 함께 임시정부요인 묘역에 안장되어 있다.

손정도는 걸레목사로도 불렸다. "비단옷은 입으면 좋지만 없어도 그만이다. 그러나 걸레는 하루만 없어도 집안이 엉망이 되므로 없어서는 안 된다. 나는 걸레와 같은 삶을 택해 불쌍한 우리 동포들을 도

우며 살겠다."[19]는 신조를 가지고 목회활동과 독립운동을 벌였기에 붙여진 별명이었다. 손정도는 1931년 만주에서 조선인정착촌 건설 사업을 하던 중 병사했는데, 당시 〈동아일보〉와 〈조선일보〉는 손정도를 '민족운동의 거두'라고 부르며 그의 죽음을 보도하였다.

그런 손정도 목사가 북한의 김일성과 각별한 관계를 맺은 것은 만주 길림에서 목회활동을 하던 1920년대 후반부터였다.

김일성의 아버지 김형직은 1926년 사망 직전 '어머니를 모시고 손정도 목사를 찾아가라'고 유언을 남겼고, 1926년 김일성은 길림에서 목회활동을 하면서 독립운동을 하고 있던 손정도를 찾아갔다. 손정도와 김형직은 숭실학교 동문이었지만, 손정도가 1904년에 숭실중학에 입학하여 1908년에 졸업한 후 숭실전문을 3학년까지 다니다가 1910년에 휴학하였고, 김형직이 1911년에 숭실중학에 입학해서 함께 학교를 다니지는 않았다. 그럼에도 둘이 같은 독립운동 조직에서 활동했을 가능성은 대단히 높다. 실제로 손정도의 둘째 아들 손원태는 1925년 길림에서 개최된 고려혁명당 준비 회합에서 손정도와 김형직이 남다른 인연을 맺게 되었다고 기억했다.[20] 김형직의 아들 김일성은 길림에 와서 오동진, 장철호의 집과 손정도가 목사로 있는 길림 조선인교회 기숙사 등에서 생활하면서 육문중학교를 다녔다. 이때 손정도는 친자식처럼 돌보았고, 더구나 김일성이 만주 군벌에 의해 감옥에 갇혔을 때 힘써 석방시킨 까닭에 김일성의 회고록 『세기와 더불어』 2권에 「손정도 목사」 항목을 별도로 둬 '친아버지처럼 따르고 존경하였다'면서 그를 '민족을 위해 헌신한 애국자'이자 '생명의 은인'으로까지 묘사했다고 한

19　〈조선일보〉, 「신 명가〈12〉 임정 의정원 의장 손정도 목사」(1995. 4. 10)
20　손원태, 『내가 만난 김성주-김일성』(동연, 2020)

다. 손 목사 자녀들과 김일성은 형제처럼 지냈는데, 김일성보다 세 살 위인 큰아들 손원일이 일찍부터 상하이로 유학을 떠나서 두 살 어린 손원태는 육문중학을 다니면서, 조선인길림소년회 회장으로 활동하던 같은 학교 김일성을 친형처럼 따르며 지냈다고 한다.

손원일과 손원태는 부친 손정도가 이미 사망한 상황이었지만 서울에 있는 가족을 만나기 위해 귀국하다가 대한민국 임시정부 비밀 요원 혐의로 체포되기도 했다. 형 손원일은 1934년에, 동생 원태는 1940년에 일경에 체포되어 고문과 함께 옥고를 치르는 수난을 감내해야 했다.

해방 후 미국에 살면서 의사로 지낸 손원태는 1991년 북한을 처음 방문해 김일성과 만났고, 팔순잔치(1994년 8월)를 평양에서 하기로 약속했다. 1994년 7월 김일성이 급작스럽게 사망하고 말았다. 상중이었음에도 김정일이 아버지의 유훈이라며 팔순 잔치를 평양 목란관에서 치러줄 정도로 각별한 관계를 유지했다고 한다. 손원태는 고향에서 묻히기로 한 김일성과의 약속에 따라 2004년 미국에서 사망한 후 2005년 1월에 북한의 국립묘지인 애국열사릉에 안장되었다. 2003년 10월에는 평양에서 손정도목사기념사업회를 비롯하여 감리교신학대학교와 독립기념관의 학자들이 북조선 학자들과 함께 손정도 목사를 기념하는 학술 대회를 개최하기도 했다.

반면, 손정도의 큰 아들 손원일은 대한민국의 첫 해군제독으로 초대 해군참모총장과 이승만 정부 시절 국방부장관, 주서독대사 등을 역임한 인물인데, 1980년 사망하면서 국립서울현충원 장군 제2묘역에 안장되어 있다.

임시정부요인 묘역에 안장되어 있는 손정도·박신일 부부와 장군 제2묘역에 안장되어 있는 큰아들 손원일, 북한의 애국열사릉에 안장되어 있는 둘째 아들 손원태라는 손정도 목사 집안의 특별한 역사가 한반도의 평화와 통일에 어떤 역할을 할 수 있지 않을까 하는 기대를 해보는 것은 비단 필자만의 바람은 아닐 것이다.

국가유공자 제2묘역의 주시경과 그 제자들

지난 2019년에 개봉한 영화 〈말모이〉는 1942년 「조선어사전」 편찬을 추진하던 중 일제의 탄압을 받은 조선어학회 사건을 다룬 작품이다. 영화의 제목이 된 '말모이'는 1910년대 조선광문회에서 주시경(1876-1914) 선생과 그의 제자 김두봉(1889-1961?), 권덕규(1890-1950), 이규영(1890-1920) 등이 참여하여 편찬한 최초의 현대적 우리말사전 원고였다.

말모이는 1911년부터 조사를 시작해 원고 편찬이 마무리 단계에 이르렀으나, 주시경 선생의 사망과 김두봉의 망명 등으로 결국 출판되지 못했다. 당시 만들어진 말모이 초기 원고는 1927년 민족계몽단체인 계명구락부에 인계되었고, 조선어연구회를 거쳐 결국 조선어학회로 넘어가 조선어 사전을 만드는 밑바탕이 되었다. 이렇게 볼 때 조선어학회 사건을 다룬 영화 〈말모이〉의 주인공들은 모두 이곳 국가유공자 제2묘역에 안장되어 있는 한힌샘 주시경 선생의 제자인 셈이다.

평생을 민족정체성 확립을 위한 국어연구에 바쳤던 주시경 선생이 불과 39세의 나이에 돌아가신 것은 참으로 애석한 일이었지만, 주시경 선생의 뜻은 이극로(1893-1978), 신명균(1889-1941), 이윤재(1888-

1943), 한징(1886-1944), 최현배(1894-1970), 정인승(1897-1986) 등이 주도한 조선어학회로 이어졌다. 이들은 우리말큰사전을 펴내기 위해 분투하다가 조선어학회 사건(1942)으로 큰 수난을 당해야 했다. 특히 이윤재와 한징은 고문 후유증으로 함흥감옥에서 옥사하기도 했다.

주시경 선생과 조선어학회의 꿈은 결국 해방 이후로 미뤄졌고, 1957년 한글날을 앞두고 마침내 『우리말큰사전』(전 6권)이 완성되면서 그 결실을 맺는다. 당시 사당동에 안장되어 있던 한징의 무덤에 아들 무영이 『우리말큰사전』을 바칠 때 "아버지 큰사전 다 됐습니다!"라며 울면서 큰 절을 하는 감동적인 장면이 언론에 보도되기도 하였다.[21] 벌써 75년 째 분단되어 있는 현실에서 언어도 그 분단의 영향을 강하게 받지 않을 수 없다. 이를 우려하는 남과 북의 언어학자들 사이에서 자연스럽게 분단을 극복하기 위한 방편의 하나로 남북이 함께 『겨레말큰사전』을 만들자는 공감대가 형성되었다. 이들은 2005년에 '『겨레말큰사전』 공동편찬위원회'를 금강산에서 결성하였다.[22] 이들은 지금까지 25차례 만나면서 고군분투하고 있다. 이 역시 남과 북에 공히 주시경 선생의 제자들이 있었기 때문에 가능한 일이었다. 주시경 선생의 제자 중 해방 이후 북에 정착한 대표적 인물로는 김두봉과 이극로를 들 수 있다. 이들은 자신의 제자들과 함께 북한에서 한글의 발전을 위해 노력해 왔다.

'겨레말큰사전남북공동편찬위원회'의 겨레말큰사전 편찬사업 역

---

21 〈경향신문〉, 「아버지 큰 사전 다 됐습니다」(1957. 10. 9)
22 대한민국 국회는 이들의 노력을 뒷받침하기 위해 「겨레말큰사전남북공동사업회법」을 2007년에 처음 제정하였고, 2021년 12월 21일에는 사업회의 활동기한을 2028년까지 연장하는 개정안을 통과시켰다.

시 남북관계의 변화에 영향 받을 수밖에 없겠지만, 하루빨리 결실을 맺을 수 있기를 고대한다.

6·15 남북공동선언의 주역, 김대중 전 대통령의 묘

국가유공자 제2묘역에 있는 주시경의 묘를 마지막으로 '평화·통일 길'을 마무리해도 되지만, 못내 아쉬움이 남는 사람들은 내려가는 길에 6·15 남북공동선언의 주역 김대중 전 대통령의 묘를 들르는 것도 괜찮다.

김대중 전 대통령은 재임 중이던 2000년 방북을 성사시켜 북한의 김정일 국방위원장과 정상회담을 성공리에 개최하고 '6·15 남북공동선언'을 발표하는 등 남북관계의 획기적인 변화를 이끌어낸 인물이기 때문이다.

김대중 전 대통령을 승계한 노무현 전 대통령도 2007년 북한의 김정일 국방위원장과 '10·4 공동선언'을 발표하여 한반도의 평화와 통일의 여정에 한 단계 진전을 이루어냈지만, 이후 남북관계는 한동안 경색국면을 감내해야 했다.

2018년 남북 정상회담이 연이어 개최되고 북·미 정상회담까지 성사되어 한반도의 평화와 통일에 대한 기대가 한껏 높아지기도 했지만, 남북관계는 다시 교착상태에 빠져 있다. 앞으로도 남북관계는 수많은 우여곡절을 겪겠지만, 남과 북의 주체역량이 강화됨에 따라 한반도의 평화와 통일이라는 시대적 요구에 부응하는 방향으로 풀려나갈 것이다.

한반도의 평화와 통일이라는 시대적 요구에 복무하는 새로운 시대의 현충시설로 거듭나는 길에서도 김대중 전 대통령의 묘가 가지고 있는 상징성을 놓칠 수 없으니 '평화·통일 길'에서도 이곳을 그냥 지나칠 수 없게 한다.

'전쟁 영웅'이 아닌 '평화 영웅'이 부각되는 시대를 기다리며

우리가 지금까지 살펴 본대로 국립서울현충원은 많은 변화를 겪으면서 오늘에 이르고 있다. 그럼에도 국립서울현충원은 여전히 6·25 한국전쟁 전후의 전쟁 영웅을 강조하는 공간이다. 이는 중앙부에 위치한 현충문과 현충탑의 좌우에 배치되어 있는 학도의용군 무명용사탑과 육탄10용사 현충비만 보아도 금방 알 수 있다.

그런데 이제는 바뀌어야 하지 않을까. 이제는 남과 북이 더 이상 전쟁이라는 방식으로 분단 문제를 해결할 수 없다는 것이 명백해졌다. 오직 평화적인 방식의 해법만이 우리의 유일한 선택지여야 한다는 사실이 분명해졌다. 그럼에도 여전히 전쟁 영웅을 강조하고 있는 국립서울현충원은 시대에 뒤처져 있는 스스로의 모습을 씁쓸하게 거울에 비추고 있을 뿐이다.

이제 시대의 변화에 맞춰 전쟁 영웅이 아닌 한반도의 평화와 통일을 위해 헌신한 평화 영웅을 발굴하고 그 평화 영웅을 주요하게 배치하는 발상의 대전환이 필요해 보인다. 가령, 현충문과 현충탑의 왼편에 있는 학도의용병 무명용사탑 옆에는 학도의용병 이우근의 '부치지 못한 편지'를 나란히 설치하여 전쟁의 참상을 널리 알리는 역할을 하도록 해야 한다. 나아가 앞으로 한반도에서 전쟁 없는 평화를 반드시 일구어냄으로써 다시는 어린 학생들이 전쟁에 동원되어 '전사'하는 일이 없도록 하겠다는 반성과 다짐을 하는 공간으로 거듭나게 해야 한다. 오른편에 있는 '만들어진' 전쟁 영웅을 기리는 육탄10용사 현충비는 새롭게 발굴될 평화 영웅을 기리는 탑으로 과감히 교체하는 것도 검토해야 한다. 이를 통해 한반도의 평화와 통일이 우리 대한민국의 기본 방향임을 다시 한 번 단호하게 선포할 필요가 있다.

국립서울현충원이 이런 의미 있는 변화를 일구어낼 수 있다면 한반도의 평화와 통일에 실질적인 기여를 할 수 있는 '평화의 전파자'를 대대적으로 길러내는 민주시민교육의 대표적인 공간으로 각광받게 될 것이다. 그런 날이 하루 속히 오기를 고대하며 국립서울현충원 탐방을 마친다.

부록

전국 국립묘지 현황 및 참고문헌

국가보훈처 홈페이지(https://www.ncms.go.kr/NationalCemetery)

■ **국립현충원**

○ 국립서울현충원(서울특별시 동작구 현충로)
- 개원: 1965. 3. 30 국립묘지 승격(1955. 7. 15 국군묘지관리소 창설)/ 1996. 6. 1 국립서울현충원으로 명칭 변경
- 국가원수묘역·임시정부요인묘역·독립유공자묘역·무후선열제단·국가유공자묘역·장군묘역·장병묘역·경찰관묘역·외국인묘소·충혼당·위패봉안관·부부위패판

○ 국립대전현충원(대전광역시 유성구 현충원로)
- 개원: 1985. 11. 13 대전국립묘지 준공(1982. 8. 27 첫 안장)/ 1996. 6. 1 국립대전현충원으로 명칭 변경
- 국가원수묘역·독립유공자묘역·국가사회공헌자묘역·장군묘역·장병묘역·경찰관묘역·연평도포격전전사자묘역·제2연평해전전사자묘

역·천안함46용사묘역·소방공무원묘역·순직공무원묘역·의사상자묘역·독도의용수비대묘역·충혼당

○ 국립연천현충원(경기도 연천군 신서면 대광리)
- 개원: 2025년 예정
- 안장대상: 국립서울현충원·국립대전현충원과 동일

■ **국립호국원**

○ 국립영천호국원(경상북도 영천시 고경면 호국로)
- 개원: 2001. 1. 1
- 안장대상: 국가유공자(군경)·참전유공자·제대군인
- 봉안묘(국가유공자 묘역/ 6·25참전군인 묘역/ 6·25참전경찰 묘역/ 월남참전군인 묘역)와 봉안당

○ 국립임실호국원(전라북도 임실군 강진면 호국로)
- 개원: 2001. 1. 1
- 안장대상: 국가유공자(군경)·참전유공자·제대군인
- 봉안묘(국가유공자 묘역/ 6·25참전군인 묘역/ 6·25참전경찰 묘역/ 월남참전군인 묘역)와 봉안당

○ 국립이천호국원(경기도 이천시 설성면 노성로)
- 개원: 2008. 5. 1

- 안장대상: 국가유공자(군경)·참전유공자·제대군인
- 묘역(봉안당, 26구역)·위패봉안시설
- ※ 2023. 12. 31 완공 목표로 확충사업 진행 중

○ 국립산청호국원(경상남도 산청군 단성면 목화로)
- 개원: 2015. 4. 2
- 안장대상: 국가유공자(군경)·참전유공자·제대군인
- 봉안당(2구역)

○ 국립괴산호국원(충청북도 괴산군 문광면 호국로)
- 개원: 2019. 10. 11
- 안장대상: 국가유공자(군경)·참전유공자·제대군인
- 제1묘역(봉안담 24구역과 자연장)/ 제2묘역, 제3묘역 조성 중

○ 국립제주호국원(제주특별자치도 제주시 1100로)
- 개원: 2021. 12. 8
- 안장대상: 독립유공자·국가유공자·민주유공자·참전유공자·제대군인(통합형 국립묘지)
- 봉안묘(1-9묘역)·봉안당

■ 국립민주묘지

○ 국립4·19민주묘지(서울특별시 강북구 4·19로)

- 개원: 1963. 9. 20 준공/ 1995년 국립묘지로 승격(1993년 성역화 사업 개시)
- 안장대상: 4·19혁명사망자와 4·19혁명부상자 또는 4·19혁명공로자로서 사망한 사람
- 묘역(제1묘역~제4묘역)과 유영봉안소

○ 국립3·15민주묘지(경상남도 창원시 마산회원구 3·15성역로)
- 개원: 1968년 묘지조성/ 2002. 8. 1 국립묘지로 승격
- 안장대상: 4·19혁명사망자와 4·19혁명부상자 또는 4·19혁명공로자로서 사망한 사람
- 묘역과 유영봉안소

○ 국립5·18민주묘지(광주광역시 북구 민주로)
- 개원: 1997년 / 2002. 7. 27 국립묘지로 승격
- 5·18민주화운동사망자와 5·18민주화운동부상자 또는 그 밖의 5·18민주화운동희생자로서 사망한 사람
- 묘역(제1묘역, 제2묘역)과 5·18추모관
※ 1980년 5·18 민주화 운동 직후 형성된 옛 망월동묘지 별도로 있음.

■ **기타 국립묘지**

○ 국립신암선열공원(대구광역시 동구 동북로)
- 개원: 2018. 5. 1 국립묘지로 승격(1955년 조성)

- 안장대상자: 독립유공자(순국선열과 애국지사)
- 묘역(48기의 서훈자 묘와 4기의 미서훈자 묘)

■ 독립운동과 민주화운동 관련 기타 묘역

○ 효창공원
- 개원: 1989년 사적 제330호로 지정(1945년 조성)
- 2018. 8. 17 효창공원 독립운동 기념공원 조성 발표(국가보훈처)/ 2019. 4. 10 효창독립 100년공원 조성 구상 발표(서울시)
- 현황: 3의사 묘(이봉창·윤봉길·백정기)와 백범 김구의 묘·임정요인 묘역(이동녕·조성환·차리석)/ 안중근의 허묘

○ 이천민주화운동기념공원(경기도 이천시 부악로 40)
- 개원: 2016. 6
  - 민주묘역(2021. 12. 31 현재, 60기의 '민주화운동 관련자' 안장)과 유영봉안소
  - 관리책임 : 행안부(이천시에 위탁 운영)

○ 마석모란공원 민주열사 묘역(경기도 남양주시 화도읍 경춘로)
- 개원: 1997년 민주열사 추모비 건립(사설공원묘지에 자발적으로 조성된 묘역)
- 전태일·박종철 등 민주화운동 관련자의 묘

■ 참고문헌

강인철, 『전쟁과 희생』(역사비평사, 2019)
국립서울현충원, 『민족의 얼』, 제8집(2015)
국방부 군사편찬연구소, 『6·25전쟁 참전자 증언록1』(2003)
국방부 전사편찬연구소, 『한국전쟁사』 제1권(2003)
국사편찬위원회, 「고종실록」, 『조선왕조실록』(39권)
김석원, 『노병의 한』(육법사, 1977)
김수자, 「제1공화국 시기 장충단공원의 정체성의 변형 과정」, 『한국문화연구34』 (2018)
김익열, 실록유고 『4·3의 진실』(1988)
김정희, 「안익태 애국가 무엇이 문제인가 – 법정(法定) 국가(國歌) 제정을 위한 시론」, 『한국예술연구 제31호』(한국종합예술학교 한국예술연구소, 2021)
김학규·맹명숙, 『낭만과 전설의 동작구』(동작FM, 2015)
노영기, 『그들의 5·18』(푸른역사, 2020)
동작역사문화연구소, 『동작민주올레』(동작FM, 2018)
박영준, 『한강물 다시 흐르고 – 박영준 회고록』(한국독립유공자협회, 2005)
박은식, 『한국독립운동지혈사(상)(하)』(서문당, 2019)
박찬승, 『대한민국의 첫 번째 봄 1919』(다산초당, 2019)
박태균, 『베트남 전쟁』(한겨레출판사, 2015)
박태균, 『우방과 제국, 한미관계의 두 신화』(창작과비평사, 2014)
반병률, 『러시아 고려인 사회의 존경받는 지도자 최재형』(한울, 2020)
반병률, 『홍범도 장군』(한울, 2019)
삼천리사, 『삼천리 제13권 제1호』(1941. 1. 1)
손원태, 『내가 만난 김성주-김일성』(동연, 2020)
양조훈, 『4·3 그 진실을 찾아서』(선인, 2015)
윤정란, 『한국전쟁과 기독교』(한울아카데미, 2015)
이극로, 『고투 40년』(범우, 2008)
이세호, 『한길로 섬겼던 내 조국』(대양미디어, 2009)
이은숙, 『서간도 시종기』(일조각, 2017)
이응준, 『회고 90년-이응준자서전』(산운기념사업회, 1982)
이인섭, 『망명자의 수기』(한울, 2013)
이재의, 『안병하 평전』(정한책방, 2020)
이종형 시집, 『꽃보다 먼저 다녀간 이름들』(삶창, 2017)

이태호, 『압록강의 겨울』(다섯수레, 1991)
이해영, 『안익태 케이스-국가의 상징에 대한 한 연구』(삼인, 2019)
장태완, 『12·12 쿠데타와 나』(명성출판사, 1993)
정영철·정창현, 『평화의 시선으로 분단을 보다 (남북관계사 20장면)』(유니스토리, 2017)
정정화, 『장강일기』(학민사, 1998)
제주4·3사건진상규명및희생자명예회복위원회, 『제주4·3사건진상조사보고서』(2003)
채명신, 『사선을 넘고 넘어』(매일경제신문사, 2003)
최기일, 『자존심을 지킨 한 조선인의 회상』(생각의나무, 2002)
친일반민족행위자진상규명위원회, 『친일반민족행위진상규명보고서』(2009)
친일인명사전편찬위원회, 『친일인명사전』(2009)
프란체스카 도너 리, 『프란체스카의 난중일기 - 6·25와 이승만』(기파랑, 2011)
하상복, 『죽은 자의 정치학』(모티브북, 2014)
한인섭, 『100년의 헌법』(푸른역사, 2019)
한홍구, 『한홍구와 함께 걷다』(검둥소, 2009)
홍석률, 『분단의 히스테리: 공개문서로 보는 미중관계와 한반도』(창비, 2012)

■ 참고 사이트

- 국립서울현충원 홈페이지(https://www.snmb.mil.kr)
- 국가보훈처 공훈전자사료관(https://e-gonghun.mpva.go.kr)
- 한국사데이터베이스(http://db.history.go.kr)
- 국가기록원 독립운동관련 판결문(https://theme.archives.go.kr)
- 독립기념관(https://i815.or.kr)
- 『친일인명사전』 앱(친일인명사전편찬위원회, 2012)
- '친일반민족행위진상조사보고서' 전자책(http://ebook.gg.go.kr)
- 국가법령정보센터(www.law.go.kr)
- 〈우선덕, 세상의 시간〉
  (https://blog.naver.com/indra21c/221080321359)
- 제주4·3평화재단 홈페이지(https://jeju43peace.or.kr)
- 대한민국신문아카이브(https://www.nl.go.kr/newspaper)
- 네이버 뉴스라이브러리(https://newslibrary.naver.com)

■ **참고 언론**

대한매일신보, 황성신문, 매일신문, 제국신문, 신한민보, 매일신보, 조선일보, 동아일보, 시대일보, 중외일보, 조선중앙일보, 해방일보, 현대일보, 신조선보, 한성신문, 경향신문, 매일경제, 한겨레신문, 중앙일보, 뉴스타파 등

현충원 역사산책
국립서울현충원에서 만나는 한국 근현대사

초판 제1쇄 발행 2022년 6월 06일
초판 제2쇄 발행 2022년 6월 25일

지은이 김학규

펴낸이 김현주

편집장 한예솔
교 정 김희수
디자인 이강빈
사 진 김학규, 함윤수, 국립서울현충원
마케팅 한희덕
펴낸곳 섬앤섬

출판신고 2008년 12월 1일 제396-2008-000090호
주   소 경기도 고양시 일산동구 백석로 119, 210-1003호
주문전화 070-7763-7200 **팩스** 031-907-9420
전자우편 somensum@naver.com
인   쇄 성광인쇄

ISBN 978-89-97454-50-1 03910

이 책의 출판권은 섬앤섬 출판사가 소유합니다. 저작권법에 따라 보호를 받는 저작물이므로 무단 전재와 복제를 금합니다.